Von der Nachkriegszeit bis zur Gegenwart

Expedition Geschichte 4
Berlin Klasse 10

Herausgegeben von Florian Osburg, Dagmar Klose

Von Manfred Albrecht,
Gabriele Intemann,
Dagmar Klose,
Andreas Kolle,
Günter Kosche,
Detlef Nakath,
Florian Osburg,
Ulrich Steppat

unter Mitarbeit von Imanuel Geiss

Verlag Moritz Diesterweg
Frankfurt am Main

**Expedition Geschichte
Berlin
Band 4, Klasse 10**

**Von der Nachkriegszeit bis
zur Gegenwart**

Genehmigt für den Gebrauch an Schulen, Genehmigungsdaten teilt der Verlag auf Anfrage mit.

© 2000 Verlag Moritz Diesterweg GmbH & Co., Frankfurt am Main. Alle Rechte vorbehalten. Das Werk und seine Teile sind urheberrechtlich geschützt. Jede Verwertung in anderen als den gesetzlich zugelassenen Fällen bedarf deshalb der vorherigen schriftlichen Einwilligung des Verlags.

Umschlaggestaltung und Gesamtkonzeption: Lichtenberg Unternehmenskommunikation, Karlsruhe; *Satz und Reproduktion:* Lettern Partners, Düsseldorf; *Druck und Bindung:* H. Stürtz AG, Würzburg.

ISBN 3-425-03380-8
Printed in Germany

Herausgegeben von:
Prof. Dr. Florian Osburg, Berlin
Prof. Dr. Dagmar Klose, Potsdam

**Band 4 für Klasse 10 wurde
erarbeitet von:
Manfred Albrecht, Groß Nemerow
Gabriele Intemann, Bremen
Prof. Dr. Dagmar Klose, Potsdam
Andreas Kolle, Bielefeld
Dr. Günter Kosche, Rostock
Dr. Detlef Nakath, Potsdam
Prof. Dr. Florian Osburg, Berlin
Ulrich Steppat, Frankfurt a. M.**

**unter Mitarbeit von
Prof. Dr. Imanuel Geiss, Bremen**

INHALT

1 Das zerstörte und geteilte Europa 2
Partner im Kriege – Feinde im Frieden (Auftakt) 2
Die Politik der Großmächte nach dem Zweiten Weltkrieg 4
Die „Zusammenbruchsgesellschaft" 10
    Gewusst wie! Wir befragen Zeitzeugen 15
Die Alliierten und die staatliche Teilung Deutschlands 15
    Gewusst wie! Die Analyse von Karikaturen 25

2 Die Welt im Kalten Krieg 28
Am Rande des Abgrunds (Auftakt) 28
Die „Supermächte" im Kalten Krieg 30
    Gewusst wie! Eine Pro-und-Kontra-Diskussion durchführen ... 32
    Gewusst wie! Das Medium Fernsehen macht Geschichte 36
Auf dem Weg zum „Europa der Vaterländer"? 40
Die USA: äußere Stärke und innere Konflikte 45
Die Sowjetunion 1945 bis 1990 – Höhepunkte und Verfall
einer Weltmacht 49
    Expedition Geschichte: Gorbatschow und Reagan –
    Auf den Spuren historischer Persönlichkeiten 55
Japan seit 1945 56

3 Die Entstehung der „Dritten Welt" 60
Fragen an die „Dritte Welt" (Auftakt) 60
Eine Welt zwischen Hunger und Überfluss 62
    Gewusst wie! Vom Säulen- zum Kreisdiagramm 63
    Expedition Geschichte: Was geht uns die „Dritte Welt" an? ... 64
Von Indien ging ein Signal aus 64
Der Schwarze Kontinent erhebt sich 66
    Gewusst wie! Wahre Nachrichten oder Ware Nachrichten? .. 67
China – Land im ständigen Umbruch 70
Nahost – Eine Region kommt nicht zur Ruhe 75

4 Das geteilte Deutschland 1949–1990 80
    Gewusst wie! Briefmarken erzählen Geschichte (Auftakt) .. 81
Die Bundesrepublik Deutschland 1949–1969 82
Ein zweiter deutscher Staat – die DDR – entsteht (1949–1961) .. 89
    Gewusst wie! Literatur als Geschichtsquelle 92
Feindbilder in Ost und West 96
    Gewusst wie! Das politische Plakat als historische Quelle ... 98
Auf dem Weg in die „Freizeitgesellschaft"? 99
Die Bundesrepublik 1969–1989 102
Die DDR – 1962 bis 1989 107
Frauen und Familien im geteilten Deutschland 111

Zweierlei Jugendkultur 115
      Expedition Geschichte: Starkult in Ost und West 119
Berlin – Doppelstadt im geteilten Deutschland 120
Das 41. Jahr der DDR – von der Jubelfeier zum Begräbnis 124
      Expedition Geschichte: Ein Museumsbesuch
      im „Haus der Geschichte" 125
      Gewusst wie! Gedenkstätten – Orte historischen Lernens 128

5   Die Welt seit 1990 132

Vier Momentaufnahmen aus der „Einen Welt" (Auftakt) 132
Deutschland seit 1990 134
Die „neue Weltordnung" 138
Neue „Supermacht" Europa? 143
Weltweite Herausforderungen an der Schwelle des 21. Jahrhunderts . 146
Berlin und Brandenburg: zwei Länder – eine Region 152

Anhang

Worterklärungen 158
Register 161
Literatur 163

VORWORT

Liebe Schülerinnen und Schüler, hier beginnt der vierte Teil unserer „Expedition Geschichte"! Er führt euch von der Nachkriegszeit bis in die Gegenwart. Damit ihr euch auch auf diesem Abschnitt unserer Reise durch die Geschichte nach wie vor gut zurechtfindet, zeigen wir zu Beginn noch einmal, wie wir die „Expedition Geschichte" ausgestattet haben.

Weiterhin viel Spaß und Erfolg mit „Expedition Geschichte"!

Die ersten drei Seiten eines Kapitels, die *Auftaktseiten*, beschäftigen sich mit Vorgängen, die euch bestimmt neugierig machen. Oft geht es auch um etwas, das besonders typisch ist für einen bestimmten Zeitabschnitt, sodass ihr schon einen guten Einblick in das neue Thema bekommt.

Die Texte in dieser Schrift wurden von den Autorinnen und Autoren dieses Buches geschrieben. Sie geben euch Informationen über geschichtliche Vorgänge und Probleme. Obwohl diese *Verfassertexte* sich um möglichst sachliche Aussagen bemühen, spiegeln sie doch immer auch die persönliche Meinung und den Stil der einzelnen Autorinnen und Autoren wider.

Hier handelt es sich um *Quellentexte*. Es gibt Quellentexte, die aus der Zeit stammen, um die es gerade geht (Wissenschaftler sagen: Primärquelle). Andere Quellen enthalten Aussagen von Autoren, die sich deutlich später über einen geschichtlichen Vorgang äußern (Wissenschaftler sagen: Sekundärquelle). Auch Geschichtserzählungen von Schriftstellern kann man ähnlich wie einen Quellentext nutzen. In den Einleitungen zur Quelle erfahrt ihr, um welche Art von Quellentext es sich handelt. Quellentexte sind nach Unterkapiteln nummeriert und haben einen Quellennachweis.

Abbildungen sind bildhafte Quellen, wenn sie aus der Zeit stammen, von der sie berichten. Sind sie deutlich später entstanden, sprechen wir von Rekonstruktionen. Dieses Buch enthält viele Abbildungen, denn oft „erzählt" ein Bild viel mehr als ein langer Text. Bilder haben eine Bildunterschrift, die euch bei der Erschließung des Bildes hilft.

Karten und andere *grafische Darstellungen* sind von Zeichnern gestaltet, um geschichtliche Entwicklungen anschaulicher zu machen. Was man sonst noch mit Karten anfangen kann, erfahrt ihr im Buch.

Hier erhaltet ihr *Arbeitsanregungen*, Fragen und Tips, die euch Hinweise geben, wie ihr euch mit Texten, Karten und Bildern befassen könnt. Oft gibt es auch Anregungen zum Diskutieren, Spielen, Zeichnen usw. Die Arbeitsanregungen sind seitenweise nummeriert.

„Gewusst wie!" Immer wieder begegnet euch auf unserer „Expedition" in die Vergangenheit etwas Neues. „Gewusst wie!" gibt Hilfestellungen, um das Neue zu entschlüsseln. In diesen *Methodenschulungen* lernt ihr, wie ihr z. B. Bilder, Karten und verschiedene Textarten zum „Sprechen" bringen könnt.

„Expedition Geschichte" Wer sagt, dass Geschichtsunterricht immer im Klassenraum oder im Sitzen stattfinden muss? Hier findet ihr Ideen für kleine und größere *Projekte*, Spielanleitungen und Experimente.

„Geschichte im Überblick" Die letzte Doppelseite eines Kapitels enthält eine kurze *Zusammenfassung* und einen *Zeitstrahl*, der euch die zeitliche Einordnung wichtiger Vorgänge erleichtert.

Zu besonders wichtigen oder schwierigen Begriffen findet ihr am Ende des Buches ein kleines *Lexikon mit Worterklärungen*.

1 Das zerstörte und geteilte Europa

Partner im Kriege – Feinde im Frieden

Nach dem Zusammenbruch Hitler-Deutschlands war die Kriegsallianz starken Belastungen ausgesetzt. Die unterschiedlichen Vorstellungen von der Verwirklichung der Friedenspläne beeinträchtigten bald die Beziehungen zwischen den Siegermächten. Bei der politischen Neuordnung der Verhältnisse in Europa und in Deutschland brachen dann die Gegensätze offen hervor. Sie sorgten zunächst für Widersprüche und Missverständnisse, dann für wachsendes Misstrauen und mündeten schließlich nach zwei Jahren in erbitterter Feindschaft.

Die Weichen für die Konfrontation waren gestellt. Die beiden Plakate von 1950 und 1951 sind ein Ausdruck dieser Entwicklung.

Opfer der Ost-West-Konfrontation waren insbesondere die Deutschen. Die Elbe, an der russische und amerikanische Truppen bei Torgau zusammengetroffen waren, wurde zum Grenzfluss zwischen den beiden Lagern und zur innerdeutschen Grenze.

Ein Konflikt entbrannte, der als Kalter Krieg bezeichnet wird. Deutschland wurde zum Hauptkampfplatz in Europa. Die beiden deutschen Staaten waren sein Produkt.

Nach über vier Jahrzehnten ging der Kalte Krieg zu Ende. Jetzt erst konnte auch die Teilung Deutschlands überwunden werden.

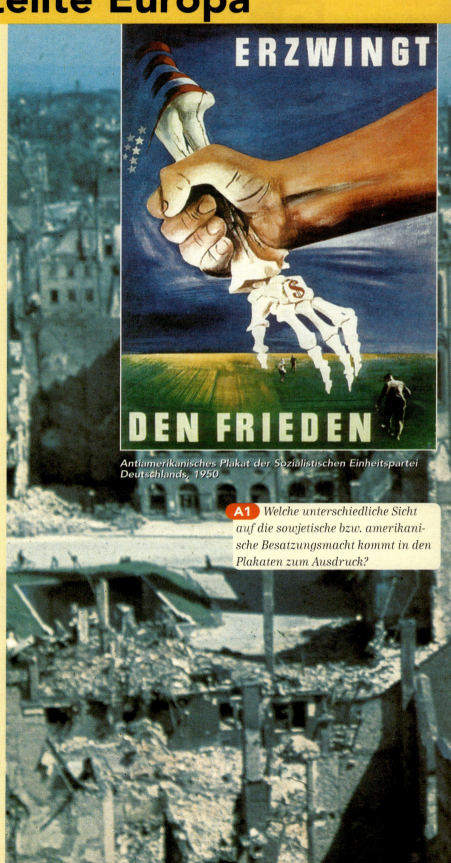

Antiamerikanisches Plakat der Sozialistischen Einheitspartei Deutschlands, 1950

A1 *Welche unterschiedliche Sicht auf die sowjetische bzw. amerikanische Besatzungsmacht kommt in den Plakaten zum Ausdruck?*

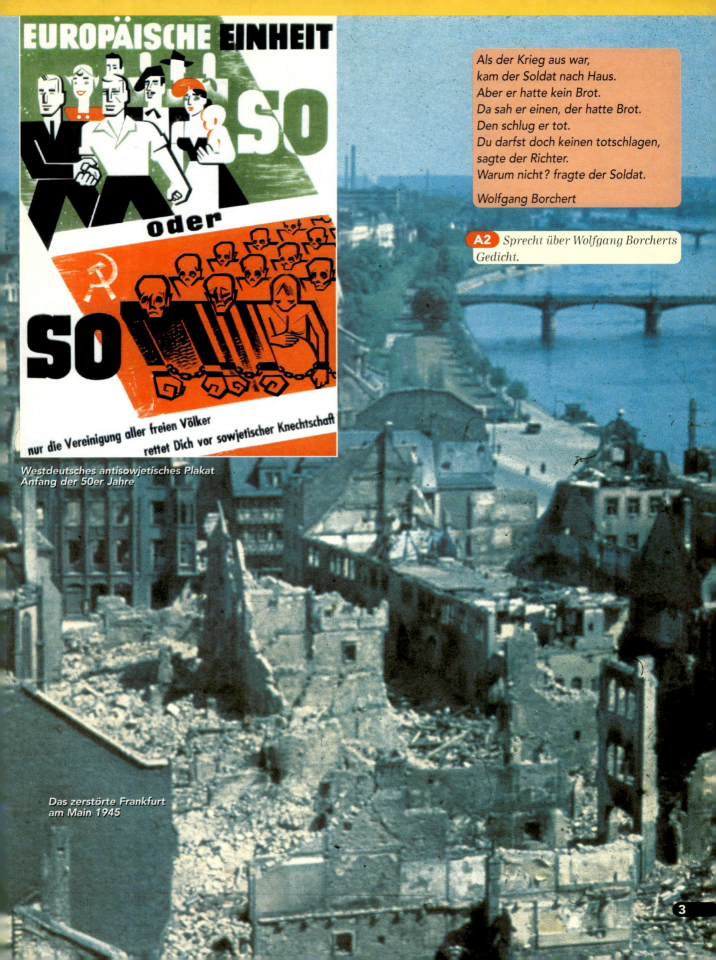

Als der Krieg aus war,
kam der Soldat nach Haus.
Aber er hatte kein Brot.
Da sah er einen, der hatte Brot.
Den schlug er tot.
Du darfst doch keinen totschlagen,
sagte der Richter.
Warum nicht? fragte der Soldat.

Wolfgang Borchert

A2 *Sprecht über Wolfgang Borcherts Gedicht.*

Westdeutsches antisowjetisches Plakat Anfang der 50er Jahre

Das zerstörte Frankfurt am Main 1945

1 Die Politik der Großmächte nach dem Zweiten Weltkrieg

1.1 Der Traum vom Weltfrieden

Der Zweite Weltkrieg war der größte Krieg in der Geschichte. Noch während der Kämpfe machten sich daher führende Politiker der Alliierten Gedanken über eine neue Friedensordnung. Der amerikanische Präsident Roosevelt fand Gehör bei den Verbündeten mit der Meinung, dass vier bis fünf „Weltpolizisten" den Frieden sichern sollten. Die kleineren und mittleren Staaten drängten jedoch auf Beteiligung. Mit ihnen gemeinsam gründeten die Siegermächte am 25. Juni 1945 die Organisation der Vereinten Nationen (United Nations Organization = UN oder UNO).

A1 *Beschreibe und erkläre das Emblem der UNO.*

A2 *In 50 Jahren UNO gab es viele Kriege, Millionen Tote durch Hunger und Vertreibung. Diskutiert, ob die UNO versagt hat.*

Q1 Aus dem Artikel 1 der Charta der Vereinten Nationen:
„*Die Vereinten Nationen setzen sich folgende Ziele:
1. den Weltfrieden (…) zu wahren und zu diesem Zweck wirksame Kollektivmaßnahmen zu treffen, um Bedrohungen des Friedens zu verhüten und zu beseitigen, Angriffshandlungen und andere Friedensbrüche zu unterdrücken (…);
2. (…) auf der Achtung vor dem Grundsatz der Gleichberechtigung und Selbstbestimmung der Völker beruhende Beziehungen zwischen den Nationen zu entwickeln (…);
3. eine internationale Zusammenarbeit herbeizuführen, um internationale Probleme (…) zu lösen und die Achtung vor den Menschenrechten und Grundfreiheiten für alle ohne Unterschied der Rasse, des Geschlechts, der Sprache oder der Religion zu fördern und zu festigen (…)"*
(Bredow, W. v.: Geschichte und Organisation der UNO, S. 24)

A3 *Drei Kernbegriffe charakterisieren die Ziele der UNO. Finde sie aus der Quelle heraus.*

Der Sicherheitsrat ist das wichtigste Organ der UNO. Er berät über alle Fragen zur Erhaltung der internationalen Sicherheit und fasst verbindliche Beschlüsse über Maßnahmen der UNO gegen einen Aggressor. Die USA und die UdSSR, Großbritannien, Frankreich und China wurden zu ständigen Mitgliedern ernannt. Die Zahl der Mitgliedstaaten der UNO ist stetig gewachsen. Drei Viertel aller Mitgliedsländer sind heute Staaten der Dritten Welt. In der Gegenwart kümmert sich die UNO über Friedensbewahrung hinaus immer mehr um Zukunftsfragen: Umweltprobleme, Armut, Flüchtlingsströme und Drogenmissbrauch erfordern ein weltweites Zusammenwirken.

A4 *Analysiere das Schema und erläutere die Aufgaben der Generalversammlung, des Weltsicherheitsrates und der Sonderorganisationen der UNO.*

A5 *Welche Möglichkeiten und Grenzen der UNO siehst du, Probleme der Gegenwart zu lösen?*

Die Organisation der Vereinten Nationen (UNO)

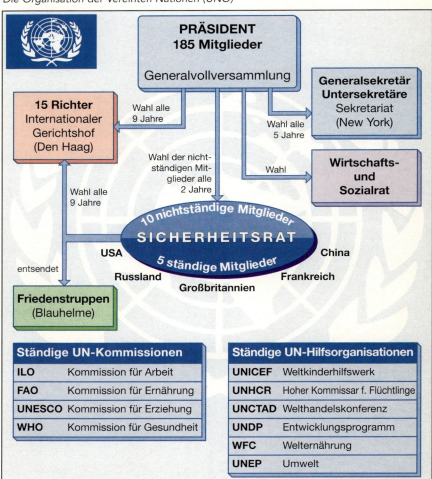

1.2 Der letzte Gipfel der „Großen Drei"

Die Entscheidungen über die Zukunft Deutschlands trafen die Hauptsiegermächte USA, UdSSR und England auf der Potsdamer Konferenz vom 17. Juli bis 2. August 1945. Frankreich wurde nicht eingeladen.

Gegensätzliche Interessen zwischen den Westmächten und der UdSSR beeinflussten dieses Gipfeltreffen. Dennoch war man sich schnell darin einig, bis auf weiteres keine zentrale deutsche Regierung zu errichten. Die Regierungsgewalt in allen Angelegenheiten, die Deutschland als Ganzes betrafen, wurde dem Alliierten Kontrollrat übertragen. Der bestand aus den Militärbefehlshabern der vier Besatzungszonen, in die Deutschland aufgeteilt wurde.

Die „Großen Drei" in Potsdam: Churchill, Truman und Stalin (von l. nach r.)

Q1 Aus dem so genannten Potsdamer Abkommen:

„Die Ziele der Besetzung Deutschlands sind: (I) Völlige Abrüstung und Entmilitarisierung Deutschlands und die Ausschaltung der gesamten deutschen Industrie, welche für eine Kriegsproduktion benutzt werden kann (...) (III) Die Nationalsozialistische Partei mit ihren angeschlossenen Gliederungen und Unterorganisationen ist zu vernichten; alle nationalsozialistischen Ämter sind aufzulösen (...) (IV) Die endgültige Umgestaltung des deutschen politischen Lebens auf demokratischer Grundlage und eine eventuell friedliche Mitarbeit Deutschlands am internationalen Leben sind vorzubereiten.

(Benz, W.: Potsdam 1945, S. 211-213)

A1 Welchen Eindruck vermittelt das Foto vom Verlauf der Konferenz in Potsdam?

A2 Fasse die grundsätzlichen Entscheidungen der Potsdamer Konferenz zusammen.

A3 Benenne anhand der Karte die territorialen Entscheidungen der Siegermächte für Mitteleuropa.

A4 Diskutiert, ob damit die Teilung Deutschlands schon vorherbestimmt war.

Die Aufteilung des Deutschen Reiches und die Westverschiebung Polens

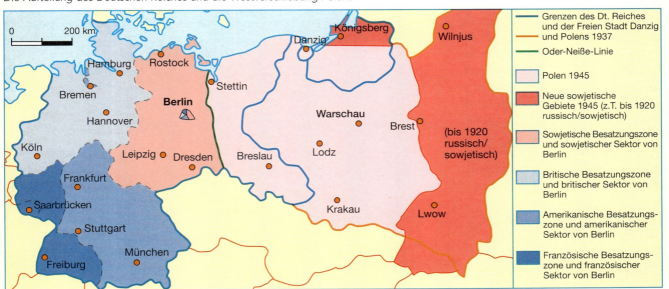

A1 *Schreibe auf, was den Zeichner bereits Wochen vor der Potsdamer Konferenz bewegte.*

A2 *Vergleiche die Karikatur mit dem Konferenzfoto.*

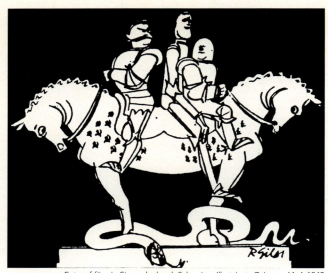

Entwurf für ein Siegerdenkmal. Schweizer Illustrierte Zeitung. 11.4.1945
Die Sieger – Stalin auf der einen, Roosevelt und Churchill auf der anderen Seite

1.3 Die Vertreibung der Deutschen aus dem Osten

Zu heftigen Konflikten kam es auf der Konferenz in Potsdam um die Westgrenze Polens. Trotz Bedenken willigten Amerikaner und Engländer in den Vorschlag Stalins ein, die polnisch-deutsche Grenze entlang der Flüsse Oder und Neiße zu ziehen. Polen wurde damit für die enormen Kriegsverluste durch den deutschen Überfall und für die Gebiete im Osten entschädigt, die bereits 1939 die UdSSR besetzt hatte (vgl. Kap. 6, S. 155).

Das südliche Ostpreußen, Pommern und Schlesien kamen unter polnische Verwaltung. Es begann eine gewaltige Umsiedlungsaktion. Die Bestimmung im Potsdamer Protokoll, dass die Aussiedlung der Deutschen in „humaner Weise" durchzuführen sei, fand kaum Beachtung.

Ein zähes Ringen um die Höhe der Reparationen wurde zum Dreh- und Angelpunkt für den Ausgang der Konferenz. Stalins Forderung von 20 Milliarden Dollar lehnten die Westalliierten ab. Sie schlugen vor, dass jede Besatzungsmacht ihre Reparationen aus ihrer Zone herausholen sollte. Der Sowjetunion wurden ferner 25 Prozent der für die Westmächte bestimmten Reparationen zugestanden. Als sich nichts mehr bewegte, schlossen die USA und die UdSSR ihren „kleinen Kuhhandel": Der amerikanische Vorschlag wurde in das Abkommen aufgenommen. Dafür wurde als polnische Westgrenze nicht die östliche, sondern die westliche Neiße bestimmt, d. h. auch Niederschlesien abgetreten. Zeitzeugen urteilten über die Potsdamer Konferenz:

Q2 Clement R. Attlee, Premierminister Großbritanniens in einem Geheimschreiben vom 1. August 1945:
„Die getroffenen Entscheidungen bilden eine solide Grundlage für weitere Fortschritte."
(Steininger, R.: Die Alliierten und der Weg in die staatliche Teilung. Studienbrief 1, S. 35)

Q3 Winston S. Churchill in seinen Memoiren:
„Die letzte Konferenz der ‚Drei' endete mit einer großen Enttäuschung. Von den in den verschiedenen Sitzungen aufgeworfenen Fragen blieben die meisten ungelöst."
(Churchill, W. S.: Memoiren. Bd. 6, 2. Buch, S. 369)

Q4 George F. Kennan, Botschaftsrat an der amerikanischen Botschaft in Moskau:
„Die Idee, Deutschland gemeinsam mit den Russen regieren zu wollen, ist ein Wahn."
(Kennan, G. F.: Memoiren eines Diplomaten, S. 264)

Q5 Stellungnahme der sowjetischen „Prawda" vom 3.8.1945:
„Die Ergebnisse der Berliner Konferenz zeigten noch einmal, dass die Zusammenarbeit der drei Großmächte auf der dauerhaften Grundlage gemeinsamer Grundinteressen beruht (...)"

A3 *Benutzt die Urteile über die Potsdamer Konferenz für eine Diskussion.*

Q1 Das Polnische Komitee der Nationalen Befreiung Polens (spätere Provisorische Regierung) am 22. Juli 1944:
„Die Stunde ist gekommen, um die Leiden und Qualen, die verbrannten Dörfer und vernichteten Städte, die zerstörten Kirchen und Schulen, die Treibjagden auf Menschen, die Lager und Erschießungen, Auschwitz, Majdanek, Treblinka und die Vernichtung des Gettos an den Deutschen zu vergelten."
(Die Vertreibung der Bevölkerung aus den Gebieten östlich der Oder-Neiße, Bd. I/3, S. 2)

A4 *Sprecht darüber, wie die deutschen Besatzer im Zweiten Weltkrieg mit der polnischen Bevölkerung umgegangen waren.*

Q2 Frau M. M. aus Lauken in Ostpreußen:
„Die Fahrt von Ostpreußen nach Mecklenburg hat sieben Tage gedauert. Wir wurden in zum Teil offene Viehwaggons gepresst, auf den Stationen weiter ausgeraubt. Viele alte Leute und kleine Kinder starben. Wenn wir nachts umgeladen wurden, rief ich laut die Namen meiner Kinder, um sie nicht zu verlieren. Endlich kamen wir dann im Lager Cronscamp in Mecklenburg an. Hier verlausten wir total, und täglich starben viele an Hunger."
(Die Vertreibung der deutschen Bevölkerung aus den Gebieten östlich der Oder-Neiße, Bd. 2, S. 716/717)

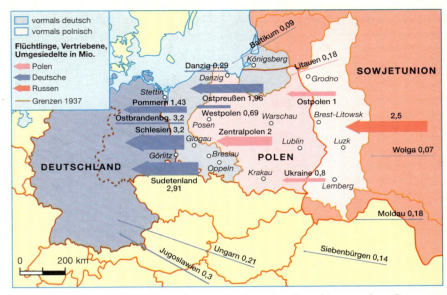

Flüchtlinge, Vertriebene und Umsiedler aus den deutschen Ostgebieten und aus Osteuropa

A1 Vergleiche die Quellen und formuliere Ursachen für die besondere Härte der Vertreibung.

A2 Lassen sich deutsche Schuld und das Unrecht der Vertreibung gegeneinander aufrechnen?

A3 Erarbeite mithilfe der Karte eine Tabelle über das Ausmaß von Flucht und Vertreibung.

A4 Befragt Zeitzeugen. Fertigt Erlebnisberichte an und sprecht darüber.

A5 Suche in Büchern nach Schicksalen von Frauen und Kindern. Stelle sie dar.

Im Oktober 1946 befanden sich ca. 11,5 Millionen Deutsche aus den Ostgebieten in den vier Besatzungszonen. Etwa 2 Millionen Menschen starben auf der Flucht. Die Eingliederung der Vertriebenen war äußerst schwierig. Jahrzehnte dauerte es, bis die Betroffenen das Unrecht der Vertreibung verarbeitet hatten. Heute steht das Bedürfnis nach Aussöhnung mit den Menschen, die jetzt in den ehemals deutschen Gebieten leben, bei den meisten Vertriebenen im Vordergrund. Dennoch fällt es einigen schwer, die im November 1990 abgeschlossenen Grenzverträge mit Polen und der Sowjetunion anzuerkennen.

Auf dem „Landestreffen der Ostpreußen" in Mecklenburg-Vorpommern 1996 war folgende Losung zu lesen: „Das Recht auf Heimat ist ein Menschenrecht. Es gilt für alle."

A6 Worüber mögen die beiden Hobbygärtner, der Tscheche Schwejk und der Deutsche Michel, in der Karikatur reden? Entwirf ein Gespräch. Finde andere Namen für die Pflanze, die sie begießen.

A7 Stell dir vor, du könntest mit den Menschen sprechen, die hinter dieser Losung stehen. Mit welchen Argumenten würdest du die Diskussion bestreiten?

Karikatur aus: Norddeutsche Neueste Nachrichten, 21.12.1996

1.4 Der „Eiserne Vorhang" senkt sich herab

Die Regierungen der USA und der UdSSR wollten trotz aller Schwierigkeiten nach dem Zweiten Weltkrieg die Zusammenarbeit fortsetzen. Dennoch wurden aus den einstigen Partnern seit 1947 erbitterte Gegner. Es begann der „Kalte Krieg", der für Jahrzehnte die Welt in zwei feindliche Lager teilte, Europa spaltete und zu einem gewaltigen Wettrüsten führte. Die Frontlinie verlief quer durch Deutschland. Wer trug die Verantwortung dafür? Einer gab dem anderen die Schuld. Auch Historiker kommen zu unterschiedlichen Einschätzungen.

A1 *Welches Urteil über den Weg in den Kalten Krieg enthält die amerikanische Karikatur?*

A2 *Nutze sie für die Abfassung eines Zeitungskommentars.*

Die USA waren militärisch und wirtschaftlich zur ersten Weltmacht aufgestiegen. Unter Präsident Truman wollten sie ihren Einfluss weiter ausbauen. Die UdSSR sah darin einen Vormarsch des Kapitalismus, der ihre Stellung gefährdete. Sie beanspruchte die Führung in der weltweiten revolutionären Bewegung. Stalin spürte darüber hinaus die Schwäche seines Landes und misstraute den Westalliierten. Er nutzte deshalb die nach dem Ende des Krieges entstandene Lage, um in den osteuropäischen Ländern sowjetfreundliche Regierungen zu errichten, um die Position des eigenen Landes zu stärken. Dieser Ausbau des sowjetischen Einflussbereiches war verbunden mit einer regelrechten Abriegelung. Winston Churchill sprach von einem „Eisernen Vorhang" zwischen Ost und West und forderte die amerikanische Regierung zum Widerstand gegen die Sowjetisierung Osteuropas auf.

Q1 Der Historiker W. Loth nennt gegensätzliche Forschungspositionen zur Entstehung des Kalten Krieges:

„Für die Entstehung des Kalten Krieges waren die marxistische Ideologie in ihrer sowjetischen Interpretation (Auslegung) mit ihrem Anspruch auf Weltrevolution (...) und die Sorge der sowjetischen Parteioligarchie (-herrschaft) um den Erhalt ihrer Macht konstitutiv (bestimmend): Sie legten die Sowjetführung auf eine prinzipiell feindliche Politik gegenüber den kapitalistischen Staaten fest (...)" (S. 15)

„Die Sowjetunion (...) kann nicht für die Entstehung des Kalten Krieges verantwortlich gemacht werden; sie war im Zweiten Weltkrieg nur knapp einer militärischen Katastrophe entgangen (...) und stand bei Kriegsende der (...) über das Atomwaffenmonopol verfügenden Weltmacht USA nahezu hilflos gegenüber." (S. 18/19)

Wie einer den anderen sieht (amerikanische Karikatur von 1947)

Die Neuordnung Osteuropas

„Aufgrund ihrer (...) Überlegenheit besaßen die USA größere Möglichkeiten, die bestehende Asymmetrie (Ungleichheit) in der Sicherheitslage der beiden Mächte abzubauen, etwa durch eindeutigere Anerkennung der sowjetischen Sicherheitsinteressen in Osteuropa, durch eine tatsächliche internationale Atomwaffenkontrolle oder durch eine Wirtschaftshilfe, die den ökonomischen Interessen beider Seiten entsprach." (S. 122)
(Loth, W.: Die Teilung der Welt 1941–1955)

A1 Arbeite die unterschiedlichen Positionen heraus.
A2 Versuche, eine eigene Stellungnahme zu beziehen.

Die „Kriegserklärungen" des Kalten Krieges erfolgten im Verlauf des Jahres 1947. Am 12. März entwickelte der amerikanische Präsident in einer Rede das neue außenpolitische Programm, die Truman-Doktrin:

Q2 Aus der Truman-Doktrin vom 12. März 1947:
„In jüngster Zeit wurden den Völkern einer Anzahl von Staaten gegen ihren Willen totalitäre Regierungsformen aufgezwungen. Die Regierung der Vereinigten Staaten von Amerika hat immer wieder gegen den Zwang und die Einschüchterung in Polen, Rumänien und Bulgarien protestiert. (...) Ich glaube, dass wir den freien Völkern helfen müssen, sich ihr eigenes Geschick nach ihrer eigenen Art zu gestalten. (...) Unter solchem Beistand verstehe ich vor allem wirtschaftliche und finanzielle Hilfe."
(Krieger, H.: Handbuch des Geschichtsunterrichts, Bd. 6, Teil 1, S. 155)

Bald darauf schlossen sich in Warschau die kommunistischen Parteien unter Führung der UdSSR zu einer internationalen Organisation (Kommunistisches Informationsbüro, kurz Kominform) zusammen. Sie plante und steuerte die Aktivitäten der Regierungen in Osteuropa.

Q3 Aus der Erklärung des Kominform vom 30. September 1947:
„So sind zwei Lager entstanden: das imperialistische Lager, dessen Hauptziel darin besteht, die Weltvormachtstellung des amerikanischen Imperialismus zu erreichen und die Demokratie zu zerstören, und das antiimperialistische, demokratische Lager, dessen Hauptziel es ist, den Imperialismus zu überwinden, die Demokratie zu konsolidieren und die Überreste des Faschismus zu beseitigen (...)"
(Barth, W.: Zeiten und Menschen, Bd. 3, S. 339)

A3 Setze diese Verlautbarungen mit den oben dargestellten Forschungspositionen in Verbindung.
A4 Erörtert die unterschiedlichen Standpunkte in einer Pro- und Kontra-Diskussion.
A5 Beschreibe anhand der Karte auf S. 192 den sowjetischen Einflussbereich. Wo verläuft die Grenze zwischen den „Blöcken"?

Eine wichtige Rolle spielte in der Politik Trumans zur Eindämmung des sowjetischen Machteinflusses die Wirtschaftshilfe. Der amerikanische Außenminister Marshall entwickelte einen Plan zur Unterstützung des Wiederaufbaus in den europäischen Ländern durch Warenlieferungen und finanzielle Mittel.

Q4 Aus der Rede des US-Außenministers Marshall am 5. Juni 1947:
„Die Wahrheit ist es, dass die Bedürfnisse Europas für die nächsten drei oder vier Jahre an ausländischen Lebensmitteln (...) um vieles größer sind als die gegenwärtige Fähigkeit Europas, dafür zu bezahlen (...). Es ist daher logisch, dass die Vereinigten Staaten alles tun, was in ihrer Macht steht, um die Wiederherstellung gesunder wirtschaftlicher Verhältnisse in der Welt zu fördern (...). Unsere Politik ist nicht gegen irgendein Land oder eine Doktrin, sondern gegen Hunger, Armut, Verzweiflung und Chaos gerichtet."
(Krieger, H.: Handbuch des Geschichtsunterrichts, Bd. 6, Teil 1, S. 157)

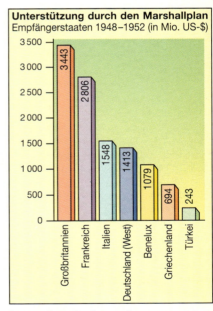

Der Umfang der finanziellen Unterstützung durch den Marshallplan 1948–1952 (in Millionen US-$)

A6 Wie beschreibt Marshall die wirtschaftliche Situation in Europa?
A7 Ermittle aus dem Diagramm den Umfang der amerikanischen Finanzhilfe.
A8 Nenne die Länder Europas, die keine Förderung durch den Marshallplan erhielten. Suche Gründe dafür und vergleiche mit der Zielstellung.

A1 Vergleiche das Plakat und die Karikatur.

A2 Sammle Argumente für die eine oder die andere Sichtweise.

Die zunehmenden Spannungen zwischen den beiden Lagern brachten die Menschheit mehrfach an den Rand eines dritten Weltkrieges. Mit dem Zusammenbruch des sozialistischen Systems Ende der 80er Jahre ging auch der Kalte Krieg zu Ende.

Westdeutsches Plakat zum Marshallplan 1949

Auf der sowjetischen Karikatur von 1949 ist US-Außenminister Marshall abgebildet. Auf den Pferdehalftern steht: für Italien, für England, für Benelux, für Frankreich, für Deutschland.

2 Die „Zusammenbruchsgesellschaft"

2.1 Leben in Ruinen

8. Mai 1945 – endlich schwiegen die Waffen in Europa. Überall waren die furchtbaren Spuren des Krieges und der deutschen Vernichtungspolitik zu sehen. Auch Deutschland glich einem riesigen Trümmerfeld. Millionen Menschen irrten als Ausgebombte ohne Besitz und Bleibe umher. In vielen Städten war über die Hälfte der Wohnungen zerstört. Sprunghaft breiteten sich Krankheiten aus. Das Transportwesen brach zusammen und viele Orte waren ohne Wasser und Energie.

A3 Vergleiche das Schicksal von Flüchtlingen und Ausgebombten.

A4 Lege mithilfe der Karte S. 11 eine Liste mit den am stärksten (über 75%) zerstörten Städten an. Gab es damals unzerstörte Großstädte?

Zwiespältige Empfindungen bewegten die Menschen nach dem Ende des Krieges, aber das Leben ging weiter.

Q1 Kindheitserinnerungen von Frau E.:
„Schlimmeres konnte nicht mehr kommen als das, was wir erlebt hatten. Auch wenn wir nur eine Scheibe Brot pro Person am Tage hatten, Hefeflocken, (...) Wassersuppen, dauernde Stromsperren, eiskalte Räume, Holzpantinen, mit Schnüren zusammengehalten, Kleidung aus Militärmänteln und Decken. Das erste Weihnachten nach dem Krieg: ein Tannenzweig mit einer kostbaren Kerze, und trotzdem sangen wir: „O du fröhliche ..." Wir lebten, wir waren dankbar und zufrieden."
(Schmitz, L./Waldmann, F. [Hg.]: Flucht – Vertreibung – Neuanfang, S. 15)

Kriegszerstörungen in deutschen Städten

Berliner Straßenszene, kurz nach dem Waffenstillstand

Q2 Erich Loest, Schriftsteller:
„Gerede, Gerüchte: die KZ, und was man mit den Juden gemacht hatte. Buchenwald – im KZ wären Leute umgekommen, hörte er, an der Front auch. Und mehr als im KZ. Schlimmer als in Stalingrad konnte es in Buchenwald auch nicht gewesen sein. Ein Dorf richtete sich aufs moralische Überleben ein. Wer einen Sohn an der Front verloren hatte, und das waren viele, pflasterte mit seinem Leid alles Versäumen zu. Eigene Schuld konnte in Massenschuld untergehen, jeder konnte sich an einen anlehnen, der genauso geflaggt, gespendet, Siege gefeiert und Fremdarbeiter ausgebeutet hatte."
(Loest, E.: Durch die Erde ein Riss, S. 104)

Q3 Hans Habe, ein amerikanischer Soldat:
„Wogegen wir in erster Linie anzukämpfen hatten, war also nicht Feindseligkeit, sondern Gleichgültigkeit, Niedergeschlagenheit – wobei ich unter Niedergeschlagenheit weniger die Niedergeschlagenheit über die Niederlage verstehe, sondern eben die totale Apathie (Teilnahmslosigkeit), die Unfassbarkeit des Zusammenbruchs. Niemand wusste, wie es weitergehen soll."
(Wir in Europa. PZ Nr. 81/1995, S. 23)

A1 Suche eine Erklärung für die verschiedenen Sichtweisen.
A2 Fragt Zeitzeugen nach ihren Erinnerungen über das Leben nach dem Zusammenbruch.
A3 War der 8. Mai 1945 die „Stunde Null" für die Deutschen?
A4 Worüber können diese Menschen (Abb. oben) berichten?
A5 Was erzählen diese Bilder?
A6 Verschafft euch anhand der Materialien einen Eindruck von der Situation unmittelbar nach Kriegsende und von den Hauptsorgen der Menschen.
A7 Was musste getan werden, um das Alltagsleben wieder in Gang zu bringen?

Frauen zeigen zurückkehrenden Kriegsgefangenen Bilder ihrer vermissten Angehörigen, um 1948

Q4 Bericht vom 10.10.1945 über Sofortmaßnahmen in der Gemeinde Leuna:
„*Infolge des großen Ausmaßes der Zerstörungen an Gebäuden und Straßen sowie der Kanalisation und Versorgungsleitungen und der durch die Einwirkungen von insgesamt 23 schweren Luftangriffen hervorgerufenen katastrophalen Wohnungsnot wurden die Sofortmaßnahmen in einem ersten Arbeitsschritt vom 15. Mai bis 30. September in Angriff genommen (...).*
Zur Räumung der Straßen wurde eine großzügige Schuttaktion eingeleitet und durchgeführt (...), sodass als Gesamtleistung rund 25 000 cbm Schutt geräumt wurden und nunmehr im Wesentlichen alle Straßen frei sind (...).
Zur Behebung der Wohnungsnot (...) wurden unbewohnbare oder schwer beschädigte Wohnungen winterfest gemacht. (...) Insgesamt wurden 318 Wohnungen in Stand gesetzt und ausgebaut (...)"
(Bekanntmachungen der Gemeinde Leuna, Oktober 1945, S. 1. Werksarchiv der Leuna-Werke GmbH, A. 155)

A1 *Informiere dich über Kriegsschäden in deiner Heimatregion. Achte dabei auf örtliche Unterschiede.*

2.2 Die Stunde der Frauen

Auf den Schultern der Frauen ruhte die Hauptlast des täglichen Kampfes ums Überleben. Sie kümmerten sich in der Zusammenbruchsgesellschaft um den Unterhalt der Familie, die Erziehung der Kinder und die Betreuung der Alten. Ihre Hauptsorge galt der Beschaffung von Nahrungsmitteln, Wohnraum, Kleidung, Heizmaterial und Medikamenten. Sie arbeiteten unter schwierigsten Bedingungen in so genannten Männerberufen. Besondere Verdienste erwarben sie sich bei der Beseitigung der Trümmer in den Großstädten. Dabei waren Hammer, Schaufel und Eimer ihre wichtigsten Werkzeuge. Für einen Stundenlohn von 60–70 Pfennig und eine bessere Lebensmittelkarte räumten sie die Schuttberge fort, die der Krieg hinterlassen hatte.

Q1 Hilde Thurwald über den Alltag Berliner Hausfrauen, 1947:
„*Zeitraubendes Hin- und Herlaufen erfordern auch die unzähligen Tauschgeschäfte, in die fast alle Haufrauen verstrickt sind, sei es um eine Rolle Nähgarn oder ein Paar alte*

Berlin 1946: Trümmerfrauen, die Heldinnen der Nachkriegszeit

Trümmerfrauen beim Säubern von Ziegelsteinen

Schuhsohlen, Nägel und was immer im Augenblick nötig gebraucht wird, durch Tausch zu erwerben. Dort, wo der Mann fehlt oder die Kinder noch zu jung sind, werden die Sonntage von den Müttern häufig zu Hamsterfahrten benutzt, um zusätzliche Nahrung heranzuholen."

(Ruhl, K.-J. [Hg.]: Frauen in der Nachkriegszeit, S. 26)

In vielen Familien war die Frau zur Kriegerwitwe geworden. In Deutschland teilten über zwei Millionen dieses schwere Los. Fast vier Millionen Männer waren gefallen oder vermisst, zwei Millionen kehrten als Invaliden zurück. Etwa 12 Millionen gerieten in Gefangenschaft. Häufig bildeten Kriegerwitwen Notgemeinschaften, um sich beim „Hamstern" oder „Schlangestehen" zu unterstützen. An ein geordnetes Familienleben war unter diesen Umständen nicht zu denken. In der „vaterlosen Gesellschaft" schufen sie dennoch ihren Kindern ein Zuhause.

A1 *Stell dir vor, du seist eine der Frauen in den Abbildungen. Beschreibe in einem Tagebucheintrag deine Gedanken und Gefühle. Beachte dabei auch die Aufschrift auf der Lore.*

A2 *Erkläre die Bezeichnung „Trümmerfrauen". Denke dabei nicht nur an die Rolle der Frauen bei der Schuttbeseitigung.*

Als die Männer 1947 in großer Zahl aus englischer und amerikanischer Gefangenschaft zurückkehrten, wurden viele Frauen von ihren Arbeitsplätzen verdrängt. Sie mussten zurücktreten in die zweite Reihe und kümmerten sich nun wieder in erster Linie um die Familie. Erst nach Protesten in der Öffentlichkeit wurde in das Grundgesetz die Formulierung aufgenommen: „Männer und Frauen sind gleichberechtigt".

Q2 Frau Hedwig über die Folgen der Selbstständigkeit:

„Nach dem Krieg war ich eine andere Frau geworden, die Zeit hatte mich geprägt. Und mein Mann fand sich nicht mehr mit mir zurecht. Ich hatte gelernt, zu entscheiden und meinen Weg zu gehen. Meinem Mann fiel es schwer, diese neue Frau zu akzeptieren."

(Unruh, T. [Hg.]: Trümmerfrauen, S. 140)

A3 *Kriegs- und Nachkriegszeit haben die Selbstständigkeit der Frauen gefördert. Erkläre den Rückzug vieler Frauen 1947/48 in das Familiäre.*

A4 *Warum war es so schwierig, für das Grundgesetz die Formulierung durchzusetzen: „Männer und Frauen sind gleichberechtigt"?*

2.3 Kindheit zwischen Trümmern

Millionen Kinder hatten in Europa durch den Krieg ihre Eltern verloren. Fast 300 000 Kleinkinder waren 1945 in Deutschland ohne Eltern. Keiner kannte ihre Namen oder wusste, wo sie geboren waren. Ein solches Mädchen nahm Frau B. S. als Tochter an. Am 6. Juli 1956 schrieb sie ihr folgenden Brief:

Q1 *„Liebe Dorothea. Heute ist nun dein 14. Geburtstag. Du wirst dich wundern, einen Brief von mir neben deiner Geburtstagstorte zu finden. (…) 1942 wurdest du in Königsberg geboren. 1943 fiel dein Vater bei Stalingrad. 1944 trat deine Mutter mit dir die Flucht in den Westen an. Auf einem kleinen Bahnhof dann wurdest du von ihr getrennt. Deine Mutter wollte mit dir in den Wagen eines Flüchtlingszuges einsteigen, als sie dich hineinreichte, fuhr der Zug an und sie wurde zurückgestoßen. Ich (…) nahm mich deiner an. Nie werde ich das verzweifelte Rufen deiner Mutter nach dir vergessen. (…) Nun haben wir erfahren, dass deine Mutter lebt. (…) Vorgestern stand sie vor unserer Tür. Nun möchte sie dich zurückhaben. Wir verstehen deine Mutter sehr gut, sie hat sehr viel gelitten. Du verstehst, wie uns zu Mute ist. (…) Deine Mutti"*

(Wildermuth, R. [Hg.]: Heute – und die 30 Jahre davor, S. 75)

A5 *Versetze dich in die Lage der betroffenen Personen und beschreibe ihre Gefühle.*

A6 *Gibt es eine Lösung für den Konflikt? Bildet zwei Gruppen und stellt Argumente für die Rückkehr bzw. den Verbleib der Tochter zusammen.*

„Kohlenklau" 1946. Auch Schwarzmarktgeschäfte und das „Organisieren" von Kohlen und Lebensmitteln gehörten für viele zum Überlebenskampf.

Rechts: Familienleben auf engstem Raum, 1946

Unten: Kinder erwärmen sich an einem Feuer zwischen den Trümmern, Köln 1946

A1 Zeige die Fotos deinen Großeltern. Notiere, was sie erzählen, und berichte in deiner Klasse darüber.

A2 Vergleiche die Berichte und halte die Unterschiede in den Lebensgeschichten fest.

Q2 Ein Historiker über Jugendkriminalität:
„Die Motive für die Beschaffungskriminalität der Jugendlichen in den Jahren 1945–1948 lagen in einer Mischung aus Abenteuerlust und bitterer Not. (...) Die Kriminalität hatte nicht nur wirtschaftliche Ursachen (...) Gerade auch durch das Beispiel vieler Erwachsener erfuhren die Jugendlichen, dass sich jeder selbst der Nächste ist."
(Breyvogel, W./Krüger, H.-H. [Hg.]: Land der Hoffnung – Land der Krise, S. 155)

A3 Nenne Ursachen für die hohe Jugendkriminalität. Vergleiche mit der Gegenwart.

GEWUSST WIE!

Wir befragen Zeitzeugen

Mehrfach erhaltet ihr in diesem Kapitel die Anregung, Zeitzeugen zu befragen. Denn zu den schwierigen Nachkriegsjahren haben viele ältere Menschen Erinnerungen, die diese Zeit mehr als ein Schulbuch lebendig werden lassen. Bei der Befragung von Zeitzeugen solltet ihr einige Regeln berücksichtigen:

- Überlegt zuerst, zu welchem Thema (z. B. Alltag, Kindheit, politisches Verhalten etc.) ihr eure Fragen stellen wollt. Am besten nehmt ihr die Fragen schriftlich zum Gesprächstermin mit.
- Vereinbart einen Gesprächstermin mit ausreichend Zeit und in ruhiger Atmosphäre. Der Gesprächspartner muss wissen, was ihr fragen wollt. Er kann sich dann vorbereiten (z. B. alte Fotos, Dokumente usw. heraussuchen). Er muss auch erfahren, ob bzw. wie ihr das Gespräch veröffentlichen wollt.
- Einigt euch, wer die Gesprächsleitung übernimmt, und haltet wichtige Gesprächsregeln ein: nicht unterbrechen, nicht dazwischenreden, aber nachfragen, wenn ihr etwas nicht verstanden habt.
- Verständigt euch, durch wen und wie das Gespräch festgehalten wird: Tonband, Video oder schriftliches Protokoll.
- In der Auswertungsphase sichtet und ordnet ihr das Material und prüft, ob ihr noch weitere Informationen braucht.
- Ihr habt durch eure Befragung selbst Geschichtsquellen geschaffen, die ihr nun der Öffentlichkeit zugänglich machen könnt: in einer Ausstellung oder Videovorführung für Mitschüler und Eltern oder durch einen Artikel für die Lokalzeitung etc.

3 Die Alliierten und die staatliche Teilung Deutschlands

3.1 Die Deutschen und die Sieger

Am 5. Juni 1945 übernahmen die Alliierten die Regierung in Deutschland. Sie teilten das Land in vier Besatzungszonen und Berlin in vier Sektoren auf. Obwohl der Alliierte Kontrollrat – die oberste Gewalt – Deutschland als wirtschaftliche und politische Einheit behandeln sollte, begannen sich die Besatzungszonen in verschiedene Richtungen zu entwickeln. Zu unterschiedlich waren die Zielvorstellungen der Siegermächte.

A1 *Welche Schwierigkeiten mussten bei der gemeinsamen Verwaltung entstehen? Begründe deine Vermutungen.*

Die Ziele der UdSSR in der Deutschlandpolitik sind bis heute umstritten. Zumindest zeitweise wurde die Konzeption eines ungeteilten, neutralen Deutschland favorisiert. Immer ging es jedoch darum, in der sowjetischen Besatzungszone (SBZ) sowjetische Ziele durchzusetzen. Dem dienten auch die im Mai 1945 aus Moskau nach Berlin, Sachsen und Mecklenburg eingeflogenen drei „Initiativgruppen" deutscher Kommunisten. Ihre vordringlichste Aufgabe bestand darin, die kommunistische Linie beim Aufbau der neuen Ordnung durchzusetzen.

Q1 Anweisung W. Ulbrichts, Leiter der kommunistischen Initiativgruppe Berlin, zum Aufbau der Berliner Stadtbezirksverwaltung Anfang Mai 1945:

„*Kommunisten als Bürgermeister können wir nicht brauchen, höchstens in Wedding oder in Friedrichshain. Die Bürgermeister sollen in den Arbeiterbezirken in der Regel Sozialdemokraten sein. In den bürgerlichen Vierteln (...) müssen wir an die Spitze einen bürgerlichen Mann stellen (...). Der erste stellvertretende Bürgermeister, der Dezernent für Personalfragen und der Dezernent für Volksbildung – das müssen unsere Leute sein. Dann müsst ihr noch einen ganz zuverlässigen Genossen in jedem Bezirk ausfindig machen, den wir für den Aufbau der Polizei brauchen. Es ist doch ganz klar: Es muss demokratisch aussehen, aber wir müssen alles in der Hand haben.*"

(Leonhard, W.: Die Revolution entlässt ihre Kinder, S. 439/440)

A2 *Was versteht Ulbricht unter „demokratisch aussehen" und „alles in der Hand haben"?*

A3 *Beschreibe anhand der Karte S. 23 die geografische Lage der vier Zonen. Nenne die Bundesländer, die heute auf deren Gebiet liegen.*

Briefmarken aus den verschiedenen Besatzungszonen

A4 *Ordne die Briefmarken von 1945/46 den Besatzungszonen zu. Was verraten sie dir?*

Die Westalliierten betrachteten Deutschland zunächst auch als einen besiegten Feindstaat. Dennoch begannen sie entsprechend ihrer Tradition mit dem Aufbau demokratischer Verhältnisse, die amerikanischen Militärbehörden am entschiedensten. Sie bauten „von unten" arbeitsfähige Verwaltungen auf und schufen im September 1945 Länderregierungen. Demokratische Wahlen im Jahre 1946 bestätigten die neuen Amtsträger. Die britische Militärregierung folgte dem amerikanischen Vorgehen.

Die Regierung Frankreichs hatte aufgrund der geschichtlichen Erfahrungen kein Vertrauen zu den Deutschen. Sie lehnte eine Zentralverwaltung ab und behandelte ihre Zone zunächst wie eine Kolonie. Das Saargebiet wurde abgetrennt und erhielt eine französische Regierung.

Die Erneuerung Deutschlands erforderte die Zulassung demokratischer Parteien. In den westlichen Besatzungszonen stimmten die Alliierten ihrer Bildung zunächst auf örtlicher und regionaler Ebene zu. Bald schälten sich vier Parteien heraus: Sozialisten (SPD), Christlich-Konservative (CDU/CSU), Kommunisten (KPD) und Liberale (FDP).

A1 *Fasse erste Schritte zur Erneuerung Deutschlands in den Westzonen zusammen.*

A2 *Schließe aus den Abbildungen auf die Situation in den einzelnen Zonen.*

A3 *Führt ein Zeitzeugengespräch durch. Überlegt mithilfe der Fotos, was ihr Menschen fragen könntet, die die Besatzungszeit erlebt haben.*

Plakat aus der SBZ von 1945 (links) und Verteilung amerikanischer Care-Pakete an Schulkinder in der amerikanischen Zone (unten)

Im Herbst 1945 werden in der SBZ als Reparationsleistung die zweiten Gleise demontiert. Das Schienennetz verringert sich um mehr als die Hälfte.

In der SBZ wurden Parteien und Gewerkschaften bereits im Juni 1945 erlaubt. Besondere Entfaltungsmöglichkeiten erhielt hier die KPD. Sie erhob sich selbst zur führenden Kraft und sicherte schließlich die Sowjetisierung Ostdeutschlands durch die Vereinigung von SPD und KPD zur „Sozialistischen Einheitspartei Deutschlands" (SED) im April 1946. Dabei wurde der nach Faschismus und Krieg vorhandene Wunsch vieler Sozialdemokraten und Kommunisten nach einer einheitlichen Partei missbraucht und auch Zwang eingesetzt. Die Spaltung der Zonen rückte einen Schritt näher.

Plakat von 1946 zur Gründung der SED

Parteiabzeichen der SED

A1 Formuliere Gründe für die schnelle Zulassung von Parteien in der SBZ. Welche Ziele verfolgte damit die sowjetische Besatzungsmacht?

A2 Betrachte das Symbol auf dem Parteiabzeichen der SED und deute es.

A3 Sprecht über die Folgen der Gründung der SED.

A4 Was haben Plakat links und Parteiabzeichen gemeinsam? Was wird beschworen?

A5 Betrachte das Plakat unten und mache dir Gedanken über die Durchführung der Bodenreform in der SBZ. Wie wurde das Vorgehen offiziell begründet?

In der Ostzone hatte bereits im Sommer 1945 auch eine gesonderte Entwicklung hinsichtlich Entnazifizierung, Entmilitarisierung und Demontage begonnen. Sie führte zu tiefgreifenden Veränderungen in der Wirtschaft. In einem Zeitraum von gut 2 Jahren wurden über 9000 Industriebetriebe verstaatlicht. Das große Thema im Herbst 1945 war aber die Bodenreform. Unter der Losung „Junkerland in Bauernhand" wurden rund 14 000 Großgrundbesitzer und größere Bauern enteignet. Neubauern, oft Vertriebene aus den ehemaligen Ostgebieten, bezahlten für einen Hektar Land 1000 bis 1500 kg Roggen oder den Gegenwert in Geld.

Ergebnisse der Bodenreform in der SBZ

Empfänger	Anzahl Familien	zugeteilte Fläche (ha)
Landarbeiter und landlose Bauern	120 000	93 000
landarme Bauern	82 000	274 000
Vertriebene	91 000	763 000
Arbeiter und Angestellte	183 000	115 000
Kleinpächter und Altbauern	100 000	104 000
Volkseigene Güter	500	1 100 000

A6 Errechne aus der Tabelle die Größe des Bodenreformlandes in der SBZ. Wer waren die hauptsächlichen Nutznießer der Reform?

Plakat zur Aufteilung des Großgrundbesitzes durch die Bodenreform, 1945

Auch in den Westzonen traten Politiker verschiedener Parteien für den Aufbau einer neuen Wirtschaftsordnung ein. Heftige Auseinandersetzungen wurden um die Großindustrien ausgetragen.

Q2 Aus dem Ahlener Programm der CDU, 1947:
„Die neue Struktur der deutschen Wirtschaft muss davon ausgehen, dass die Zeit der unumschränkten Herrschaft des privaten Kapitalismus vorbei ist. Es muss aber ebenso vermieden werden, dass der private Kapitalismus durch einen Staatskapitalismus ersetzt wird (...)"
(Kistler, H.: Die Bundesrepublik Deutschland, S. 68)

A1 Welche Vorstellung entwickelte die CDU von der Wirtschaft? Was macht dich stutzig?

Die Westmächte griffen ein. Sie schirmten die Konzerne und Banken gegen alle Sozialisierungsabsichten ab. Schließlich setzten sich die Vertreter der sozialen Marktwirtschaft durch, die das Privateigentum als Grundlage der Wirtschaftsordnung betrachteten. Diese Entscheidung bildete dann in Verbindung mit dem Marshall-Plan und der Währungsreform die Grundlage für den allmählichen wirtschaftlichen Aufschwung.

Den Nationalsozialismus zu beseitigen und die begangenen Verbrechen zu ahnden, gehörte zu den wichtigsten gemeinsamen Zielen der Alliierten. Bei der Bestrafung der Hauptkriegsverbrecher einigten sie sich auf ein gemeinsames Vorgehen und fällten in Nürnberg 1946 zwölf Todesurteile, sieben Haftstrafen und drei Freisprüche. Die Entnazifizierung der großen Masse verlief jedoch in den vier Zonen sehr unterschiedlich.

Der Nürnberger Kriegsverbrecherprozess vor dem alliierten Militärgericht (von November 1945 bis Oktober 1946)

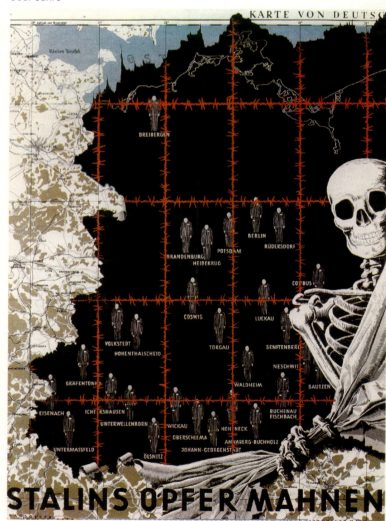
Plakat des „Befreiungskomitees für die Opfer totalitärer Willkür", Anfang der 50er Jahre

Entnazifizierung in Westdeutschland: Karikatur „Die Spruchkammer" von Helmut Beyer, 1946, für das Stuttgarter „Wespennest"

Die Sowjetunion ging in ihrem Einflussbereich rigoros gegen aktive Nazis vor. SS-Mitglieder, Funktionäre der NSDAP, z. T. auch Wehrmachtsoffiziere und Polizisten wurden verhaftet, Richter, Lehrer, Staatsanwälte aus ihren Positionen entfernt. Gleichzeitig wurden mit unerbittlicher Härte aber auch jene verfolgt, die sich der kommunistischen Neuordnung widersetzten. Tausende von ihnen starben in den stalinistischen Speziallagern in der SBZ und in der Sowjetunion.

In der sowjetischen Besatzungszone wurden zwölf Speziallager eingerichtet. Im Lager Fünfeichen befanden sich 1947 ca. 9 700 Personen, darunter etwa 2 500 Jugendliche und 600 Frauen und Mädchen. Sie waren teilweise HJ- oder BDM-Führer/innen oder Jungen, denen vorgeworfen wurde, Waffen versteckt zu haben. Die jüngsten Lagerinsassen waren 14 Jahre alt.

Im Westen widmeten sich vor allem die Amerikaner der Abrechnung mit dem Nationalsozialismus. Umfangreiche Fragebögen sollten die politische Vergangenheit von Millionen Menschen erhellen und Spruchkammern geeignete Maßnahmen festlegen. Das Vorgehen sorgte für Verbitterung, weil zuerst die unbedeutenden Fälle behandelt wurden. Der große Eifer erlahmte bald, und 1948 wurden die Verfahren eingestellt. Viele von den wirklich Belasteten kamen ungestraft davon und kehrten in ihre Positionen zurück. Die Entnazifizierung war gescheitert.

A3 Welche Meinung hat der Karikaturist H. Beyer von der Arbeit der Spruchkammern (Abb. oben)?

A1 Ermittelt in Gruppen die Standorte der übrigen Lager. Tragt weitere Informationen zusammen.

A2 Was schließt du daraus, dass manche Häftlinge erst 14 Jahre alt waren?

A4 Untersuche anhand der Statistik die Resultate der Entnazifizierung in den Westzonen. Was hätte geschehen müssen, um einen wirklichen Beitrag zu dieser Aufgabe zu leisten?

A5 Vergleiche die Maßnahmen zur Entnazifizierung in den Westzonen sowie in der SBZ.

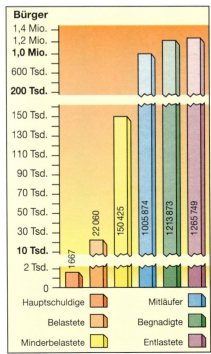

Entnazifizierungsverfahren in den westlichen Zonen

3.2 Vom besiegten zum geteilten Land

Anfang 1947 geriet die Politik in den vier Besatzungszonen in das Fahrwasser des Kalten Krieges. Die Spannungen ließen sich nicht mehr überbrücken. Ab 1. Januar 1947 legten Engländer und Amerikaner ihre Zonen zu einem einheitlichen Wirtschaftsgebiet zusammen. Die Bizone war entstanden. In ihr lebten etwa 60 Prozent der deutschen Bevölkerung.

Das in vier Zonen geteilte Besatzungsgebiet und die Gründung der Bizone: die Außenminister Byrnes und Bevin legen die Zonengrenze nieder; Bidault und Molotow beteiligen sich nicht.

A1 Die Außenminister der Besatzungsmächte Bevin, Bidault, Byrnes und Molotow bei der „Arbeit". Erfasse die Aussage des Karikaturisten über ihre Politik im Sommer 1946.

A2 Bildet Gruppen und formuliert zu der Karikatur treffende, aber witzige Unterschriften.

A3 Die Gründung der Bizone wurde von den politischen Parteien unterschiedlich aufgenommen und bewertet. Welche Auffassung kommt in dem SED-Plakat zum Ausdruck?

Q1 Kurt Schumacher, Vorsitzender der SPD, in einer Rede am 31. Mai 1947:

„Die Prosperität (Aufschwung) der Westzonen (…) kann den Westen zum ökonomischen Magneten machen. Es ist realpolitisch vom deutschen Gesichtspunkt aus kein anderer Weg zur Errringung der deutschen Einheit möglich als diese ökonomische Magnetisierung des Westens, die ihre Anziehungskraft auf den Osten so stark ausüben muss, dass auf die Dauer die bloße Innehabung des Machtapparates dagegen kein sicheres Mittel ist."

(Borowsky, P.: Deutschland 1945 – 1969, S. 57)

A4 Entnimm dem Redeauszug die Meinung der SPD zur Bildung der Bizone.

Plakat zum 2. Parteitag der SED

Bemühungen deutscher Politiker, die Einheit des Landes zu erhalten, scheiterten. Bald schlossen sie sich den Auffassungen der Besatzungsmächte an, sodass eine Verständigung zwischen den Vertretern der SBZ und der anderen Zonen nicht mehr möglich war. Die einzige gesamtdeutsche Konferenz der Ministerpräsidenten zur Verhinderung der Teilung in München im Juni 1947 scheiterte. Danach unterstellten sich beide Seiten, die Einheit nicht mehr zu wollen.

Die Amerikaner und Engländer setzten alles daran, die Bizone wirtschaftlich so schnell wie möglich auf eigene Füße zu stellen. Sie sorgten dafür, dass sich die freie Marktwirtschaft durchsetzen konnte. Mit der Gründung des Wirtschaftsrates in Frankfurt am Main hatte die Bizone so etwas wie ein Parlament und eine Hauptstadt erhalten. Truman-Doktrin und Marshallplan schweißten die drei Westzonen noch enger zusammen.

A5 Erörtert die Auswirkungen des wirtschaftlichen Aufschwungs in den Westzonen für die staatliche Einheit Deutschlands. Gab es zu dieser Entwicklung andere Möglichkeiten?

Die Alliierten gerieten immer heftiger aneinander. Im Herbst 1947 brach die Anti-Hitler-Koalition endgültig zusammen. An ihre Stelle trat der Ost-West-Gegensatz. Vor diesem Hintergrund vollzog sich nun in schnellen Schritten die Teilung Deutschlands.

Noch war in Deutschland nach wie vor die Reichsmark das offizielle Zahlungsmittel. Doch sie war durch den Krieg fast wertlos geworden. Tauschhandel und ein „Schwarzmarkt" mit einer eigenen „Zigarettenwährung" hatten sich ausgebreitet. Händler waren kaum bereit, ihre Warenbestände gegen fast wertlose Reichsmark abzugeben. Um dem Wiederaufbau und der Hilfe aus dem Marshallplan ein tragfähiges wirtschaftliches Fundament zu verschaffen, führten daher die Westmächte am 20. Juni 1948 in den Westzonen eine separate Währungsreform durch. Der Umtausch der alten Reichsmark gegen die Deutsche Mark (DM) erfolgte im Verhältnis 10:1. Jeder Bürger erhielt zudem 60 DM „Kopfgeld" im Verhältnis 1:1. Die Scheine wurden in den USA gedruckt. Während Sparer durch die Reform Verluste hatten, blieben Grund- und Sachbesitz geschont. Die Reform zeigte umgehend Wirkung, denn noch am gleichen Tag konnten die Bürger der Westzonen erstmals seit langem wieder für sie attraktive Waren in vollen Schaufenstern bewundern.

Volle Schaufenster in den Westzonen am Tag der Währungsreform

So genannte „Tapetenmark"

neuen Banknoten drucken können. Die alten Reichsmarkscheine erhielten stattdessen einfach einen Aufkleber. Sie wurden deshalb im Volksmund als „Tapetenmark" bezeichnet.

Q2 Befehl der Kommandanten der Berliner Westsektoren vom 23.6.1948:
*„Die Kommandanten der französischen, britischen und amerikanischen Sektoren von Berlin sind benachrichtigt worden, dass die sowjetische Militärverwaltung Befehle erlassen hat für eine Umwandlung der Währung in Groß-Berlin.
Diese sowjetischen Befehle widersprechen den Viermächteabkommen über die Viermächteverwaltung von Groß-Berlin. In den französischen, britischen und amerikanischen Sektoren von Groß-Berlin sind diese Befehle null und nichtig und finden keine Anwendung auf die Einwohner (...)"*
(Krieger, H. [Hg.]: Handbuch des Geschichtsunterrichts, Bd. 6, Teil 1, S. 175)

A3 Erläutere den Konflikt um die Währungsreform in Groß-Berlin.
A4 Wie wirbt die SED für die sowjetische Währungsreform?

Plakat der SED für die Einbeziehung Groß-Berlins in das Währungssystem der sowjetischen Besatzungszone.

A1 Nenne Gründe für die Währungsreform.
A2 Wieso hatten Sparer das Nachsehen im Vergleich zu Grundbesitzern?

Am 24. Juni 1948 reagierte die Sowjetunion in der SBZ mit einer eigenen Währungsreform, die sie auch auf ganz Berlin einschließlich der Westsektoren ausdehnen wollte. Die Umtauschbedingungen waren ähnlich wie im Westen: „Kopfgeld" 70 DM 1:1, darüber hinaus Bargeld 10:1. In der Eile hatte man keine

Wahlplakat der SPD zu den Berliner Stadtverordnetenwahlen vom Dezember 1948

Q3 Über das Alltagsleben der Westberliner während der Blockade heißt es in einem Bericht:
„Die Menschen durchsuchten Keller und Böden, staubten alte Gas- und Petroleumlampen ab und setzten sie wieder in Stand. Andere bauten Butan- und Karbidlampen, um die vielen Stromsperren über doch ein bisschen Licht zu haben (...) Ebenso akut war die Heizungsfrage, die gleichfalls große Findigkeit erforderte. Die Menschen buddelten heimlich in den Ruinen ausgebombter Häuser und fanden in den verschütteten Kellern noch Kohle aus der Kriegszeit oder nahmen wenigstens Bauholz mit. Regelmäßig verschwanden Anzeigenbretter, Holzzäune, ja selbst Holzbänke in den U-Bahnhöfen und Parks."
(Scherff, K.: Luftbrücke Berlin, S. 153)

A1 *Inwiefern spiegelt dieses Plakat die Spaltung Berlins?*

A2 *Überprüft anhand der Grafik, warum gerade die Heizungsfrage so akut war. Achtet auf die Transportergebnisse für November und Dezember 1948.*

A3 *Erläutert anhand der Grafik die Leistungen der Luftbrücke.*

Als die Westmächte in ihren Berliner Sektoren am nächsten Tag ihre eigene Währungsreform nach dem Vorbild der westdeutschen Sektoren durchführten, nahm die Sowjetunion dies zum Anlass für die Berlinblockade. Ab dem 24. Juni 1948 riegelte sie für elf Monate alle Land- und Wasserverbindungen der drei westlichen Berliner Sektoren mit den westdeutschen Besatzungszonen ab. Auch die Energieversorgung der eingeschlossenen Westberliner wurde unterbrochen. Einzig der Luftweg blieb frei. Die Westmächte reagierten darauf mit der Berliner „Luftbrücke", einer gewaltigen Transportoperation. Transportflugzeuge der Engländer und vor allem der Amerikaner versorgten die Westberliner Bevölkerung fast ein Jahr lang mit den lebenswichtigsten Gütern. Alle zwei Minuten landeten die „Rosinenbomber", wie der Volksmund die Transporter nannte. Dennoch herrschten in dieser Zeit in Westberlin Hunger und Mangel und vielfach auch Angst vor einem sowjetischen Einmarsch.

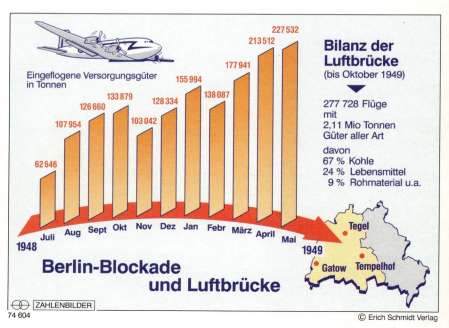

A1 Stelle Vermutungen an über die Wirkung der Berlinblockade auf das Verhältnis der Deutschen zu den Alliierten.

Q4 Zu den Motiven für die Anstrengungen der Westalliierten äußerte sich der amerikanische Befehlshaber Clay, der die Luftbrücke organisierte:
„Wenn Berlin fällt, folgt Westdeutschland als Nächstes. Wenn wir beabsichtigen, Europa gegen den Kommunismus zu halten, dürfen wir uns nicht von der Stelle rühren. Wir können Demütigungen und Druck, die nicht zum Krieg führen, in Berlin einstecken, ohne das Gesicht zu verlieren. Wenn wir fortgehen, gefährden wir unsere europäische Position."
(Clay, L.: Entscheidung in Deutschland, S. 400)

A2 Weshalb hält Clay Berlin für so wichtig?

A3 Diskutiert die politischen Zielsetzungen, die Clay ausspricht.

Die Blockade hatte die Spaltung Deutschlands weiter vertieft. Vor diesem Hintergrund kam es auch zur Spaltung des Berliner Magistrats. Die SED und ihr nahe stehende Organisationen erklärten im November 1948 den Magistrat und die Verwaltung für abgesetzt und wählten durch einen provisorischen Rat einen eigenen Bürgermeister, den die sowjetische Militärverwaltung bestätigte. Daraufhin wechselte der zuvor demokratisch gewählte Magistrat mit dem sozialdemokratischen Oberbürgermeister Ernst Reuter in das Schöneberger Rathaus nach Westberlin. Damit hatten sich auch in Berlin zwei getrennte politische Systeme und Verwaltungen gebildet.

Berliner Kinder spielen „Luftbrücke", Foto 1948

A4 Erläutere die Teilung Berlins anhand der Karte.

Die geteilte Stadt Berlin

Die Politiker um den führenden CDU-Politiker Adenauer orientierten sich immer stärker auf den Aufbau einer gesellschaftlichen Ordnung nach westlichem Vorbild. Zum 1. September 1948 wurde der Parlamentarische Rat nach Bonn einberufen. Er sollte für die drei Westzonen eine Verfassung ausarbeiten. Ihm gehörten auch vier Frauen an. Sie setzten durch, dass die Gleichberechtigung im Grundgesetz verankert wurde. Durch Unterzeichnung des Grundgesetzes wurde am 23. Mai 1949 die Bundesrepublik Deutschland geschaffen, ein Prozess, der mit den Wahlen zum ersten deutschen Bundestag im September 1949 zum Abschluss kam.

Karikatur von Karl Holtz aus dem „Ulenspiegel" vom 2.11.1946

A3 Formuliert verschiedene Überschriften zu dieser Karikatur.

A4 Vergleicht anhand der Karte die beiden neuen deutschen Staaten.

„Ja, der hat's gut, der lebt unter einem besseren Himmel."

A1 Interpretiere das von Adenauer überlieferte Wort: „Besser das halbe Deutschland ganz als das ganze Deutschland halb."

1947, 1948 und 1949 tagte in Berlin ein Deutscher Volkskongress. Dabei handelte es sich um eine Bewegung für die Einheit, die von der SED kontrolliert wurde. Der III. Deutsche Volkskongress wählte 330 Teilnehmer aus der sowjetischen Zone in den „Deutschen Volksrat". Am 7. Oktober 1949 erklärte er sich zur „Provisorischen Volkskammer" und setzte die Verfassung der DDR in Kraft.

Obwohl die Erhaltung der Einheit Deutschlands zu den Zielen der Alliierten gehört hatte, kam es zur Teilung. Der Riss durch Europa verlief quer durch Deutschland und spaltete das Land in zwei Staaten. Sie wurden als Mitglieder der beiden großen Bündnisse zu Hauptkampffeldern der weltweiten Auseinandersetzung zwischen Ost und West.

A2 Sucht nach unterschiedlichen Urteilen über die Gründung beider deutscher Staaten und diskutiert darüber.

Die beiden deutschen Staaten 1949–1990

GEWUSST WIE!

Die Analyse von Karikaturen (Vertiefung)

Die Geschichte Deutschlands von der Spaltung bis zur Vereinigung wurde von einer Flut von Karikaturen begleitet. Wie Karikaturen auszuwerten sind, wurde in „Expedition Geschichte" bereits erläutert. Diese bekannten Schritte sollten bei der Analyse immer die Grundlage bilden. Das folgende Beipiel zeigt, dass diese Grundschritte aber durch vertiefende Fragen ergänzt werden sollten, die auf die Besonderheit der jeweils vorliegenden Karikatur eingehen. Nur so lässt sich „herausholen", was in ihr steckt.

Bekannte Leitfragen	Genauere Analyse
1. Entstehung der Karikatur	Daten siehe Bildlegende
2. Was ist auf der Karikatur zu sehen? (Inhaltsanalyse)	In welches dem Betrachter bekannte Umfeld platziert der Karikaturist seine Aussage? Jahrmarkt. Zwei Schausteller zeigen ein „Wunder". Welche Symbole benutzt der Karikaturist? Links: Dollarzeichen, Germania mit Pickelhaube, Reichsadler, Eichenlaub und Panzerhemd, englische Schreibweise Rechts: Hammer und Sichel, Sowjetstern, Soldatenrock, russische Schreibweise
3. Was soll die Karikatur zum Ausdruck bringen? (Aussage/Interpretation)	Die geteilte „Dame Deutschland" steht für die beiden deutschen Staaten: der Oberkörper für die Bundesrepublik, vorgeführt von dem Schausteller Adenauer; der Unterkörper für die DDR, vorgeführt von einem Russen. Das (noch) ungeteilte Volk verfolgt die Darbietung staunend.
4. Wie bewertet die Karikatur das Ereignis? (Bewertung)	Die Bundesrepublik ist ein Staat in der Tradition deutscher Geschichte, aber unter amerikanischem Einfluss. Die DDR ist ein Produkt sowjetischer Politik und der weniger wichtige Teil. Das Volk verharrt passiv.
5. Wie ordnet sich die Darstellung in unser Geschichtswissen ein? (Einordnung)	Die Bundesrepublik hat das „Wunder" der Teilung bestanden; die DDR nicht, sie ist untergegangen.

Wunder über Wunder

Die Weltwoche, Sommer 1949

GESCHICHTE IM ÜBERBLICK

1945 | **1946** | **1947**

Gründung der UNO (Juni 45). Potsdamer Konferenz teilt Deutschland in Besatzungszonen (Juli 45); Verlust der dt. Ostgebiete (Westverschiebung Polens). Alliierter Kontrollrat. Länderregierungen in allen Besatzungszonen.

SBZ: kommunistische Initiativgruppen (Ulbricht), große Bodenreform.

Ca. 11,5 Mio. Vertriebene. „Zusammenbruchsgesellschaft" (Trümmerfrauen). SBZ: Gründung der SED aus KPD und SPD (April 1946). Westzonen: Erste freie Wahlen, Parteien zugelassen.

UdSSR gestaltet Osteuropa nach sowjetischem Muster (Churchill: „Eiserner Vorhang"). Bizone im Westen (später Trizone). „Kriegserklärungen" des Kalten Krieges: Truman-Doktrin, Kominform.

Zusammenfassung:
- Im Juni 1945 gründen die Siegermächte des Zweiten Weltkrieges die **UNO** mit dem Ziel einer neuen Weltfriedensordnung. Wichtigstes Organ ist der **Sicherheitsrat**.
- Auf der **Potsdamer Konferenz** (Juli 1945) teilen die USA, UdSSR und England das besiegte Deutschland in **Besatzungszonen** auf. Ein **Alliierter Kontrollrat** übernimmt die Regierungsgewalt. Die **deutschen Ostgebiete** fallen an die UdSSR und an Polen, das seine Ostgebiete an die UdSSR 1939 verloren hatte (Westverschiebung Polens).
- Ca. **11,5 Mio. Deutsche** werden aus den Ostgebieten **vertrieben**, ca. 2 Mio. sterben auf der Flucht.
- Bis ca. 1947 bildet sich die neue Frontstellung des **Kalten Krieges**: UdSSR und USA beschuldigen sich gegenseitig imperialistischer Absichten. Während die UdSSR in Osteuropa Regierungen nach sowjetischem Muster installiert und ihren Machtbereich abschottet („**Eiserner Vorhang**"), nehmen die USA vor allem mit wirtschaftlichen Mitteln Einfluss (**Marshallplan**).
- Die „Zusammenbruchsgesellschaft" in Deutschland kennzeichnen Hunger, Zerstörung und Flüchtlingselend. Frauen haben herausragenden Anteil an der allmählichen Bewältigung dieser Probleme („**Trümmerfrauen**").
- Eine konsequente **Entnazifizierung** findet vor allem in der SBZ statt, während im Westen lediglich die Amerikaner ernsthafte Ansätze zeigen.

Das zerstörte und geteilte Europa

1948 → **1949**

Währungsreform im Westen (Juni 48).
Berlin-Blockade (Juni 48–Mai 49).
Parlamentarischer Rat: Verfassung für die Westzonen (Sept. 48).
Marshallplan der USA: Aufbauhilfe und Eindämmung des Kommunismus.

Entnazifizierung: nur in der SBZ konsequent.

Durch Unterzeichnung des Grundgesetzes (23.5.49) und erste Bundestagswahlen (Aug. 49) entsteht die Bundesrepublik Deutschland.
SBZ: Volksrat erklärt sich am 7.10.49 zur „Provisorischen Volkskammer" und setzt Verfassung der DDR in Kraft.

- **Die Entstehung der Bundesrepublik Deutschland:**
  In den Westzonen beginnen die USA mit dem Aufbau demokratischer Strukturen: Länderregierungen im September 1945, Wahlen 1946. England und zuletzt Frankreich ziehen nach. Parteien werden wieder zugelassen: CDU/CSU, FDP, SPD, KPD. Die **Marktwirtschaft** wird gegen Sozialisierungsversuche durchgesetzt. Im Januar 1947 legen USA und England ihre Zonen zur Bi-Zone zusammen (später Tri-Zone mit franz. Sektor). Unter dem Einfluss des Kalten Krieges erfolgt im Juni 1948 die **Währungsreform**. Die UdSSR reagiert mit der Berlin-Blockade, die an der Luftbrücke der Westmächte scheitert. Der Parlamentarische Rat erarbeitet ab September 1948 in Bonn eine Verfassung (**Grundgesetz**) für die Westzonen. Durch Unterzeichnung des Grundgesetzes am 23. Mai 1949 und die ersten Bundestagswahlen im August 1949 entsteht die **Bundesrepublik Deutschland**.
- **Die Entstehung der DDR:**
  Seit Mai 1945 arbeiten in der SBZ kommunistische Initiativgruppen (Ulbricht u.a.). Die **KPD**, nach z.T. erzwungener Vereinigung mit der SPD nun Sozialistische Einheitspartei (**SED**), wird zur treibenden Kraft der gesellschaftlichen **Umgestaltung nach sowjetischem Muster**. Im Herbst 1945 erfolgt eine große **Bodenreform**. Reparationen in die UdSSR belasten die Wirtschaft. In Reaktion auf die Gründung der Bundesrepublik erklärt sich im Oktober 1949 der „Deutsche Volksrat" zur Provisorischen Volkskammer und setzt die Verfassung der **Deutschen Demokratischen Republik** in Kraft.

2 Die Welt im Kalten Krieg

Die Konfrontation der Supermächte im Kalten Krieg

Am Rande des Abgrunds

„Kalter Krieg", so nennt man den Konflikt zwischen den ehemaligen Weltkriegsverbündeten USA und UdSSR, der von 1950 bis 1990 die Weltpolitik bestimmte. Es hätte nicht viel gefehlt, und aus dem „kalten" wäre ein „heißer" Krieg, ein Atomkrieg, geworden. Mehrmals standen die Atomstreitkräfte beider Supermächte sich in höchster Alarmbereitschaft gegenüber. Eine falsche Reaktion, ein Missverständnis oder ein technischer Defekt hätten die Katastrophe auslösen können.

A1 Nutze das Material dieser Seiten, um dir eine Vorstellung vom Ausmaß der gegenseitigen Bedrohung zu machen.

A2 Entwickelt gemeinsam Fragen und Hypothesen zu dieser Epoche, auf die ihr nach Erarbeitung des gesamten Kapitels zurückkommen könnt.

Die vertikalen Abschussrohre mit Atomraketen. Unter Wasser abgefeuert, können diese Raketen Tausende von Kilometern entfernte Ziele vernichten.

US-Bomber vom Typ B-52 beim Abwurf eines Marschflugkörpers

Unterirdisches Kommandozentrum für die atomaren Streitkräfte

Die mit strategischen Atomwaffen bestückten riesigen U-Boote der USA und der UdSSR gehören zu den gefährlichsten Waffensystemen, die je entwickelt wurden. Sie wiegen über 20000 Tonnen, erreichen getaucht über 25 Knoten Geschwindigkeit und können monatelang unter Wasser bleiben.

Vereinigte Staaten (USA)
Integration in das Bündnissystem der USA
- vor August 1949
- nach August 1949

Sowjetunion (UdSSR)
- Warschauer Pakt 1955
- Beitritt 1956
- Militärisches Beistandsabkommen
- andere kommunistische Staaten

Beistandsabkommen bzw. Stützpunkte
- der Sowjetunion
- der USA
- wichtige Weltkrisen

Atomares Waffenarsenal:
- Interkontinentalraketen mit Atomsprengköpfen, die jedes Ziel auf der Welt erreichen können
- Atom-U-Boote mit Atomraketen bestückt, die unter Wasser abgefeuert werden können
- Raketen mit atomaren Mehrfachsprengköpfen, die verschiedene Ziele ansteuern können
- Langstreckenbomber mit Atombomben
- Satelliten zur Beobachtung des Gegners und zur Frühwarnung vor Angriffen

1 Die „Supermächte" im Kalten Krieg

1.1 Von der Konfrontation der Systeme zum Koreakrieg

Ende der 40er Jahre waren aus den Weltkriegsverbündeten USA und UdSSR Gegner geworden. Beide Supermächte setzten alles daran, ihre Führungsrolle in ihren Machtbereichen auszubauen. Die USA betrieben eine Politik des „containment", d.h. der Eindämmung des kommunistischen Einflusses. Die UdSSR setzte alles daran, die mithilfe der Sowjetarmeen in ihrem Machtbereich installierten kommunistischen Staaten immer stärker in ihr System zu integrieren. Auch sie besaß seit 1949 Atombomben.

Der Schwerpunkt der Konfrontation verlagerte sich nach Asien. Dort hatten die chinesischen Kommunisten die Volksrepublik China geschaffen (s. S. 93). Die USA verweigerten jedoch deren Anerkennung. Sie fürchteten eine kommunistische Weltoffensive und sahen ihren Einfluss gefährdet. Nach dem Sieg der Alliierten über Japan war Korea in eine sowjetische Besatzungszone im Norden und eine amerikanische im Süden aufgeteilt. Jede Besatzungsmacht prägte ihre Zone, beide Seiten bedrohten sich mit Krieg. Im Juni 1950 begannen nordkoreanische Truppen den Krieg und überrannten in wenigen Tagen den größten Teil des Landes. Der UN-Sicherheitsrat verurteilte diesen Einmarsch und schickte UN-Truppen unter US-Oberbefehl nach Korea.

A3 *Im Koreakrieg waren die Opfer unter der Zivilbevölkerung viel größer als in den Kriegen davor. Welche Ursachen vermutest du dafür?*

Im Gegenschlag wurden nun die nordkoreanischen Truppen fast bis an die chinesische Grenze gedrängt. Jetzt griffen chinesische Verbände ein, und die Front näherte sich wieder der Ausgangssituation. Hier blieben die Kämpfe stecken. In dieser „Patt-Situation" wollte US-Präsident Truman verhandeln, doch US-General McArthur forderte in aller Öffentlichkeit, mit einem atomaren Angriff China den „Todesstoß" zu geben.

Der Krieg in Korea 1950–1953

A4 *Skizziere den Kriegsverlauf anhand der Karte.*

A1 *Erläutere in einer kurzen Bildanalyse, worin Picassos Anklage besteht.*

A2 *Kann es auch einen kritischen Kommentar zum Bild geben?*

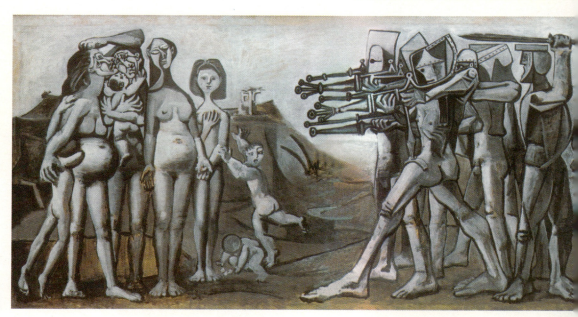

„Massaker in Korea", Bild von Pablo Picasso

Q1 Aus einer Erklärung von Präsident Truman:
„Mit tiefem Bedauern bin ich zu der Erkenntnis gekommen, dass sich Armeegeneral Douglas McArthur nicht in der Lage sieht, die ihm zur Ausübung seiner Pflichten von der Regierung der Vereinigten Staaten und von den Vereinten Nationen vorgeschriebenen politischen Richtlinien vorbehaltlos zu unterstützen. In Hinblick auf die mir (...) zufallenden besonderen Pflichten sehe ich mich veranlasst, einen Wechsel im Oberbefehl im Fernen Osten vorzunehmen."
(Truman, Bd. 2, S. 518)

A1 Was hätte geschehen können, wenn der Plan McArthurs nicht verhindert worden wäre?

Aufständische in Ungarn, November 1956

A3 Warum setzte die UdSSR Gewalt ein, um sich in ihrem eigenen Machtbereich zu behaupten?

Der Krieg zog sich noch bis 1953 hin. Bis heute ist Korea geteilt. Dieser Krieg hatte weit reichende Folgen: Gegenüber Japan gaben die USA ihre strikte Politik der Entmilitarisierung auf (s. S. 56). In Europa wurde die Wiederbewaffnung der Bundesrepublik forciert. Beide Blöcke standen sich noch misstrauischer gegenüber und drehten an der Rüstungsspirale. Die USA schufen rund um den sowjetischen Machtbereich eine Kette von Militärstützpunkten, von denen aus sie atomare Schläge gegen die UdSSR hätten führen können. 1955 hatten die USA mit 43 Staaten militärische Verträge. Die UdSSR tat alles, um ihren Machtbereich unnachgiebig im Griff zu halten. So schlug sie die Protestbewegung am 17. Juni 1953 in der DDR und einen großen Volksaufstand im Oktober 1956 in Ungarn blutig nieder.

A2 Führt eine Diskussion über die Funktion der US-Stützpunkte.

1.2 Am Rande des Atomkrieges – die Kuba-Krise

Auf der „Zuckerinsel" Kuba, seit 1898 formal unabhängig, besaßen die USA großen Einfluss. US-Konzerne hatten viel Geld in die Zuckerwirtschaft investiert. Beherrscht wurde Kuba in den 50er Jahren von dem verhassten Diktator Batista. Eine Guerilla-Bewegung unter Führung von Fidel Castro, dem Sohn eines Großgrundbesitzers, stürzte 1959 den Diktator.

Zur Verwirklichung seiner Ziele – Landreform und soziale Verbesserungen – arbeitete Castro mit Enteignungen, die auch vor US-Konzernen nicht Halt machten. Die USA setzten daraufhin einen Boykott Kubas durch. Mit Unterstützung der USA unternahmen Exilkubaner 1961 eine militärische Invasion, die jedoch scheiterte. Immer mehr wurde Castro durch solche Ereignisse zur Anlehnung an die UdSSR gedrängt. Im Oktober 1962 alarmierte eine Meldung die Weltöffentlichkeit: „Sowjetische Raketen auf Kuba stationiert und weitere sowjetische Frachter mit Raketen an Bord mit Kurs auf Kuba."

Auch manche westliche Intellektuelle sympathisierten mit den kubanischen Revolutionären. Castro (rechts) mit dem amerikanischen Schriftsteller Hemingway, um 1959.

Q1 Aus einer Fernsehansprache des US-Präsidenten Kennedy am 22.10.1962:
„Im Laufe der letzten Woche haben eindeutige Beweise die Tatsache erhärtet, dass derzeit auf dieser unterdrückten Insel mehrere Anlagen für Angriffsraketen errichtet werden. Der Zweck dieser Raketen kann nur darin bestehen, die Möglichkeit eines Atomschlags gegen die westliche Hemisphäre (= Welt) zu schaffen (...) Wir werden das Risiko eines weltweiten Atomkrieges nicht voreilig oder ohne Not eingehen (...), wir werden dieses Risiko aber auch nicht scheuen, falls es zu irgendeinem Zeitpunkt eingegangen werden muss"
(Krieger, H.: Handbuch des Geschichtsunterrichts, Bd. 6, Teil 1, S. 401 f.)

Q2 Aus einem Brief des sowjetischen Ministerpräsidenten Chruschtschow an Kennedy am 27.10.1962:
„Sie wollen die Sicherheit Ihres Landes gewährleisten, und dies ist verständlich. Das will aber auch Kuba. Alle Länder wollen ihre Sicherheit gewährleisten. Wie aber sollen wir (...) Ihre Handlungen bewerten, (...) dass Sie die Sowjetunion mit Militärstützpunkten eingekreist haben (...)? Ihre Raketen sind in Großbritannien stationiert, (...) in Italien (...), und sie sind gegen uns gerichtet. Ihre Raketen sind in der Türkei stationiert. Sie sind beunruhigt über Kuba. (...) Weil es 90 Seemeilen von der Küste der USA liegt. Sie halten es also für berechtigt, für Ihr Land Sicherheit und die Entfernung jener Waffen zu fordern, die Sie als offensiv bezeichnen, erkennen aber uns dies Recht nicht zu (...)"
(Krieger, H.: Handbuch des Geschichtsunterrichts, Bd. 6, Teil 1, S. 407)

A1 Führt eine Pro-und-Kontra-Diskussion um die Argumente von Kennedy und Chruschtschow. Welchen Lösungsweg seht ihr?

GEWUSST WIE!

Eine Pro-und-Kontra-Diskussion durchführen

Wenn man in einer strittigen Frage Position beziehen soll, kann eine Pro-und-Kontra-Diskussion zur Klärung beitragen. Ihr könnt z.B. so vorgehen:

1. Fixiert die gegensätzlichen Standpunkte schriftlich (z.B. an einer Wandzeitung). Haltet durch Abstimmung ein erstes Meinungsbild fest.

2. Bildet zu den gegensätzlichen Standpunkten je eine Gruppe. Gemeinsam erarbeitet dann jede Gruppe für ihren Standpunkt ein „Plädoyer". Mögliche Gegenargumente sollten von vornherein mitbedacht werden.

3. Gewählte Gruppensprecher tragen die „Plädoyers" im Plenum vor (Redezeit begrenzen). Führt dann eine zweite Abstimmung durch und vergleicht mit der ersten.

4. Sprecht darüber, aufgrund welcher Argumente es zu Meinungsänderungen gekommen ist.

Die Welt stand am Abgrund eines Atomkrieges. Beide Seiten bereiteten sich darauf vor. Ununterbrochen verhandelten die beiden mächtigsten Männer der Welt miteinander. Am Ende stand der sowjetische Raketenabzug aus Kuba. Als Gegenleistung verzichteten die USA auf Raketen in der Türkei und auf eine Invasion Kubas.

A2 Was brachte das Ergebnis für Kuba, die USA, die UdSSR?

A3 Welche Situation will uns der Autor vermitteln? Hatte er Recht damit?

A4 Gab es bei diesen Auseinandersetzungen einen Sieger?

Die führenden Politiker der USA und der UdSSR hatten letzten Endes Verantwortungsbewusstsein gegenüber der Menschheit gezeigt. Das war ein hoffnungsvolles Zeichen für die Zukunft. Aber noch herrschte Misstrauen. Noch suchte jede Seite, mehr Sicherheit durch Übertrumpfen der anderen zu erreichen.

„Einverstanden, Herr Präsident, wir wollen verhandeln ..." Englische Karikatur.

„Was für eine Unverschämtheit, mir Raketen vor die Haustür zu stellen!" Schweizer Karikatur aus dem Jahr 1963.

5. Prüft abschließend, ob es einen Kompromiss zwischen den gegensätzlichen Positionen geben kann, den ihr dann ausformulieren solltet.

1.3 Der Weltraum wird in die Rüstung einbezogen

Der erfolgreiche Start des ersten Satelliten „Sputnik" 1957 und der erste bemannte Raumflug mit Jurij Gagarin 1961 demonstrierten eine sowjetische Überlegenheit in der Weltraumtechnik. Das löste in den USA den „Sputnikschock" aus, der Anlass für große Rüstungs- und Weltraumprogramme wurde. Das führte 1969 zum amerikanischen Triumph der Mondlandung.

A1 *Überlege, worin die militärischen Aspekte der Weltraumnutzung bestanden.*

Sowjetische Sondermarke von 1963 zum Flug der Raumkapsel Wostok 5

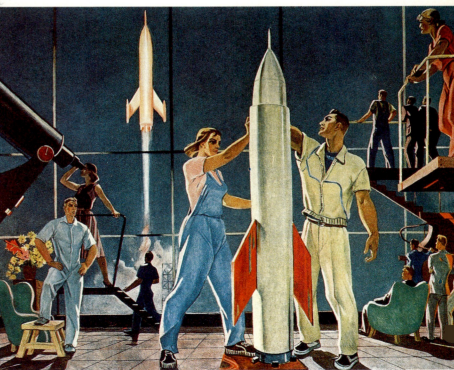

Oben: US-Astronaut Edwin Aldrin am 20.7.1969 auf dem Mond
Rechts: „Die Bezwinger des Kosmos", Aquarell zur sowjetischen Raumfahrt, Dejneka 1961

A2 *Beschreibe, wie die Raumfahrt jeweils „in Szene" gesetzt wird.*

1.4 Zwischen Wettrüsten und Rüstungsvereinbarungen

Die Zuspitzung der Konfrontation setzte ein gigantisches Wettrüsten in Gang. Auf den technologischen Vorsprung der USA reagierten die Sowjets meist mit höheren Stückzahlen ihrer Waffensysteme, was wiederum die USA zum Anlass für Neuentwicklungen nahmen. Ende der 60er Jahre war auf beiden Seiten das atomare Vernichtungspotenzial etwa gleich groß. Jede Seite konnte im Kriegsfall die andere mehrfach vernichten (= Overkill-Kapazität).

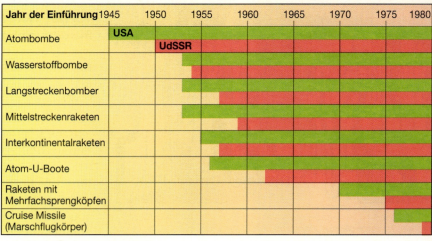

Der Wettlauf der Waffensysteme

A1 Versuche, die Waffensysteme zu erklären.
A2 Äußere dich zur militärischen Bedeutung des „Overkill".
A3 Oft wurde das „Gleichgewicht des Schreckens" als friedenserhaltender Faktor gewertet. Diskutiert diese Auffassung.
A4 Welche Position bringt der Karikaturist zum Ausdruck? Hat er damit Recht?

Seit der Kubakrise war beiden Supermächten klar, dass ein atomarer Weltkrieg nur im gemeinsamen Untergang enden konnte und die einzige Alternative in Verhandlungen bestand. Solche Verhandlungen brachten bald erste Ergebnisse:

1963 USA, UdSSR, England Teststoppabkommen: Verbot von Atomwaffenversuchen unter Wasser und in der Atmosphäre
1968 Vertrag über die Nichtweitergabe von Kernwaffen (ohne Frankreich, China, Indien)
1972 SALT I: Obergrenzen für strategische Offensivwaffen (Raketen)
1975 Verbot der Entwicklung, Herstellung und Lagerung von Gift-Waffen

Auf die Wirtschaft der beiden Supermächte hatte der Rüstungswettlauf unterschiedliche Auswirkungen. Den US-Rüstungskonzernen bescherte er hohe Gewinne, sicherte Millionen einen Arbeitsplatz, ließ aber auch die Verschuldung des Staates stark ansteigen. In der UdSSR wurde die Rüstung eine immer größere Belastung, die zunehmend die Versorgung der Bevölkerung beeinträchtigte. Bemühungen um Einigung wurden immer wieder untergraben durch Konflikte und Kriege, die vor allem in Afrika und Asien als „Stellvertreterkriege" geführt wurden. Entweder war nur eine der beiden Supermächte direkt beteiligt oder auf beiden Seiten kämpften nur ihre Bundesgenossen.

„Es wird hier dauernd vom Frieden gesprochen – meine Herren, der Frieden bin ich!" Karikatur von H. M. Brockmann im „Simplicissimus", 1956.

1.5 Der Vietnamkrieg

Auch Vietnam war als Folge der Auseinandersetzung zwischen beiden Weltsystemen ein geteiltes Land. Im Norden entwickelte sich ein kommunistischer Staat. Im Süden löste eine korrupte Regierung die andere ab. So entstand eine Protestbewegung, auch in religiösen Kreisen.

A1 *Diskutiert eure Auffassungen zu einer solchen Form des Protestes.*

Mit Unterstützung des kommunistischen Nordens eroberte die Guerilla-Bewegung des Vietkong weite Gebiete Südvietnams. Die USA ließen sich zunehmend in diesen Konflikt einbeziehen: erst durch die Entsendung von Militärberatern und Waffenlieferungen, dann auch durch Kampftruppen.

Q1 US-Präsident Johnson 1965:
„Warum sind wir in Südvietnam? Wir sind dort, weil wir ein Versprechen zu halten haben (...) Wir haben aufbauen und verteidigen geholfen. So haben wir viele Jahre hinweg als Nation uns verpflichtet, Südvietnam bei der Verteidigung seiner Unabhängigkeit zu helfen (...) Dieses Versprechen zu brechen und dieses kleine und tapfere Volk seinem Feind preiszugeben (...), das wäre ein unverzeihliches Unrecht. Wir sind ferner in Südvietnam, um die Ordnung der Welt zu stärken."
(Luther, H. U.: Der Vietnamkonflikt, S. 138 f.)

Q2 Der nordvietnamesische Präsident Ho Chi Minh 1967 an Präsident Johnson:
„Die Regierung der Vereinigten Staaten hat ständig in Vietnam interveniert und ihre Aggression gegen Südvietnam begonnen und intensiviert, um die Teilung Vietnams zu verewigen und Südvietnam in eine amerikanische Kolonie und einen amerikanischen Militärstützpunkt umzuwandeln (...) In Südvietnam haben sich eine halbe Million Soldaten der USA (...) der unmenschlichsten und barbarischsten Methoden der Kriegführung bedient, um unsere Landsleute zu morden, ihre Ernten zu vernichten und ihre Dörfer dem Erdboden gleichzumachen (...)"
(Johnson, L. B.: Meine Jahre im Weißen Haus, S. 148)

Ein 73-jähriger buddhistischer Priester verbrennt sich aus Protest gegen die südvietnamesische Regierung (Aus Prokop, Sprache der Fotografie, S. 158)

A2 *In welcher Hinsicht unterscheiden sich beide Standpunkte?*
A3 *Diskutiert in einer Pro- und Kontra-Gruppe die kontroversen Aussagen.*
A4 *Der damalige US-Verteidigungsminister McNamara hat 30 Jahre später über diesen Krieg als einen „schrecklichen Irrtum" und „sinnlosen Krieg" geschrieben. Warum war es dennoch zum Krieg gekommen?*

Der Vietnamkrieg

Von US Flugzeugen abgeworfene Bombenlast			
	Europa und Japan (1939–45)	Korea (1950–53)	Vietnam (1965–72)
In Millionen t	2,0	1,0	6,9

A5 *Vergegenwärtige dir die Größe der Länder. Was sagt der Vergleich mit dem Zweiten Weltkrieg aus?*

Beide Seiten führten den Krieg immer unerbittlicher. Der modernsten amerikanischen Kriegstechnik setzten die Vietkong den Untergrundkampf vor allem im Dschungel entgegen. Nordvietnam und der Vietkong wurden aus der UdSSR und lange Zeit durch China unterstützt.

A1 *Welche Ursachen siehst du in der unterschiedlichen Verteilung der Kriegsopfer (unten)?*

A2 *Erkläre den hohen Anteil an Opfern unter der Zivilbevölkerung.*

Demonstration gegen den Vietnamkrieg in Westberlin 1968

Verluste im Vietnamkrieg	
56 000	US-Soldaten
930 000	nordvietnamesische Soldaten und Vietkong-Angehörige
180 000	südvietnamesische Soldaten
485 000	Zivilisten im Süden
70 000	Zivilisten im Norden

A3 *Übersetzt den Text auf den Plakaten und erklärt die Losungen.*

A4 *Diskutiert über die Forderungen der Anti-Vietnam-Demonstranten.*

GEWUSST WIE!

Das Medium Fernsehen macht Geschichte

Seit den 50er Jahren eroberte das Fernsehen als neues Medium die Welt – und veränderte sie. Der Vietnamkrieg wurde zum ersten „Fernsehkrieg" der Geschichte. Er fand nicht nur irgendwo im fernen Asien statt, sondern „live" jeden Abend in den Wohnzimmern der Amerikaner und Westeuropäer. Diese tägliche Konfrontation mit den Kriegsgräueln war ein wichtiger Grund für die Entstehung einer kritischen Öffentlichkeit, für die Protestbewegung der Jugend und schließlich für die Beendigung des Krieges. Denn rein ökonomisch und militärisch gesehen, hätten die USA den Krieg noch jahrelang fortsetzen können. Übrigens zogen die Militärs Konsequenzen: Im Golfkrieg 1991 versuchte die US-Army, den Informationsfluss an Presse, Funk und vor allem Fernsehen genau zu steuern. Bei Fernsehberichten über Kriege und Konflikte sollten wir daher auf Folgendes achten:

Aus einem der nahezu täglichen Fernsehberichte über den Vietnamkrieg

In Westeuropa und in den USA entstand gegen diesen Krieg, den vor allem die studentische Jugend als ungerecht und imperialistisch empfand, seit Anfang der 60er Jahre eine stetig wachsende Protestbewegung. Tausende junge Amerikaner, unter ihnen der spätere Präsident Clinton, entzogen sich dem Wehrdienst oder desertierten. Das amerikanische Volk war tief gespalten. 1972 zogen die USA unter dem Druck der demokratischen Öffentlichkeit ihre Truppen ab. Der Krieg wurde „vietnamisiert". Nur wenige Jahre vergingen bis zur Eroberung des gesamten Landes durch den Vietkong. Bis heute ist Vietnam kommunistisch regiert.

1.6 Die Schlussakte von Helsinki (1975) – Hoffnung auf Normalität in Europa

Wichtige Schritte zur Entspannung wurden in Europa durch die neue Ostpolitik der westdeutschen Regierung Brandt (s. S. 102) eingeleitet. Anfang der 70er Jahre begannen Verhandlungen über Sicherheit und Zusammenarbeit in Europa (= KSZE). Am Ende stand die Schlussakte von Helsinki, die alle europäischen Staaten mit Ausnahme von Albanien unterzeichneten.

Die sich in der DDR formierende Bürgerrechtsbewegung begann, sich nun gerade auf die Aussagen zum humanitären Bereich zu berufen.

A1 *Interpretiere die einzelnen Punkte und erläutere ihre generelle Bedeutsamkeit.*

A2 *Welche kontroversen Sichtweisen vermutest du aus der Sicht der „westlichen" und der „östlichen" Staaten? Bemühe dich um eine jeweilige Wertung.*

Die drei „Körbe" von Helsinki

Fragen der Sicherheit in Europa

KORB 1
- Achtung der Souveränität
- Keine Androhung oder Anwendung von Gewalt
- Unverzichtbarkeit der Grenzen
- Territoriale Integrität der Staaten
- Friedliche Regelung von Streitfällen
- Nichteinmischung in innere Angelegenheiten
- Achtung der Menschenrechte und Grundfreiheiten
- Gleichberechtigung und Selbstbestimmung der Völker
- Erfüllung völkerrechtlicher Verpflichtungen

Zusammenarbeit in Wirtschaft, Wissenschaft, Technik und Umweltschutz

KORB 2
- Zusammenarbeit in Wirtschaft, Wissenschaft, Technik und Umweltschutz

Zusammenarbeit in humanitären Bereichen

KORB 3
- Kontakte und Begegnungen für Familien
- Familienzusammenführung
- Eheschließung zwischen Bürgern verschiedener Staaten
- Reisen aus persönl. oder berufl. Gründen
- Verbesserungen für den Tourismus
- Begegnungen der Jugend
- Sport
- Austausch von Informationen
- Bessere Arbeitsbedingungen für Journalisten
- Kulturelle Zusammenarbeit
- Zusammenarbeit im Bereich der Bildung

---

1. Wer berichtet von dem Geschehen? Ein Betroffener, ein unabhängiger Journalist, eine offizielle Stelle?

2. Erscheint die Berichterstattung ungehindert oder erkennbar durch Zensur, Pressestellen etc. gefiltert?

3. Was wird wie gezeigt? Stimmen Bild und Kommentar überein? Ist der behauptete Sachverhalt tatsächlich zu sehen?

4. Gibt es Hinweise auf Parteilichkeit, z.B. Wertungen im Kommentar, nur die Sicht einer Konfliktpartei, keinerlei Hinweise auf Herkunft, Qualität und Überprüfbarkeit der Nachrichten?

5. Man sollte zur Information möglichst mehrere Medien nutzen, z.B. unterschiedliche Presseorgane oder auch das Internet.

1.7 Neue Krisen und Konflikte

Mitte der 70er Jahre wurde Schwarzafrika zum Schauplatz blutiger „Stellvertreterkriege". In Chile stürzten Militärs mit amerikanischer Unterstützung 1973 in einem blutigen Putsch die demokratisch gewählte sozialistische Regierung und ermordeten den Präsidenten Allende.

„Bist du sicher, Leonid, dass wir uns diesmal nicht verfahren haben?"

Karikatur von M. Marcks zum Problem der Stellvertreterkriege

A3 Worauf spielt der Karikaturist (oben) an?

Trotz des Einsatzes von 100 000 Soldaten konnte sich die UdSSR militärisch nicht gegen die Guerilla-Taktik der islamischen Widerstandskämpfer, der Mujaheddin, durchsetzen. Diese erhielten militärische Unterstützung aus Pakistan, aber auch aus den USA. Hunderttausende Afghanen flüchteten oder kamen im Krieg um. 15 000 Sowjetsoldaten fielen. In der UdSSR begann sich eine Protestbewegung gegen diesen Krieg zu formieren.

A4 Wieso konnten die afghanischen Rebellen der Sowjetarmee Paroli bieten?

A5 Ist die Parallele zum amerikanischen Vietnamkrieg berechtigt?

A1 Welche Aussage will die Karikaturistin vermitteln?

A2 Äußere deine Meinung zu solchen Kriegen.

Als die UdSSR in Mitteleuropa ihre Raketenwaffe modernisierte (SS 20) und verstärkte, beschloss die NATO, ihrerseits neue Mittelstreckenwaffen zu stationieren. Eine gefährliche Zuspitzung entstand.

Ende 1979 nahm die UdSSR politische Auseinandersetzungen in Afghanistan zum Anlass, um einen ihr genehmen Politiker an die Macht zu bringen und in das Land militärisch einzufallen. Über 100 Staaten verurteilten das in der UNO als Aggression. Besonders bei vielen Staaten der Dritten Welt verlor die UdSSR an Ansehen.

Afghanische Mujaheddin auf einem erbeuteten sowjetischen Panzer

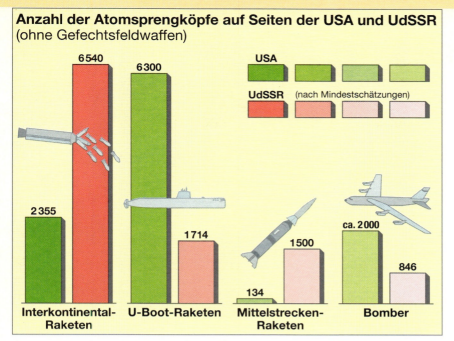

Das atomare Kräfteverhältnis von USA und Sowjetunion Mitte der 80er Jahre

Q3 US-Präsident Reagan in einer Fernsehansprache 1983:
„Um den Frieden zu erhalten, müssen wir (...) stark genug sein, jeden potenziellen Aggressor überzeugen zu können, dass Krieg keinen Vorteil, sondern nur Katastrophen bringen würde (...). Die Abschreckung ist von entscheidender Bedeutung für die Erhaltung und den Schutz unserer Lebensform, aber die Abschreckung ist nicht Anfang und Ende unserer Lebensform, unserer Politik gegenüber der Sowjetunion. Wir müssen und werden die Sowjets in einen Dialog einbinden, der so ernsthaft und konstruktiv wie möglich ist (...). Stärke und Dialog gehen Hand in Hand (...)"
(Europa-Archiv, 39. Jg. [1984], S.D. 109 ff.)

A1 Analysiere das Kräfteverhältnis zwischen den Supermächten. Wieso kam wohl bei solchen Vergleichen jede Seite zu anderen Ergebnissen?

A2 Wie sicher ist ein Frieden, der auf gegenseitiger Abschreckung beruht?

A3 Analysiere aus jedem Quellenauszug die Position zur Abrüstung.

A4 Arbeite Übereinstimmungen und Unterschiede heraus.

A5 Wo kannst du ein neues Herangehen erkennen? Wo bleibt es bei den alten Verhaltensmustern?

1.8 Das Ende des Kalten Krieges

Unter US-Präsident Reagan erreichten die amerikanischen Rüstungssummen astronomische Höhen. Er begann die Entwicklung eines im Weltraum zu stationierenden Raketenabwehrsystems (SDI). Eine neue Runde des Wettrüstens schien unausweichlich, aber es kam nicht dazu. Was war passiert? 1985 gelangte ein neuer Mann an die Spitze der UdSSR – Michail Gorbatschow (vgl. S. 53).

Q1 Aus einer Rede Gorbatschows vor französischen Parlamentariern 1985:
„Wir haben einseitig die weitere Stationierung von Mittelstreckenraketen in Europa unterbrochen und an die Vereinigten Staaten appelliert, das Gleiche zu tun. (...) Die Sowjetunion schlägt vor, mit der Reduzierung der Streitkräfte und Rüstungen beider Seiten in Mitteleuropa zu beginnen (...) Dabei sind wir bereit, unsere Truppen um eine größere Anzahl zu verringern als die Amerikaner. Was den Weltraum betrifft, so sind wir für dessen Nutzung zu ausschließlich friedlichen Zwecken und fordern nachdrücklich, dies zu vereinbaren (...) Sieger kann es in einem Kernwaffenkrieg nicht geben (...)"
(Blätter für Deutsche und Internationale Politik, 30. Jg. [1985], S. 130)

Q2 Der deutsche Physiker Carl Friedrich v. Weizsäcker 1976:
„Wer glaubt, die Konkurrenz der Großmächte werde nicht zum Kriege führen, vertraut entweder auf politische Entwicklungen oder auf die Abschreckung durch die großen Waffen. (...) Politischer Bewusstseinswandel, Wandel sozialer Systeme und die Mittel klassischer Diplomatie sind zur Kriegsverhütung heute notwendig."
(Weizsäcker, C.F.: Wege in der Gefahr, S. 110)

Mit Gorbatschow setzte ein radikaler Bruch in der traditionellen Militärpolitik der UdSSR ein, die auf militärische Überlegenheit orientiert war. Aber auch westliche Politiker waren nun zu einer neuen Sicherheitspolitik aufgefordert. 1987 gelang der Durchbruch. Zum ersten Mal ging es nicht mehr nur um Rüstungskontrolle, sondern um wirkliche Abrüstung. Gorbatschow und Reagan einigten sich auf die Vernichtung von Mittelstreckenraketen und gegenseitige Kontrolle durch Inspektorenteams. Noch weiter gehende sowjetische Abrüstungsvorschläge scheiterten, weil Reagan am SDI-Programm festhielt. Aber im Prinzip waren diese tatsächliche erste Reduzierung von Atomwaffen und die gesellschaftlichen Veränderungen in der Sowjetunion und ihrem Lager das Ende des Kalten Krieges.

2 Auf dem Weg zum „Europa der Vaterländer"?

2.1 Ist „Erbfeindschaft" überwindbar?

Nach zwei verheerenden Weltkriegen dachten in Europa viele Menschen über eine endgültige Friedenssicherung nach. Auf einem Europa-Kongress in Den Haag 1948 forderten Abgesandte aus 30 europäischen Staaten eine demokratische europäische Union. Aber bald waren diese Ansätze durch den heraufziehenden „Kalten Krieg" überlagert, der Deutschland und ganz Europa spaltete (vgl. Kap. 1). Auch innerhalb der entstehenden Lager behinderten nationale Interessen und Feindbilder die Einigung. In Westeuropa bildete die „Erbfeindschaft" zwischen Deutschland und Frankreich eine besondere Belastung.

A1 *Sprecht über die Gründe für diese „Erbfeindschaft".*

Die westeuropäischen Länder gründeten 1949 den Europarat, mit Sitz in Straßburg. 1951 konnte auch die Bundesrepublik Deutschland beitreten. Da die Regierungen dem Rat jedoch keine wirkliche Macht übertrugen, hat er bis heute nur beratende Funktion. Die „Europäische Menschenrechtskonvention" von 1950, die Einrichtung eines „Europäischen Gerichtshofes" 1958 und weitere Konventionen (= Übereinkünfte) zu Bürgerrechten und Umweltschutz waren dennoch erste Schritte hin zu einem gemeinsamen „Haus Europa". Dafür arbeiteten auch zahlreiche neue Organisationen, die den Jugend- und Kulturaustausch, Städtepartnerschaften usw. förderten.

A2 *Weshalb wohl haben die Nationalregierungen den Europarat nicht mit mehr Macht ausgestattet?*

Im August 1950 verbrannten 300 Studenten aus acht Ländern an der deutsch-französischen Grenze symbolische Schilder und Grenzpfähle, um für eine europäische Regierung zu demonstrieren.

A3 *Interpretiere und bewerte diese Aktion.*

2.2 Die Wirtschaft als „Motor" der westeuropäischen Einigung

Zum „Motor" des Einigungsprozesses in Westeuropa wurde die wirtschaftliche Zusammenarbeit. Am Anfang stand die Verteilung der US-Hilfsgelder aus dem Marshallplan. Einen entscheidenden Schritt brachte der Plan des französischen Außenministers Schuman, die deutsche und französische Kohle- und Stahlindustrie einer übernationalen Lenkungsbehörde zu unterstellen. Bestrebungen, ihre Märkte zu erweitern und durch Einfluss auf die westdeutsche Schwerindustrie einen Führungsanspruch in Europa zu behaupten, waren die Motive der französischen Regierung. Und für Bundeskanzler Adenauer bot sich die Chance, die erstrebte Westbindung der jungen Bundesrepublik voranzutreiben. So erfolgte 1951 die Gründung der „Montanunion" (Europäische Gemeinschaft für Kohle und Stahl), der auch Italien und die drei Beneluxstaaten beitraten.

A4 *Setze dich mit den Motiven für die Gründung der „Montanunion" auseinander.*

Auf Grundlage der erfolgreichen „Montanunion" schufen die sechs Mitgliedsstaaten 1957 in den „Römischen Verträgen" die „Europäische Wirtschaftsgemeinschaft" (EWG). Ziel war ein gemeinsamer Markt, in dem Produkte von Landwirtschaft und Industrie zollfrei und ohne Abgaben ein- und ausgeführt werden. Vorschriften in den Bereichen Wirtschaft, Verkehr und Finanzen sollten aufeinander abgestimmt werden.

Q1 *Ein Zeitzeuge über den Erfolg der EWG:*
„Innerhalb von fünf Jahren nach ihrer Gründung stieg die EWG, die eine Gesamtbevölkerung von 165 Millionen Menschen umfasste, zur stärksten Handelsmacht der Welt

auf, zum größten Exporteur und zum größten Käufer von Rohstoffen. (...) In der neuen Gemeinschaft gab es von Anfang an beachtliche Differenzen und Spannungen, aber auch einen willkommenen neuen Geist (...) und die ersten Spuren eines neuen europäischen Patriotismus. Zwar blieben die Grenzen bestehen, aber ihre Bedeutung wurde geringer; man sah kleine Plakate, auf denen es hieß: ‚Wieder eine Grenze, aber immer noch Europa.'"

(Laqueur, W.: Europa aus der Asche, S. 111 f.)

A1 *Beschreibe den Weg von der „Montanunion" zur EWG.*

A2 *Welche Ziele verfolgte die EWG?*

Seit 1970 baut das übernationale europäische Luftfahrtunternehmen „Airbus Industrie" Zivilflugzeuge. Hier ein Modell des Airbus A310.

A3 *Versuche anhand des Modells herauszufinden, welche europäischen Nationen am Bau dieses Flugzeugs beteiligt sind.*

2.3 Von der EWG zur „Europäischen Union"

Auch der politische Einigungsprozess kam nun voran. Zum Eckpfeiler wurde die deutsch-französische Aussöhnung, 1963 von dem französischen Präsidenten Charles de Gaulle und Bundeskanzler Adenauer auch vertraglich verankert. 1967 gingen „Montanunion", EWG und die „Europäische Atomgemeinschaft" in der „Europäischen Gemeinschaft" (EG) auf. Eine Europäische Kommission mit Sitz in Brüssel ersetzte die einzelnen Leitungsbehörden. Große Wirtschaftserfolge führten dazu, dass immer mehr westeuropäische Staaten die Aufnahme in die EG betrieben.

1979 fanden erstmals Wahlen zu einem gemeinsamen europäischen Parlament mit Sitz in Straßburg statt. Mit dem Vertrag von Maastricht wurde 1993 als nächster Schritt die „Europäische Union" geschaffen. Man einigte sich nicht nur auf die inzwischen realisierte gemeinsame europäische Währung (Euro), sondern vereinbarte auch die politische und soziale Union: In einigen Bereichen sollten die Regierungen der Einzelstaaten zunehmend Befugnisse an die EU abgeben. Und die unterschiedlichen Sozialsysteme der Mitgliedsstaaten sollten besser aufeinander abgestimmt werden (vgl. Kap. 4).

Das Schengener Abkommen von 1995 schaffte zwischen den meisten Mitgliedsstaaten die Grenzkontrollen ab und erreichte eine Angleichung in der Asyl- und Drogenpolitik.

Besondere Herausforderungen kamen und kommen auf die EU durch den Zerfall der großen Machtblöcke nach Ende des „Kalten Krieges" zu. Die meisten osteuropäischen Staaten wünschen den Beitritt zur EU und zur NATO, was erhebliche wirtschaftliche und politische Probleme aufwirft (vgl. Kap. 5). Zudem hat sich die EU in den großen Krisen nach 1990, vor allem im Jugoslawienkrieg (vgl. Kap. 5, S. 141 f.), nur bedingt politisch handlungsfähig gezeigt.

A4 *Skizziere die wichtigsten Schritte auf dem Weg zur politischen Einigung Europas.*

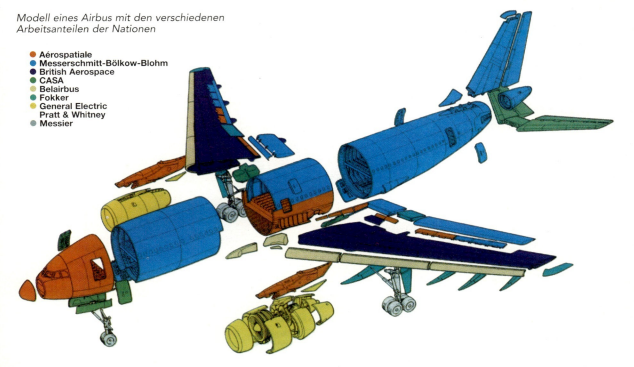

Modell eines Airbus mit den verschiedenen Arbeitsanteilen der Nationen

- Aérospatiale
- Messerschmitt-Bölkow-Blohm
- British Aerospace
- CASA
- Belairus
- Fokker
- General Electric Pratt & Whitney
- Messier

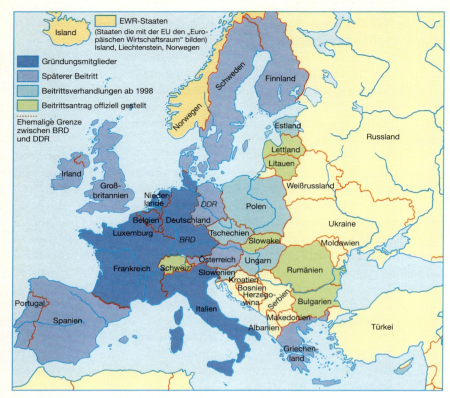

Von der Europäischen Wirtschaftsgemeinschaft zur Europäischen Union

Die Grundzüge der Europapolitik werden jedoch von den Staats- und Regierungschefs der Mitgliedsstaaten im Europäischen Rat festgelegt. Diese Leitlinien verwandelt dann der Ministerrat, in dem die nationalen Fachminister zusammenarbeiten, in EU-Gesetze (Legislative).

Die Europäische Kommission besteht aus 20 Kommissaren mit Sitz in Brüssel und etwa 16 000 Beamten. Sie ist als ausführendes Organ für die Umsetzung der EU-Gesetze in die Praxis verantwortlich (Exekutive). Von Weisungen der Nationalregierungen ist sie weitgehend unabhängig und stellt auf EU-Ebene sozusagen die „Regierung".

A1 Erarbeite anhand der Karte eine Tabelle mit den Beitritten zur EG bzw. EU.

A3 Erkläre anhand des Schemas (rechts) und des Textes, wie die EU „funktioniert".

A4 Diskutiert, ob das Europa-Parlament mehr Macht besitzen sollte als die nationalen Parlamente.

2.4 Wie funktioniert die EU?

Das Europäische Parlament mit 626 Abgeordneten und Sitz in Straßburg ist die direkt gewählte Vertretung der Bürgerinnen und Bürger der EU. Das Parlament hat noch nicht die Macht der nationalen Volksvertretungen, doch werden ihm zunehmend Befugnisse übertragen. Es kontrolliert die Europäische Kommission und den Haushalt der EU.

A2 Werte das Schema aus: Wie sind die politischen Richtungen vertreten?

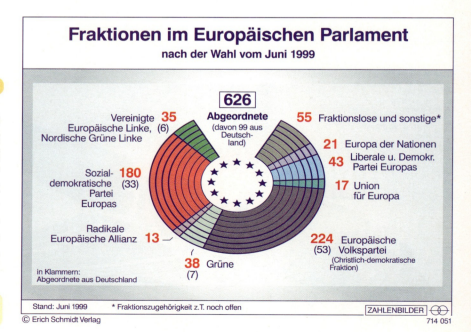

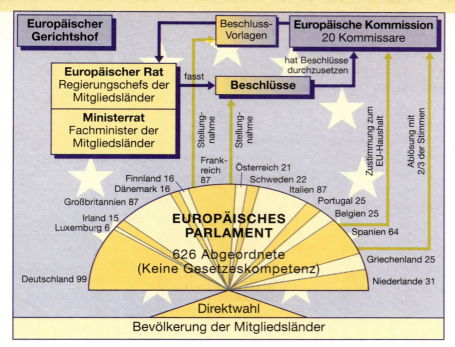

Bis heute sind die Subventionen (= staatliche Unterstützungsgelder) der EU ein Hauptproblem. Weil die Landwirtschaft den Anschluss an das in den 60er Jahren rasante Wirtschaftswachstum zu verlieren drohte, wurde sie mit Milliardenbeträgen gefördert.

A2 *Erkläre anhand des Schemas Ursachen und Folgen der Überproduktion in der EG-Landwirtschaft.*

A3 *„Butterberge" in der EG und gleichzeitig Hunger in der „Dritten Welt". Diskutiert dieses Problem, das immer noch viele Menschen bewegt.*

Die Struktur der EU

2.5 Krisen und Konflikte

Der Weg zur europäischen Einigung war nie frei von Konflikten. Schon vor den großen Umbrüchen seit Ende des „Kalten Krieges" (1990) gab es Belastungsproben. Sobald EG-Beschlüsse nationale Interessen der Mitgliedsstaaten berührten, drohte Streit. Der Europa-Begeisterung der 50er Jahre folgten daher Phasen der Skepsis und der Kritik an einer angeblich übermächtigen Europa-Bürokratie.

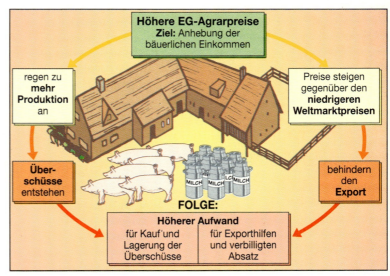

Teufelskreis Agrarpolitik

A1 *Formuliere die Kritik dieser Karikatur mit eigenen Worten.*

„Ich kann nicht verzichten auf meine Subventionen" – „und ich auf meine LKW-Maße" – „auf meine Transportbedingungen" – „und ich auf …", Karikatur von M. E. Köhler, 1964

Weil Änderungsversuche zu Bauernprotesten führten, zahlte die EG ab Ende der 80er Jahre Prämien für die Stilllegung von Landwirtschaftsflächen. So wurden diese Subventionen, die zeitweilig fast 70 Prozent des EG-Haushalts verschlangen, verringert. Ähnliche Probleme gab es mit Subventionen für nicht mehr wettbewerbsfähige Industrien (Werften, Kohle, Stahl) und auch bei den Versuchen einer einheitlichen und wirksamen Umweltpolitik.

Q1 Über die Probleme einer EG-Umweltpolitik:
„*Entscheidungen werden häufig mit großen Verzögerungen auf dem kleinsten gemeinsamen Nenner gefällt (...). Statt umfassender Umweltplanung werden häufig Einzelfragen herausgegriffen und isoliert behandelt. Gründe für den unbefriedigenden Wirksamkeitsgrad der EG-Umweltpolitik sind auch die unterschiedliche wirtschaftliche und geografische Lage der EG-Staaten. Ärmere und agrarisch strukturierte Staaten zeigen in der Regel ein geringeres umweltpolitisches Engagement als die reicheren Industriestaaten im EG-Kern.*"
(Schmuck, O.: Umweltpolitik, S. 35 f.)

A1 Was wird der europäischen Umweltpolitik vorgeworfen?
A2 Welche Ursachen werden für die Probleme genannt?

A3 Stelle in einer Tabelle die wirtschaftlich stärksten und schwächsten Regionen heraus. Was fällt auf?
A4 Diskutiert, welche Probleme aus der unterschiedlichen Wirtschaftskraft der Regionen resultieren.

2.6 Zweimal Europa – Der Rat für gegenseitige Wirtschaftshilfe (RGW)

Nachdem die UdSSR ihren Führungsanspruch durchgesetzt hatte, waren die osteuropäischen Staaten auf den sozialistischen Weg festgelegt. Politische und wirtschaftliche Kontakte zum Westen brachen mehr und mehr ab. Um ihre wirtschaftliche Zusammenarbeit zu koordinieren, bildeten die sozialistischen Staaten 1949 den „Rat für Gegenseitige Wirtschaftshilfe" (RGW), dem später auch Kuba, die Mongolei und Vietnam beitraten.

Ziel des RGW war ein vom Westen unabhängiger Binnenmarkt mit eigenem Finanz- und Preissystem. Die Planwirtschaften der einzelnen Staaten wurden aufeinander abgestimmt. Eine wichtige Rolle spielten die Spezialisierung der Produktion und langfristige Handelsbindungen. Die DDR bezog vor allem Rohstoffe und Energie aus der UdSSR und hatte für ihre Industrieprodukte sichere Absatzmärkte.

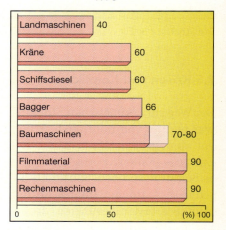

Die Interessen der UdSSR als der unbestrittenen Führungsmacht standen im RGW an erster Stelle. Dennoch war der RGW für die Entwicklung aller Mitgliedsstaaten wichtig, obwohl es auch hier Strukturprobleme zwischen stärker industrialisierten und eher rückständigen Staaten gab.

A5 Stelle Gemeinsamkeiten und Unterschiede zwischen EU und RGW heraus.

Der DDR-Anteil am Gesamtimport der UdSSR, 1976

Produkt	Anteil (%)
Landmaschinen	40
Kräne	60
Schiffsdiesel	60
Bagger	66
Baumaschinen	70–80
Filmmaterial	90
Rechenmaschinen	90

A6 Was weist der hohe DDR-Anteil an derartigen Produkten aus?

Letztlich konnte auch der RGW die Wirtschaftsprobleme der sozialistischen Staaten (vgl. S. 53) nicht lösen. Die USA, Japan und die westeuropäischen Industriemächte dominierten den Weltmarkt. Der wirtschaftliche und technologische Rückstand des Ostens nahm in den 80er Jahren zu, ebenso die Verschuldung gegenüber dem Westen. Das war ein wesentlicher Grund für den Zerfall der UdSSR und ihres Bündnissystems (vgl. S. 53). Heute suchen fast alle osteuropäischen Staaten, zum Teil bereits mit Erfolg, Anschluss an die NATO und die EU (vgl. Kap. 5, S. 144).

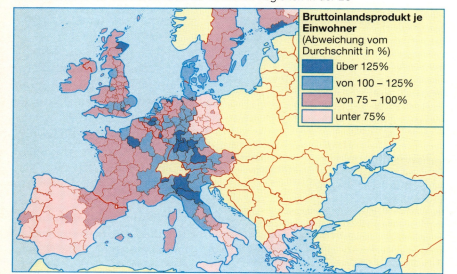

Unterschiede in der Wirtschaftskraft der einzelnen Regionen in der EU

Bruttoinlandsprodukt je Einwohner (Abweichung vom Durchschnitt in %)
- über 125%
- von 100 – 125%
- von 75 – 100%
- unter 75%

3 Die USA: äußere Stärke und innere Konflikte

3.1 Die USA wird Weltmacht Nr.1

Am Ende des Zweiten Weltkrieges lagen weite Teile Europas in Trümmern. In den USA hingegen war nicht eine einzige Fensterscheibe durch Kriegsereignisse zu Bruch gegangen. Etwa jeder 7. Sowjetbürger und jeder 12. Deutsche, aber nur jeder 550. US-Amerikaner hatten im Krieg ihr Leben gelassen. Die USA besaßen nun eine gigantische Rüstungsindustrie und standen an der Spitze der Weltindustrie- und Nahrungsmittelproduktion. Sie waren zur stärksten Weltmacht geworden. Anders als nach dem Ersten Weltkrieg zogen sich die US-Politiker nicht wieder auf Amerika zurück. Die USA blieben, wo sich im Krieg ihre Truppen befunden hatten, und bestimmten dort entscheidend die weitere Entwicklung mit. Ihre weltpolitische Führungsrolle nahmen die USA durch wirtschaftliche Hilfe beim Wiederaufbau Westeuropas (s. S. 9) und auch durch militärische Aktionen wahr, so 1950 im Koreakrieg, 1958 im Libanon und von 1954–1972 in Vietnam.

Q1 Die politischen Grundsätze des US-Präsidenten Truman von 1947 („Truman-Doktrin"):
„Wir werden unsere Ziele nur verwirklichen können, wenn wir bereit sind, den freien Völkern zu helfen, ihre (...) nationale Integrität gegen aggressive Bewegungen zu schützen, die ihnen totalitäre Regime aufzwingen wollen (...) Ich bin der Überzeugung, dass die Vereinigten Staaten freien Völkern helfen müssen, die sich wehren gegen den Versuch der Unterjochung durch bewaffnete Minderheiten oder durch Druck von außen (...) Ich bin der Auffassung, dass unsere Unterstützung in erster Linie als wirtschaftliche und finanzielle Hilfe erfolgen sollte, die Voraussetzung ist für wirtschaftliche Stabilität und geordnete politische Verhältnisse (...)"
(Krieger, H.: Handbuch des Geschichtsunterrichts, Bd. 6, Teil 1, S. 1054 ff.)

A1 Wer sollte Hilfe erhalten? Wogegen richtete sich die Doktrin?

3.2 Die USA im Kalten Krieg

In den 50er Jahren trieb der Kalte Krieg seinem Höhepunkt entgegen. Die Konfrontation spitzte sich weiter zu. Der Rüstungsaufschwung in den USA verstärkte den Einfluss von Industrie und Banken auf die Politik. Dem weltrevolutionären Kurs der UdSSR stellte US-Präsident Eisenhower die Politik des „roll-back", des Zurückdrängens des Kommunismus, entgegen.

Plakat einer Organisation in den USA, die zu einem „Kreuzzug der Mütter" gegen den Kommunismus auffordert.

A2 Setze dich mit dem hier gezeigten Feindbild auseinander.

Q1 US-Außenminister Dulles erklärte 1953:
„(...) dass wir niemals einen sicheren Frieden oder eine glückliche Welt haben werden, solange der sowjetische Kommunismus ein Drittel aller Menschen, die es gibt, beherrscht. Diese versklavten Menschen sind Menschen, die die Freiheit verdienen und die, vom Standpunkt unseres Eigeninteresses, die Freiheit haben sollten, weil sie, wenn sie unterwürfige Mittel eines aggressiven Despotismus sind, irgendwann einmal zu einer Kraft (...) werden, die für uns selbst und die freie Welt höchst gefährlich sein wird (...) Deswegen ist eine Politik, die nur darauf zielt, Russland auf den Bereich zu beschränken, in dem es schon ist, eine unvernünftige Politik."
(Czempiel, E.-O./Schweitzer, C.-Chr.: Weltpolitik der USA nach 1945, S. 125 f.)

A3 Erkläre am Zitat, wie die Politik des „roll-back" verstanden wurde.

In den USA selbst führte der Kalte Krieg zu politischen Verfolgungen und Verleumdungen. Ein Ausschuss zur Untersuchung von „unamerikanischem Verhalten" sollte „Feinde" Amerikas entlarven. Zum großen Teil waren das unhaltbare Anschuldigungen, wie z. B. gegen den ehemaligen Außenminister Marshall oder gegen den Schauspieler Charlie Chaplin.

1961 wurde John F. Kennedy Präsident. Jung, attraktiv und dynamisch, wurde er zum Idol für viele Amerikaner. Er trat ein für den Abbau der Arbeitslosigkeit, eine bessere Sozialgesetzgebung, gleiche Rechte für die Farbigen und für ungebremsten technischen Fortschritt. Denn die Amerikaner durchlebten gerade den „Sputnik-Schock" (s. S. 33). Kennedy bewahrte mit seinem sowjetischen Gegenspieler Chruschtschow die Welt auf dem

Höhepunkt des Kalten Krieges vor dem Atomkrieg (s. S. 32), forcierte jedoch auch das verhängnisvolle Engagement der USA in Vietnam. 1963 wurden die USA durch die bis heute nicht restlos aufgeklärte Ermordung Kennedys tief erschüttert.

A1 *Wer könnte Interesse an einer Ermordung Kennedys gehabt haben?*

3.3 Die USA – ein Schmelztiegel der Rassen?

Die 50er und 60er Jahre brachten Fortschritte in der Durchsetzung von mehr Rassengleichheit. Trotzdem gibt es bis heute Probleme, vor allem zwischen Schwarzen und Weißen.

A2 *Beschreibe die Waschbecken. Was kannst du erkennen?*
A3 *Wer wird durch eine solche Trennung getroffen – die Farbigen oder die Weißen?*

Das Jahr 1954 war ein Wendepunkt. Durch ein Gerichtsurteil wurde die Rassentrennung für verfassungswidrig erklärt und fortan in Schulen und Hochschulen verboten. Einige Südstaaten bekämpften das neue Gesetz erbittert. An manchen Orten mussten Soldaten den ersten schwarzen Kindern und Studenten das Betreten der Schulen ermöglichen.

A4 *Übersetze den Text (rechts). Was zeigt dir das Bild?*

Für die Gleichberechtigung der Rassen entstand unter Führung des schwarzen Pfarrers Martin Luther King eine friedliche Bürgerrechtsbewegung. 1968 wurde King ermordet. Das gab jenen radikalen Bewegungen der Schwarzen Auftrieb, die auf eine gewaltsame Lösung der Rassenfrage setzten. Krawalle und Straßenschlachten waren die Folge.

A5 *Übersetze den Text auf den mitgeführten Plakaten.*
A6 *Setze die Losungen zu den Rassenproblemen in Beziehung.*

Demonstration in den 60er Jahren gegen gemeinsamen Schulunterricht für Schwarze und Weiße.

Ungeachtet aller Rückschläge ging der Abbau der Rassendiskriminierung voran. Seit den 60er Jahren entstand ein schwarzer „Mittelstand", spielten farbige Künstler,

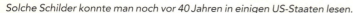

Solche Schilder konnte man noch vor 40 Jahren in einigen US-Staaten lesen.

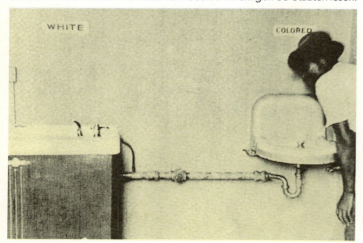

Politiker und Militärs eine immer größere Rolle: So die „Rocklady" Tina Turner, die Schauspielerin Whoopie Goldberg oder der Generalstabschef Powell Anfang der 90er Jahre. Und doch bleiben viele ungelöste Probleme. Etwa 40 Prozent der schwarzen Amerikaner gelten als arm. Die Arbeitslosigkeit bei Schwarzen ist doppelt so groß wie bei Weißen. Viele Schwarze sind auf der Suche nach Jobs in die Städte gezogen und wohnen dort z.T. in Slums.

Unter Präsident Nixon wurde der Vietnamkrieg als längster Krieg und zugleich einzige militärische Niederlage der USA beendet. Nixon war es auch, der eine Normalisierung der Beziehungen der USA mit dem kommunistischen China erreichte. Zum gleichen Zeitpunkt gab es zwischen China und der UdSSR militärische Grenzkonflikte.

Nixon steht für ein einmaliges Ereignis in der Geschichte der USA. Er ist bisher der einzige US-Präsident, der durch Androhung eines Gerichtsverfahrens zum Rücktritt gezwungen wurde. Um seine Wiederwahl als Präsident zu sichern, hatte sein Wahlstab mit seinem Wissen in das Wahlbüro der oppositionellen Demokratischen Partei einbrechen lassen. Das befand sich in einem Hotel namens Watergate. Nixon leugnete seine Mitwisserschaft so lange, bis sie ihm bewiesen wurde.

A1 *Warum gehörte dieses unscheinbare Bild damals zu den sensationellsten Fotos?*

A2 *Welche militärische Bedeutung hatte eine Normalisierung zwischen diesen beiden Ländern?*

A3 *Überlege, warum die USA durch die „Watergate-Affaire" schwer erschüttert wurden.*

A4 *In welcher Hinsicht zeigt die Absetzung von Nixon die Stärke der amerikanischen Demokratie?*

Richard Nixon (rechts) trifft in Peking 1972 mit Mao Tse-tung zusammen.

3.4 Die USA am Ende des Jahrhunderts

Anfang der 80er Jahre wurde der ehemalige Filmschauspieler Ronald Reagan Präsident. Er gilt als einer der erfolgreichsten Präsidenten. Mit seinem Namen ist die Erneuerung des amerikanischen Selbstbewusstseins verbunden. Dazu gehörte auch sein Bekenntnis zum Vietnamkrieg und eine „Politik der Stärke" gegenüber der UdSSR. Unter Reagan wurde das teuerste Rüstungsprogramm in Friedenszeiten aufgelegt – das umstrittene Raketenabwehrsystem SDI. Trotz drastischer Kürzungen der Sozialausgaben war der Preis für die Aufrüstung hoch. Die Staatsschulden erreichten 1989 die astronomische Summe von 2,8 Billionen Dollar. Dennoch ist mit dem Namen Reagan aber auch die erste tatsächliche atomare Abrüstung verbunden (s. S. 55).

A5 *Versuche, dir eine Vorstellung von dieser Summe zu verschaffen. Schreibe die Zahl auf. Berechne, wie groß die Schuld pro Kopf der US-Bevölkerung war (248 Mio. Menschen).*

A6 *Was bedeutet eine so hohe Verschuldung für einen Staat?*

Demonstration von 200 000 Bürgerrechtlern im August 1963 in Washington

Ein gravierendes amerikanisches Problem ist die wachsende Polarisierung von Arm und Reich, die sich mit ungelösten Rassenfragen überschneidet. Gemessen am Energieverbrauch, der Technisierung der Haushalte und der Anzahl der Pkws genießen die Amerikaner den höchsten Lebensstandard. Gleichzeitig lebt etwa jeder achte US-Bürger in Armut und ist auf Sozialhilfe angewiesen. Dabei ist das soziale Netz nicht so entwickelt, wie wir es kennen. So haben 60 Millionen Amerikaner keine Krankenversicherung. Jeder fünfte der 20- bis 30-Jährigen verfügt über Drogenerfahrungen.

1993 versuchte ein junger Präsident, der Demokrat Bill Clinton, an das Erbe Kennedys anzuknüpfen. Während der geplante Ausbau der Sozialsysteme nur in Ansätzen erfolgte, erlebten die USA bis Ende der 90er Jahre einen gewaltigen Wirtschaftsboom. Neuer Wohlstand, ein erstmals seit langem ausgeglichener Haushalt und die Überwindung der Massenarbeitslosigkeit brachten Clinton trotz privater Affären breite Zustimmung in der Bevölkerung. Unter Clinton engagierte sich die nun einzige verbliebene Weltmacht zunehmend als dominierende Ordnungsmacht in den Krisenregionen des Nahen Ostens (Irak) und Europas (Bosnien, Kosovo 1999).

A1 *Vergleiche die Abbildungen. Welche Fragen stellen sich dir?*

A2 *Sammelt Informationen über Wirtschaftsboom und „Jobwunder" in den USA Ende der 90er Jahre.*

Von Farbigen bewohnte Slumsiedlung auf dem Land (oben). Altersarmut in der Großstadt (unten)

Eine typische Familie des weißen amerikanischen Mittelstandes: Wohnhaus (oben), Festessen mit Truthahn zum Erntedankfest „Thanksgiving" (unten)

4 Die Sowjetunion 1945 bis 1990 – Höhepunkt und Verfall einer Weltmacht

4.1 Der Wiederaufbau des Landes

Die UdSSR war durch den großen Anteil am Sieg über Hitler-Deutschland zur zweiten Weltmacht geworden. Diese politische Stärke stand im Gegensatz zu den ungeheuren Kriegsverlusten.

Verluste und Zerstörungen 1941–45 in der Sowjetunion

27 Mio. Tote
25 Mio. Obdachlose
15–20 Mio. Verwundete

Zerstört wurden:
 1 710 Städte
 70 000 Dörfer
 32 000 Industriebetriebe
 98 000 Kolchosen
 65 000 km Eisenbahnstrecken
 40 000 Krankenhäuser
 84 000 Schulen, Universitäten etc.

A1 Suche nach Vergleichen aus deinem Umfeld, um dir diese Zahlen erfassbar zu machen.
A2 Nenne Ursachen für das Ausmaß dieser Verluste.
A3 Welche Schlussfolgerungen ziehst du daraus für das Nachkriegsleben?

Mit einer Gesamthöhe von 238 Metern wurde die Lomonossow-Universität 1953 zu einem neuen Wahrzeichen Moskaus.

Mit großer Kraftanstrengung wurde das Land wieder aufgebaut. Um 1950 waren die größten Kriegsschäden beseitigt und der Produktionsstand der Vorkriegszeit erreicht. Es herrschte eine Aufbaustimmung, die viele Sowjetbürger die Strapazen leichter ertragen ließ. Aber das Leben für die Menschen blieb schwer: Rationierung von Lebensmitteln, Mangel an Konsumgütern. In den Städten wohnten oft mehrere Familien in einer Wohnung und manchmal drei Generationen in einem Zimmer.

Die Nachkriegszeit brachte auch eine neue Welle stalinistischer Verfolgungen. Den aus Deutschland heimkehrenden Zwangsarbeitern und Kriegsgefangenen begegnete man mit Misstrauen. Viele wurden in Arbeitslager verschleppt, manche erschossen. Die im Krieg nach Sibirien und Kasachstan deportierten Völker, darunter die Russlanddeutschen, durften nicht in ihre Heimatgebiete zurückkehren. Aus den baltischen Sowjetrepubliken wurden Hunderttausende zwangsausgesiedelt, weil sie als unzuverlässig galten. In den Zwangslagern mussten Millionen Menschen hart und unter miserablen Lebensbedingungen arbeiten.

Im März 1953 überraschte die Nachricht vom Tod Stalins die Welt. Trauer erfüllte die meisten Sowjetbürger. Wie sollte das Leben ohne Stalins Führung weitergehen?

Q1 Ein Zeitzeuge berichtete:
„Diese Jahre habe ich so genau in Erinnerung, weil damals (…) meine Welt zusammenbrach. Als ich am 6. März (1953) abends in mein Studentenheim kam, war meine Freundin Tamara völlig gebrochen: ‚Väterchen ist tot', schluchzte sie, ‚sie haben's im Radio gesagt.' Ich wollte es zuerst nicht glauben (…) Gleb [ein Freund] sprach am nächsten Tag aus, was wir alle fühlten: ‚Wer führt uns jetzt mit strenger Hand in den Kommunismus?' (…) Drei Jahre später kam der zweite Schlag: Stalin war ein Mörder."
(Mögenburg, H.: Sowjetunion, S. 47)

A4 Versuche herauszufinden, warum der Tod Stalins die meisten Sowjetbürger so erschütterte.

4.2 Stalin wird vom Sockel gestürzt

Nach Stalins Tod setzte in der sowjetischen Führung ein Machtkampf ein. Es ging um den weiteren Kurs der UdSSR im Inneren und in der Welt, z. B. um die Frage, ob die DDR mit ihrer Sozialismus-Orientierung aufgegeben werden sollte. Im Ergebnis wurde Berija, unter Stalin Innenminister und Chef der Geheimpolizei, erschossen. An die Führungsspitze gelangte Nikita Chruschtschow, ein Parteifunktionär aus der Ukraine und Sohn eines Bauern. Sein Name ist mit der „Entstalinisierung" der UdSSR und großen Ver-

49

änderungen verbunden. Ein Höhepunkt dieses Prozesses war seine berühmte „Geheimrede" auf dem XX. Parteitag der KPdSU. Dabei ging es u. a. um folgende Fragen:

• Ablehnung des Personenkults um Stalin
• Verurteilung der brutalen Gewalt, mit der viele Sowjetbürger als „Volksfeinde" verfolgt und ermordet wurden
• Anprangerung der Zwangsumsiedlung ganzer Völker
• Ablehnung des „Vertuschens von Fehlern", des „Schönfärbens der Realität" und der „Speichelleckerei"

Q1 *„Wir müssen uns der Frage des Personenkults mit ganzem Ernst widmen. Wir dürfen diese Frage nicht aus der Partei heraustragen, noch weniger in die Spalten der Presse. Eben deshalb referieren wir sie auf einer geschlossenen Sitzung des Parteitages. Man muss (...) den Feinden keine Nahrung geben, ihnen nicht unsere Blöße enthüllen."*
(Krieger, H.: Handbuch des Geschichtsunterrichts, Bd. 6, Teil 1, S. 166)

Chruschtschows Rede schlug wie eine Bombe ein. Bei vielen war nun die Trauer um den Verlust des „einzigartigen Führers der Menschheit" der Verzweiflung über eine solche Täuschung gewichen.

A1 *Diskutiert, ob eine solche Kritik berechtigt und ob die Ursachen für Fehlentwicklungen und Verbrechen in der UdSSR richtig benannt worden waren.*
A2 *Nehmt Stellung zu der Absicht, die Kritik an Stalin geheim zu halten.*

Es folgte die Auflösung zahlreicher Zwangsarbeitslager und die Rehabilitierung vieler Unschuldiger. Die so genannte „Tauwetterperiode" begann. Schriftsteller nahmen sich der zahllosen Willkürakte und Verbrechen der stalinistischen Jahre an. In der Wirtschaft erhielt die bessere Versorgung der Bevölkerung größere Bedeutung. Das ganze Land kam in eine neue Aufbruchsstimmung. Weltweites Aufsehen erregte die sowjetische Raumfahrt- und Raketentechnik.

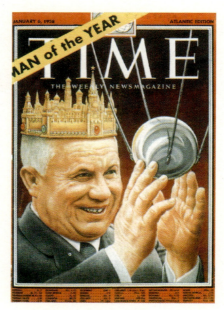

Das Nachrichtenmagazin „Time" mit der Mitteilung über die Wahl von Chruschtschow zum „Mann des Jahres"

A3 *Beschreibe die Symbolik in der Darstellung.*
A4 *Was kommt in dem Vorgang zum Ausdruck?*

In die Zeit von Chruschtschow fallen aber auch der Bau der Berliner Mauer und die Kuba-Krise. Widersachern in der sowjetischen Führung galt deren friedliche Beendigung als Kapitulation vor dem Westen. Dazu kamen Chruschtschows abenteuerliche Wirtschaftsziele, die völlig unrealistisch waren. So hatte er 1958 verkündet, dass die Wirtschaft der USA bis 1965 überflügelt würde. Seine widerspruchsvolle Politik führte 1965 zu seinem Sturz.

4.3 Vom Höhepunkt der Sowjetunion zur Stagnation

Unter Chruschtschows Nachfolger Leonid Breschnew gewannen konservative Kräfte an Boden. So trat die Entstalinisierung wieder in den Hintergrund. Jetzt zeigte sich das Dilemma, dass die Kritik am Stalinismus nur auf die Person Stalins gerichtet und nicht mit einer kritischen Bilanz des sowjetischen Sozialismusmodells verbunden worden war. So konnten sich der Personenkult, die außerhalb jeder Kritik stehende Allmacht der Partei und die Geringschätzung von Menschenrechten wieder ausbreiten. Das Ausmaß von Willkür und Verbrechen vergangener Jahre wurde allerdings nie wieder erreicht. Auf der Grundlage wachsender Wirtschaftserfolge hatten alle Menschen Arbeitsplätze und waren sozial abgesichert. Bildung und kulturelles Leben hatten ein hohes Niveau. Ein bescheidener Wohlstand entwickelte sich, ohne jedoch westlichen Standard zu erreichen.

Das Bild der sowjetischen Städte veränderte sich. Vor allem der Wohnungsbau wurde forciert, aber auch der Bau von Sportstadien, Kulturhäusern und Theatern. Moderne Verkehrssysteme wie die Metro und das Luftverkehrsnetz entstanden.

Riesige Wohnblocks wie dieser in Moskau sind in vielen Städten entstanden. Auf dem Spruchband wird die weltweite Einheit der Kommunisten gefordert.

A1 Beschreibe anhand von Text und Abbildungen die Entwicklung in der UdSSR.

Moderne Düsenflugzeuge wurden zu einem alltäglichen Verkehrsmittel

Auch in die Natur wurde in großem Stil eingegriffen. Das betraf z. B. den Aralsee, dessen Wasser zur Bewässerung von Steppengebieten genutzt wurde. Klimaveränderungen, Versalzung der Böden und andere Umweltprobleme waren die Folge.

A2 Diskutiert Möglichkeiten und Gefahren großer Eingriffe in die Natur.

Mechaniker in Sibirien an einer Bohrstelle

Ölverpestete Natur in der Nähe eines sowjetischen Ölfeldes, Ende der 80er Jahre

Q1 In der sowjetischen Außenpolitik zeigte Breschnew Einsicht in die Weltlage:
„Heutzutage ist die Welt nicht homogen (= einheitlich), sie setzt sich aus Staaten mit unterschiedlicher Gesellschaftsordnung zusammen (...). Der sozialistische Teil der Welt liefert (...) ein gutes Beispiel dafür, wie die großen Probleme, vor denen die Menschheit steht, zu lösen sind. Er kann sie aber (...) nicht für die ganze Menschheit lösen. (...) Hier ist eine umfassende und konstruktive Zusammenarbeit aller Länder, aller Völker erforderlich. Die Sowjetunion ist vorbehaltlos für diese Zusammenarbeit. Das ist (...) der Inhalt des außenpolitischen Kurses, den wir als Kurs der friedlichen Koexistenz bezeichnen."

(Rede zum 60. Jahrestag der Oktoberrevolution aus dem Jahr 1977 in: Jahrbuch UdSSR, S. 65)

A3 Erläutere den Begriff „friedliche Koexistenz".

Als jedoch 1968 die Tschechoslowakei demokratische Reformen einleitete, um einen „Sozialismus mit menschlichem Antlitz" zu schaffen, reagierten die UdSSR und andere sozialistische „Bruderländer" mit dem Einmarsch von Truppen. Den Hintergrund dafür bildete die „Breschnew-Doktrin", die im Juli 1968 in einem Brief Breschnews an die reformorientierte Parteiführung der ČSSR enthalten war:

Q2 „Wir können (...) nicht damit einverstanden sein, dass feindliche Kräfte Ihr Land vom Weg des Sozialismus stoßen und die Gefahr einer Lostrennung der Tschechoslowakei von der sozialistischen Gemeinschaft heraufbeschwören. Das sind nicht nur Ihre Angelegenheiten. Das sind die gemeinsamen Angelegenheiten (...) aller durch Bündnis, Zusammenarbeit und Freundschaft vereinten Staaten, (...) die sich im Warschauer Vertrag vereinigt haben, um ihre Unabhängigkeit, den Frieden und die Sicherheit in Europa zu gewährleisten, um eine unüberwindliche Schranke gegen die imperialistischen Kräfte der Aggression und der Revanche aufzurichten."

(Thomas, R. [Hg.]: Marxismus und Sowjetkommunismus, Bd. 2, S. 113)

Der Einmarsch sowjetischer Truppen in Prag, 1968

A1 Setze dich mit diesen Argumenten auseinander.
A2 Vergleiche die „Breschnew-Doktrin" mit den Grundsätzen der friedlichen Koexistenz.

Gegen die Beschränkungen bürgerlicher Freiheiten, die zu großen Teilen nur auf dem Papier standen, und gegen aggressive Seiten in der sowjetischen Außenpolitik entstand in den 70er Jahren eine kleine Bürgerrechtsbewegung. Prominentester Vertreter war der Atomphysiker Andrej Sacharow.

A3 Erkläre die drei Figuren. Was wird hier kritisiert?

„Mama, wann darf ich endlich laufen?"
Karikatur zum 50-jährigen Bestehen der UdSSR

Q3 Aus Sacharows Forderungen zu Reformen in der UdSSR:
„Völlige Amnestie für alle politischen Gefangenen, (...) sowie aller wegen ihrer religiösen Überzeugung, ihrer nationalen Bestrebungen oder des Versuches, das Land zu verlassen, Verurteilten. Erleichterungen für die Häftlinge aller Kategorien, Abschaffung der Zwangsarbeit (...) Abschaffung der Todesstrafe (...). Ein Gesetz, das das Streikrecht (...) wirksam garantiert. Eine Reihe (...) Maßnahmen, die wirklich Freiheit der Weltanschauung, des Gewissens, der Information gewährleistet. (...) Gleichberechtigung aller Bürger als grundlegendes Staatsprinzip."

(Informationen zur politischen Bildung, Heft 113/115, S. 41)

A4 Schließe aus den Forderungen auf die gesellschaftliche Realität.
A5 Wie sind diese Forderungen einzuschätzen?

Auch gegen den Krieg in Afghanistan (s. S. 38) protestierten die Bürgerrechtler. Sie alle waren scharfen Drangsalierungen ausgesetzt. Manche wurden des Landes verwiesen, wie der Schriftsteller Solschenizyn, andere in die Provinz verbannt, wie Sacharow. Viele verloren ihre Arbeit.

Ende der 70er Jahre wurden die inneren Widersprüche der UdSSR immer größer. Man spricht heute von der „Zeit der Stagnation". Es häuften sich Katastrophen – mal war es eine geborstene Erdölleitung mit großen ökologischen Schäden, dann ein spektakuläres Schiffsunglück u. a. Die Versorgungsprobleme im Land spitzten sich zu. Der technologische Rückstand gegenüber dem Westen wuchs. Die Stagnation ging in Niedergang und Erstarrung über, die auch vor der politischen Führung nicht Halt machte. Symbolisch für diese Zeit war das zunehmende Alter der meisten führenden Politiker. Als Breschnew 1982 starb, folgten ihm innerhalb von nur drei Jahren zwei alte und todkranke Männer.

A1 *Wofür sind solche altersschwachen Politiker ein Kennzeichen?*
A2 *Gibt es in unserer Gegenwart ähnliche Erscheinungen?*

Breschnew, Präsident und Parteichef, wird zu einem Empfang geführt.

Wachstumsraten der Wirtschaft der UdSSR 1951–1990

4.4 „Glasnost", „Perestroika" und das Ende der UdSSR

1985 erfolgte eine Sensation. Der Jüngste aus der Altherrenriege der Sowjetführung, Michail Gorbatschow, wurde der neue Erste Mann. Bis heute gibt es über ihn die unterschiedlichsten Wertungen. Für die einen ist er Bahnbrecher einer demokratischen Entwicklung und einer Welt ohne Atomkriegsgefahr. Für andere ist er der Zerstörer des Sozialismus und der Verantwortliche für das heute elende Leben der meisten Menschen in der ehemaligen Sowjetunion. 1985 trat Gorbatschow mit dem Ziel an, den Sozialismus auf demokratischer Grundlage zu erneuern. Am Anfang stand die „Perestroika" (= Umbau/Umgestaltung) der Wirtschaft und Gesellschaft. Eng damit war der Grundsatz von „Glasnost" (= Durchsichtigkeit) verbunden. Das bedeutete:

• Abbau des Zentralismus in Staat und Partei
• Entwicklung von Eigenverantwortung der Betriebe
• Produktion nicht nach starren Plänen, sondern entsprechend den Erfordernissen des Marktes
• Einführung privatwirtschaftlicher Elemente
• Schrittweiser Verzicht auf die Allmacht der Partei und die Bevormundung der Menschen
• Presse- und Meinungsfreiheit; öffentliche Diskussion von Missständen
• Aufarbeitung von Verbrechen in der sowjetischen Geschichte

Aber eine Stabilisierung der Gesellschaft und eine bessere Versorgung der Bevölkerung traten nicht ein. Stattdessen sank die Produktion. Bis dahin nie gekannte Arbeitslosigkeit, soziale Unsicherheit, Korruption und Kriminalität verbreiteten sich.

A3 *Was symbolisieren das Kind, der Opa, die Häuser? Sind die Befürchtungen eingetroffen?*
A4 *Versuche, Ursachen für den Fehlschlag der Reformen unter Gorbatschow zu nennen.*

Karikatur aus der Zeitschrift „Krokodil", Ende 1990: „Opa, ich fürchte mich."
An den Häusern steht: Preissteigerung, Kriminalität, Inflation.

Schon 1987 ging es der neuen Sowjetführung darum, auch die Beziehungen zu den anderen sozialistischen Ländern zu reformieren. 1987 erklärte Gorbatschow in Prag:

Q1 „Wir meinen nicht, dass wir endgültige Antworten auf alle Fragen gefunden haben (...). Wir sind auch weit davon entfernt, irgendjemand dazu aufrufen zu wollen, uns zu kopieren. Jedes sozialistische Land hat seine Spezifik. Die Bruderparteien legen den politischen Kurs unter Berücksichtigung der nationalen Bedingungen fest. Wir gehen davon aus, dass das gesamte System der politischen Beziehungen zwischen den Ländern des Sozialismus konsequent auf Gleichberechtigung (...) beruhen kann und muss."
(Gorbatschow, M.: Ausgewählte Reden und Aufsätze, Bd. 4, S. 530 f.)

A1 *Vergleiche mit der „Breschnew-Doktrin" (s. S. 52) und arbeite das Neue heraus.*
A2 *Welche Bedeutung hatte es, dass diese Erklärung in Prag erfolgte?*

Auf dieses Signal hatte man in vielen Staaten Osteuropas gewartet. Vor allem in Polen war bereits seit 1980 mit der kämpferischen Gewerkschaft „Solidarność", geführt von dem Danziger Werftarbeiter Lech Wałesa, ein starker Gegenpol zum sozialistischen Staat entstanden. Auch in anderen Ländern des Warschauer Paktes regte sich Widerstand im Volk und teils sogar im Staatsapparat. Auf dieser Grundlage erfolgte 1989/90 in einer ganzen Welle von Reformen und Revolutionen die Loslösung der sozialistischen Länder aus dem „Ostblock" und die Wahl demokratischer Regierungen. Auch die friedliche Revolution in der DDR mit dem anschließenden Beitritt zur Bundesrepublik war Teil dieses Prozesses. Geradezu untypisch für die bisherige Geschichte verlief dieser gewaltige Umwälzungsprozess fast überall friedlich. Nur in Rumänien musste der Diktator Ceaușescu in einem blutigen Aufstand beseitigt werden.

Aber auch im Innern der UdSSR brachen nun nationale, ethnische und religiöse Konflikte wieder auf, die man durch jahrzehntelangen Sozialismus überwunden geglaubt hatte. Vor allem im Baltikum und Kaukasus „gärte" es. Im Gegensatz zur liberalen Außenpolitik versuchte die sowjetische Führung hier, durch Militäreinsätze den Zerfall der Union zu verhindern.

A3 *Warum war der Kampf um nationale Unabhängigkeit im Baltikum besonders heftig?*

Die Reaktorkatastrophe von Tschernobyl im April 1986 verstrahlte weite Teile Europas. Dieser bisher größte Atomunfall führte zu weltweiten Protesten gegen die Kernenergie.

A4 *Inwiefern war auch diese Katastrophe ein Zeichen für den Niedergang der UdSSR?*

Gorbatschow wurde im Ausland gefeiert. In der UdSSR jedoch sank sein Ansehen rapide, da sich die Lebensverhältnisse für die meisten Menschen radikal verschlechterten. Während er an der Sowjetunion festhielt, entwickelten die Sowjetrepubliken sich auseinander und suchten ihr Heil in nationaler Selbstständigkeit. Unterschiedlichste politische Kräfte entstanden: Solche, die die alte Sowjetunion wiederherstellen und solche, die schlagartig die Marktwirtschaft einführen wollten.

Protestdemonstrationen im Baltikum, 1991

Auf einem Transparent stand: „KPdSU. Mit Panzern werdet ihr die Freundschaft der Völker des Baltikums nicht gewinnen und sie nicht zum zweiten Mal in die Knie zwingen."

Zu Letzteren gehörte der ehemalige Parteichef von Moskau, Boris Jelzin. Er war seit Sommer 1991 Präsident der Republik Russland. Nun gab es eine russische Regierung, die auf Unabhängigkeit setzte, und eine sowjetische Regierung, die in neuer Form die Union erhalten wollte. Im August 1991 organisierten konservative Kräfte einen Putsch. Panzer besetzten Moskau. Gorbatschow wurde gefangen gesetzt. Das war Jelzins Stunde. Er stellte sich politisch an die Spitze der Kräfte, die gegen den Putsch demonstrierten. Nach drei Tagen war der Putsch zusammengebrochen.

A5 *Versuche zu erklären, warum die Soldaten den Putschisten den Gehorsam verweigerten.*

EXPEDITION GESCHICHTE

Gorbatschow und Reagan – Auf den Spuren historischer Persönlichkeiten

Es sind nicht „große Männer", die unsere Geschichte „machen", sondern wir alle. Und doch gibt es Situationen, in denen das Handeln von Einzelpersönlichkeiten große Bedeutung für den Verlauf der Geschichte hat. Unbestritten gehören Michail Gorbatschows Friedensinitiativen, aber auch das Reagieren Ronald Reagans in diese Kategorie. Es lohnt daher, sich mit diesen so verschiedenen Persönlichkeiten näher zu befassen.

Erstes Treffen von Michail S. Gorbatschow und Ronald Reagan in Genf, 19.–21. November 1985

A1 Sucht nach Informationen über den Lebensweg der beiden. Ihr könnt Bibliotheken, Internet oder Videos nutzen.

A2 Interessant ist, dass es im Leben beider Personen einen deutlichen „Bruch" gibt. Gorbatschow war ein „Apparatschik", ein typischer Sowjetfunktionär, und betrieb dennoch durch radikale Reformen die Überwindung dieses Sowjetsystems. Reagan galt als typischer „Kalter Krieger" und war dennoch an der Beendigung des Kalten Krieges intensiv beteiligt. Mit diesen „Brüchen" solltet ihr euch besonders beschäftigen.

A3 Die Ergebnisse eurer Recherche könnt ihr z. B. als Ausstellung, Infomappe, Vortrag oder Aufsatz für die Schülerzeitung anderen zugänglich machen.

A4 Skizziere den Zerfall der UdSSR anhand der Karte und des Textes.

Jelzin, als Retter der Demokratie gefeiert, entmachtete nun den politisch geschwächten und isolierten Gorbatschow. Ende 1991 erfolgte unter aktiver Beteiligung Jelzins die Auflösung der Sowjetunion. An ihre Stelle trat eine lose „Gemeinschaft unabhängiger Staaten" (GUS).

Der Zerfall der Sowjetunion und ihres Bündnissystems

5 Japan seit 1945

5.1 Japan erhebt sich

Bis Ende der 40er Jahre hatte die amerikanische Militärregierung mit harter Hand die Umgestaltung Japans nach westlichem Vorbild durchgesetzt. Japan erhielt eine neue Verfassung. Wichtigster Bestandteil war die „Entgöttlichung" des früher für gottgleich gehaltenen Kaisers und die Schaffung eines parlamentarischen Systems. Die Großgrundbesitzer wurden enteignet. Gravierend war auch die Veränderung der Stellung der Frau. Sie war nun dem Gesetz nach gleichberechtigt. Doch trotz Demokratisierung fällt Japan bis heute seine Vergangenheitsbewältigung schwer. Erst 1992 hat ein japanischer Ministerpräsident den im Zweiten Weltkrieg begangenen Massenmord an 10 Millionen Chinesen als ein Verbrechen eingeräumt.

Weil die Industrie nur langsam wieder in Gang kam, lag noch 1950 der Lebensstandard weit unter dem Vorkriegsstand. Mit dem Sieg der chinesischen Kommunisten und dem Koreakrieg trat jedoch ein Wandel ein. Japan wurde nun von den USA umworben. Es erhielt 1952 die volle Souveränität und wurde zu einer wichtigen US-Nachschubbasis. Die japanische Wirtschaft erlebte durch den Koreakrieg einen Wirtschaftsboom. Schon 1961 war die Industrieproduktion fünfmal so groß wie vor dem Krieg. Japan stand in der Welt ganz vorn im Schiffsbau, in der Stahlerzeugung und der Pkw-Produktion. Da Japan kaum eigene Streitkräfte besaß, konnten große Finanzmittel in die Wirtschaft fließen. Hinzu kamen der Fleiß der Japaner, ihre Einsatzbereitschaft und die bedingungslose Loyalität gegenüber „ihrer" Firma. So gab es in Japan keine großen Streiks wie in Westeuropa.

Japanische Hochzeitspaare Mitte der 80er Ja..

In dieser Zeit begann auch ein anderer tief greifender Wandel: der wachsende Einfluss westlichen Lebensstils im Alltag.

A3 *Beschreibe beide Hochzeitspaare. Was stellst du fest?*
A4 *Sage deine Meinung zu dem Vorgang.*

5.2 Der Aufstieg zur Super-Wirtschaftsmacht

In den 70er und 80er Jahren war die Wirtschaft des Westens gekennzeichnet durch Aufschwung, aber auch durch Krisen und eine wachsende Arbeitslosigkeit. Anders in Japan: Dort gab es nahezu kontinuierlich hohes Wirtschaftswachstum, kaum Arbeitslosigkeit und schnell zunehmenden Reichtum. Das japanische Wirtschaftswunder stellte alles in den Schatten. Zum japanischen Markenzeichen wurde die

Eine Erläuterung der neuen Verfassung für die Japaner

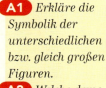

A1 *Erkläre die Symbolik der unterschiedlichen bzw. gleich großen Figuren.*
A2 *Welche demokratische Grundidee wird hier zum Ausdruck gebracht?*

„Wir hoffen sehr, es bleibt nicht nur beim Gedankenaustausch!"
Karikatur von Geisen, 1983

A1 Was will der Verfasser zum Ausdruck bringen?

Hochtechnologie. 1979 waren unter den zehn weltgrößten Halbleiterproduzenten drei japanische Konzerne, 1990 waren es sechs. Japan wurde mehr und mehr zum Projektlabor der Welt. Viele Konzerne stecken mehr Investitionen in die Forschung als in neue Maschinen. So ist Japan zwar keine politische, aber eine wirtschaftliche Großmacht, die heute auf vielen Gebieten an der Weltspitze steht, auch wenn das Land Ende der 90er Jahre erstmals in eine große Wirtschafts- und Finanzkrise geriet.

A2 Schließe aus der Grafik (unten) auf Japans Leistungsfähigkeit.

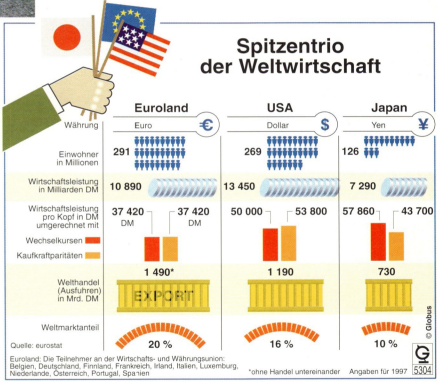

Japans Wirtschaftsdaten im Vergleich mit der EU und den USA, 1997

Ausgewählte Wirtschaftsbereiche im Weltvergleich 1990

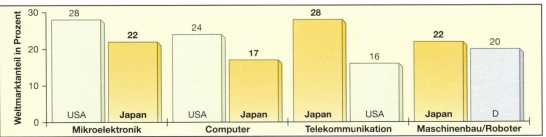

A3 Vergleiche die Wirtschaftsdaten zwischen Japan und den USA bzw. der EU.

GESCHICHTE IM ÜBERBLICK

1947 — Sowjetisierung Osteuropas und Truman-Doktrin.

1949 — Gründung der NATO. Europarat in Straßburg.

1950 — Beginn des Koreakrieges (bis 1953).

1951 — Gründung der Montanunion, deutsch-französische Aussöhnung.

1953 — Tod Stalins: „Tauwetter" unter Chruschtschow.

1957 — Europäische Wirtschaftsgemeinschaft (EWG).

1963 — Kubakrise: Gefahr des Atomkrieges. Gründung der Europäischen Gemeinschaft (EG).

1968 — Einmarsch des Warschauer Paktes in ČSSR.

1972 — SALT I: Versuch der Rüstungsbegrenzung.

Zusammenfassung:

Der „Kalte Krieg":
- In **Koreakrieg** (1950–53) und **Kubakrise** (1962) steigert sich die Konfrontation zwischen den USA und der UdSSR fast zum **Atomkrieg**. Mit der Politik des „containment" versuchen die USA, den Kommunismus einzudämmen, den die UdSSR in ihrem Machtbereich auch mit Gewalt durchsetzt (DDR 1953, Ungarn 1956).
- In einem **Rüstungswettlauf** entwickeln beide Supermächte ständig neue Waffen und häufen ein gewaltiges atomares Vernichtungspotenzial auf.
- Seit der Kubakrise suchen USA und UdSSR nach Möglichkeiten der Rüstungsbegrenzung (u. a. SALT I 1972).
- Im **Vietnamkrieg**, vor allem auf dem Rücken der Zivilbevölkerung ausgetragen, erleben die USA ihre bisher einzige militärische Niederlage (1973).
- Das **Abkommen von Helsinki** 1975 läutet, unterbrochen durch neue Konflikte („Nachrüstung", Afghanistan-Invasion etc.), die **Entspannung** in Europa ein.
- Trotz neuer Rüstungen der USA unter Präsident Reagan (SDI-Projekt) startet der sowjetische Generalsekretär **Gorbatschow** ab 1985 eine **Abrüstungsinitiative**, die das Ende des Kalten Krieges einleitet.

Die Vereinigten Staaten von Amerika:
- Nach dem Krieg zur 1. Weltmacht aufgestiegen, versuchen die USA, ihren Einfluss zu behaupten und den Einfluss der UdSSR zurückzudrängen: **Marshallplan, Truman-Doktrin**, „roll back".
- Gesellschaftliche Konflikte in den 60er Jahren um Rassendiskriminierung und Vietnamkrieg führen zu mehr **Chancengleichheit für Farbige** und zum Rückzug aus Vietnam.
- Nach Beendigung des Kalten Krieges (Präsident Reagan) sind die **USA** Ende der 90er Jahre unter Präsident Clinton politisch, militärisch und wirtschaftlich die einzig verbliebene **Weltmacht**.

Die Sowjetunion (UdSSR)
- Trotz schwerer Kriegsschäden steigt die UdSSR mit Atombewaffnung und der Sowjetisierung Osteuropas („Eiserner Vorhang") zur zweiten „Supermacht" auf.

Die Welt im Kalten Krieg

1973 — Rückzug der USA aus Vietnam.

1975 — Schlussakte von Helsinki fördert Entspannung in Europa.

1979 — Erste Wahlen zu einem Europäischen Parlament.

1985 — Abrüstungsinitiative Gorbatschows leitet Ende des Kalten Krieges ein.

1989 — In Revolutionen und Reformen lösen osteuropäische Staaten (auch DDR) sich aus dem „Ostblock". Die UdSSR versinkt in Nationalitätenkonflikten und Wirtschaftschaos.

1991 — Putsch gegen Gorbatschow scheitert, aber er wird durch Jelzin entmachtet. Auflösung der UdSSR in die GUS.

1993 — Europäische Union: Erweiterung, Ausbau wirtschaftlicher und politischer Zusammenarbeit.

2000 — USA unter Clinton einzige verbliebene Weltmacht.

Trotz Problemen (z. B. Agrarsubventionen) stetiger Erfolg der EG.

- Reformen nach **Stalins Tod** (1953) führen nicht zu durchgreifenden Änderungen des Systems (Sturz **Chruschtschows** 1965; Einmarsch in ČSSR 1968).
- Unter Breshnew beginnen Ende der 70er Jahre **Stagnation** und wirtschaftlicher Abstieg.
- Gorbatschows Reformen („**Glasnost**", „**Perestroika**") seit 1985 bewirken nicht die Erneuerung des Kommunismus, sondern Nationalitätenkonflikte (Baltikum, Kaukasus), wirtschaftlichen Niedergang und bis 1991 den **Zerfall der UdSSR** in eine lose „Gemeinschaft Unabhängiger Staaten" (GUS). Deren wichtigstes Mitglied wird die Russische Föderation unter Präsident Jelzin.
- **1989/90** lösen sich in einer Reihe von Reformen und **Revolutionen** die osteuropäischen Staaten aus dem „Ostblock".

Die Europäische Einigung:
- Aus der Zusammenarbeit von 6 Staaten (F, D, I, Benelux) bei Kohle und Stahl (**Montanunion** 1951) entwickelt sich 1957 die **Europäische Wirtschaftsgemeinschaft** (EWG). Trotz Problemen (Agrarüberschüsse usw.) führt der große Erfolg zu immer engerer Kooperation (Europäische Gemeinschaft 1967; **Europäische Union** 1993) und zum Beitritt weiterer europäischer Staaten.
- Eckpfeiler der europäischen Integration wird die **Aussöhnung** zwischen Frankreich und der Bundesrepublik.
- Die politische Integration (**Europarat** 1949; **Europäisches Parlament** 1979) bleibt hinter der wirtschaftlichen zurück, doch wollen die Nationalregierungen zunehmend Kompetenzen an die EU-Gremien (Kommission, Parlament) abgeben.

Japan:
- Nach der Niederlage im 2. Weltkrieg wird Japan demokratisiert, im Koreakrieg wichtiger Partner der USA; es steigt seit den 60er Jahren zu einem **Technologie- und Wirtschaftsgiganten** auf.

3 Die Entstehung der „Dritten Welt"

Fragen an die „Dritte Welt"

Wenn in unseren Medien heute von der „Dritten Welt" berichtet wird, so geht es meist um Probleme der Menschen, die dort leben: um Hunger, Krankheiten und Kriege, um mangelnde Schulbildung, Übervölkerung, Umweltschäden und wachsende Schuldenberge, um eine düstere Zukunftsperspektive. Und manchmal geht es auch um die Frage, was wir, die wir in der „Ersten Welt", der Welt des Wohlstands, leben, mit der Situation dieser Menschen zu tun haben. Geht uns ihr Schicksal überhaupt etwas an oder tragen wir sogar eine Mitschuld daran? Was ist das eigentlich, die „Dritte Welt", und wie ist sie entstanden?

A1 *Nutzt diese Doppelseite, um Fragen und Eindrücke zum Thema „Dritte Welt" zu formulieren.*

A2 *Notiert die Ergebnisse und nutzt sie nach Erarbeitung des Kapitels für eine Diskussion darüber, was uns die „Dritte Welt" angeht.*

Oben: Vernichteter Regenwald auf der Insel Sumatra in Indonesien

Mitte: Armenviertel in Haiti, 1995

Rechts: Ein „Kindersoldat" vor Bürgerkriegsopfern in Somalia, Ostafrika 1991

Unten: Die übervölkerte Millionenstadt Kalkutta in Indien

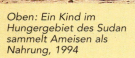

Oben: Ein Kind im Hungergebiet des Sudan sammelt Ameisen als Nahrung, 1994

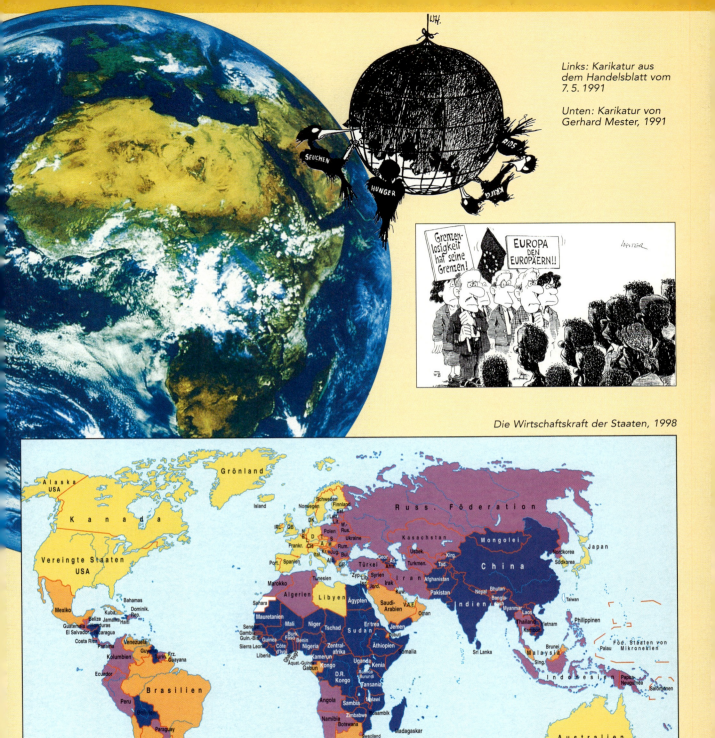

Links: Karikatur aus dem Handelsblatt vom 7.5.1991

Unten: Karikatur von Gerhard Mester, 1991

Die Wirtschaftskraft der Staaten, 1998

Arme Welt - Reiche Welt

1995 sind je Einwohner erwirtschaftet worden:
- weniger als 800 $
- 800 - 3000 $
- 3000 - 9000 $
- mehr als 9000 $
- keine Angaben

1 Eine Welt zwischen Hunger und Überfluss

Immer mehr bekommen wir zu spüren, dass die Probleme unseres Planeten allumfassend sind. Immer häufiger wird davon gesprochen, dass die Erde einem Raumschiff gleicht. Zu dessen Besatzung gehören aber alle Menschen. Doch es scheint so, als ob die Bewohner der „Dritten Welt" sich auf absehbare Zeit auf den „Kontinenten ohne Hoffnung" befänden. Während die Erdbevölkerung die gigantische Zahl von 6 Milliarden erreicht, wächst gleichzeitig die Kluft bei der Verteilung des Einkommens. Bereits heute müssen ca. 3 Milliarden Menschen mit weniger als 2 US-$ am Tag auskommen. 100 Millionen sind ständig vom Hungertod bedroht. Große Teile Europas, Nordamerikas, Japans und einige Regionen Asiens gelten hingegen als „Wohlstandsinseln". Hier ist ein Überangebot an Waren, Freizeitangeboten und Kommunikationsmitteln vorhanden. Eine hoch technisierte Gesellschaft produziert dort Nahrung im Überfluss.

Etwa vier Fünftel der momentanen Erdbevölkerung leben in der so genannten „Dritten Welt". Im Kalten Krieg zwischen Ost und West entstand dieser Begriff. Gegenüber westlichen Industrienationen und den kommunistischen Staaten galten die Entwicklungsländer seit etwa 1960 als „Dritte Welt".

Aber auch die „Wohlstandsinseln" der Erde stehen wachsenden Schwierigkeiten gegenüber: Massenarbeitslosigkeit, Politikverdrossenheit, Kriminalität. Entwicklungshilfe, was kann sie leisten? Schuldenerlass für die „Dritte Welt", ist das sinnvoll und machbar? Asylgewährung, wo ist die Grenze der Belastung? Patentrezepte sind nicht erkennbar. Und dennoch: Der so genannte Nord-Süd-Konflikt zwischen den reichen Industrieländern und der „Dritten Welt" hat größte Bedeutung für das Gleichgewicht der Weltpolitik.

Müllsammler in der „Dritten Welt". Diese Menschen leben auf der Müllkippe.

In einer Umfrage wurden 1997 die Bundesbürger in Ost und West zur Entwicklungshilfe befragt:

Einstellungen zur Entwicklungspolitik			
Einstellungsstatements geordnet nach Häufigkeit der Befürwortung (Antworten: Ja/eher ja)			
Prozentwerte	Gesamt	West	Ost
Wir müssen den Entwicklungsländern helfen, die Umwelt schonend zu nutzen, sonst sieht die Zukunft für uns alle finster aus.	88	87	89
Ich meine, nicht nur die Entwicklungsländer können etwas von uns lernen. Es gibt auch Dinge, die wir von denen lernen können.	80	82	76
Die Hilfe für die armen Länder ist einfach eine moralische Pflicht.	79	78	81
Jahrzehntelang hat man die heutigen Entwicklungsländer ausgebeutet. Jetzt müssen wir dafür sorgen, dass es diesen Völkern wieder besser geht.	76	75	77
Wenn den Millionen von Armen auf der Erde nicht geholfen wird, dann werden sie kommen und uns alles wegnehmen.	34	35	33
Entwicklungshilfe richtet oft mehr Schaden an, als Gutes zu bewirken	31	32	24
Die Berichte über das Elend in der „Dritten Welt" sind stark übertrieben. Damit sollen uns nur weitere Spenden aus der Tasche gezogen werden.	18	18	18

GEWUSST WIE!

Von Säulen- und Kreisdiagrammen

„Ist dir klar, dass ich dich in der Hand habe?" Karikatur von 1975.

A1 Analysiere das Ergebnis der Umfrage auf S. 62.

A2 Ordne deine eigene Position zu den Einzelfragen ein.

A3 Nutzt die Karikaturen und das Bild von den Müllsammlern für eine Diskussion zu dem Thema.

Wenn es darum geht, Zahlen zu veranschaulichen, können wir sie in Diagramme umsetzen.

Säulendiagramme sind besonders geeignet für den Vergleich unterschiedlicher Zahlengrößen zu einem gleichen Zeitpunkt.

Kreisdiagramme sollen weniger absolute Zahlen, vielmehr mithilfe von Prozentangaben das Verhältnis von Zahlen zueinander darstellen. Sie sind gut geeignet, die Struktur einer Erscheinung darzustellen.

Ein großes Problem für die gesamte Welt ist die Bevölkerungsexplosion. Gegenwärtig verdoppelt sich die Weltbevölkerung alle 40–50 Jahre mit gravierenden Folgen: ökologische Probleme, zunehmende Armut, Einwanderungsdruck auf die reicheren Länder etc. Ein wichtiges Anliegen in vielen Ländern ist daher die Familienplanung. Sie ist aus religiösen und ethischen Gründen aber nicht unumstritten. Den Zusammenhang von Familienplanung und Bevölkerungswachstum zeigt die Kombination von Säulen- und Kreisdiagramm:

A4 Benenne den in den Diagrammen vermittelten Zusammenhang.

A5 Welchen Vorteil bietet diese Präsentation, was kann sie nicht zeigen?

Auch die höchst unterschiedliche Verteilung des Reichtums in der Welt kann ein Kreisdiagramm gut vermitteln:

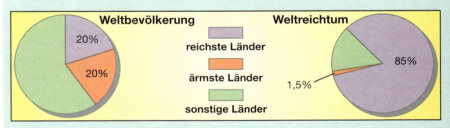

A6 Interpretiere die beiden Diagramme.

A7 Welche Gründe für diese Verteilung des Reichtums vermutest du?

Hinweise für den Einsatz von Diagrammen:

1. Überprüfe, ob es möglich ist, einen Sachverhalt in Form eines Diagramms darzustellen.
2. Überlege, welche Aussagen du machen bzw. welche Fragen du aufwerfen möchtest.
3. Entscheide, welche Form des Diagramms sich anbietet.
4. Prüfe, ob sich durch die Kombination mehrerer Diagramme die Aussagekraft erhöhen lässt.

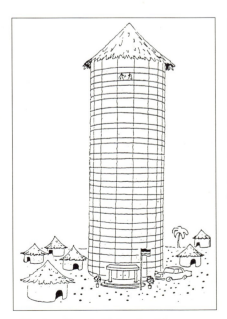

„Glauben Sie mir, Meier, das Allerwichtigste bei der Entwicklungshilfe ist Einfühlungsvermögen."

EXPEDITION GESCHICHTE

Was geht uns die „Dritte Welt" an?

Die Aufgaben für die heutigen und künftigen Generationen sind weder auf Kosten einzelner Länder noch gegen die Interessen ganzer Kontinente lösbar. Nutzt diese Seite dazu, euch mit dieser Feststellung gründlicher auseinander zu setzen.

A1 Besprecht zuerst eure Positionen zur abgebildeten Karikatur und zu der Schemazeichnung.

A2 Entscheidet euch nun in kleineren Gruppen für einzelne Schwerpunkte.

A3 Informiert euch zu den Themen in den euch zugänglichen Medien (Bibliotheken, Videos, Internet).

A4 Wählt nun eine euch ausdrucksstark erscheinende Form der Darstellung der Arbeitsergebnisse und erarbeitet sie. (Denkbar sind u. a.: Collage, Schautafel, Video, Rollenspiel etc.)

„Ich jedenfalls verleihe nie wieder etwas!"

Teufelskreise der Armut

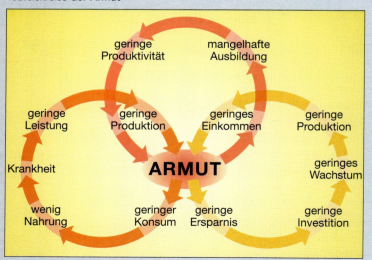

2 Von Indien ging ein Signal aus

1856 hatte Großbritannien seine Herrschaft auf Indien ausgedehnt. Aber dort gab kurz nach dem Ersten Weltkrieg ein „gewaltloser Rebell", Mahatma Gandhi, das Signal für das Beenden der Kolonialherrschaft des weißen Mannes. Getreu seinem Grundsatz von der Gewaltlosigkeit wollte er seine Feinde bekehren. Er setzte auf die Kräfte des passiven Widerstandes, z. B. den Hungerstreik, den Boykott britischer Waren usw.

Q1 Gandhi: Die Welt von morgen: „(...) die Welt von morgen wird eine, ja muss eine Gesellschaft sein, die sich auf Gewaltfreiheit gründet. Das ist das erste Gesetz; aus diesem werden alle anderen guten Taten hervorgehen. Dies mag ein entferntes Ziel sein ... Ein Einzelner kann den Lebensstil der Zukunft praktizieren – den gewaltfreien Weg –, ohne auf andere warten zu müssen. Und wenn es ein Einzelner kann, können es nicht auch Gruppen, ganze Nationen? (...) Gleiche Verteilung – das zweite große Gesetz der Welt von morgen, wie ich sie sehe – erwächst aus der Gewaltfreiheit. Es besagt nicht, dass die Güter der Welt willkürlich aufgeteilt werden müssen, sondern dass jedermann die erforderlichen Mittel erhält, um seine natürlichen Bedürfnisse zu befriedigen, nicht mehr ...
In der Welt von morgen sehe ich keine Armut, keine Kriege, keine Revolutionen, kein Blutvergießen. In dieser Welt wird es einen Glauben an Gott geben, der größer und tiefer als jemals zuvor ist. (...)"
(Braun, G./Hillebrand, K.: Dritte Welt, S. 30)

A5 Gebt mit eigenen Worten die Vorstellung Gandhis wieder.

A6 Tauscht eure Meinungen dazu in der Klasse aus.

Gandhis Marsch zum Meer 1930, um mit Meersalz das Salzmonopol der Briten zu brechen. Zeichnung von A. Beltrame.

A1 *Wie wirkt diese Szene auf dich?*

Nach dem Zweiten Weltkrieg musste England seine wichtigste Kolonie in die Unabhängigkeit entlassen. Der indische Widerstand, internationaler Druck und die eigene Schwäche zwangen dazu. Der Unabhängigkeits- und Teilungsplan von 1947 war problematisch: Indien als künftiger Staat der Hindus und Pakistan als Staat der Moslems. Beide wurden zunächst von einer gigantischen Flüchtlingswelle überzogen. Annähernd 12 Millionen Menschen verließen ihre Heimat. Gewalttätigkeiten überschatteten den Weg. Am 30. Januar 1948 ermordete ein Hindu-Fanatiker Mahatma Gandhi, weil dieser der muslimischen Minderheit in Indien die gleichen Rechte zugestehen wollte wie der hinduistischen Mehrheit. Aber im Gegensatz zu vielen anderen in die Selbstständigkeit entlassenen Staaten besaß Indien gute Voraussetzungen, z. B. funktionierendes Schulwesen, Beamtenapparat usw.

Obwohl Indien mit einem Pro-Kopf-Einkommen (1995) von 340 US-$ zu den ärmsten Ländern gerechnet wird, ist hier Hightech durchaus kein Fremdwort. Weltraumerforschung, Atomtechnologie und Computerindustrie sprechen ihre eigene Sprache. Die Übervölkerung, die Kluft zwischen Arm und Reich, Minderheitenkonflikte und Grenzstreitigkeiten stellen das Land aber weiterhin vor Schwierigkeiten.

A2 *Sucht nach Parallelen in Asien zu diesen Konflikten und Lösungsversuchen.*

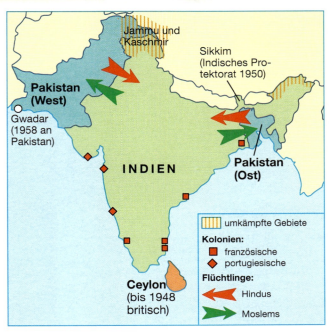

A3 *Beschreibe anhand des Textes und der Karte, welche Probleme die Unabhängigkeit mit sich brachte.*

Die Unabhängigkeit und Teilung Indiens 1947

3 Der Schwarze Kontinent erhebt sich

1945 gab es in Afrika gerade einmal vier unabhängige Staaten. 20 Jahre später war das Bild vollkommen gewandelt. Im „afrikanischen Jahr 1960" schüttelten innerhalb weniger Monate wie in einer Kettenreaktion 16 Staaten die Kolonialherrschaft ab. Doch der Weg in die Freiheit ging häufig mit Gewalt einher, denn die Kolonialbevölkerung war nur unzureichend auf die Unabhängigkeit vorbereitet. Die Grenzziehung der Kolonialmächte hatte z. B. auf traditionelle Stammesgebiete keine Rücksicht genommen. Nun kamen die alten Konflikte und Gebietsansprüche wieder hoch. Auswirkungen zeigen sich bis heute, z. B. in den furchtbaren Massakern zwischen Hutu und Tutsi, zwei verfeindeten Volksgruppen, in Ostafrika seit 1994.

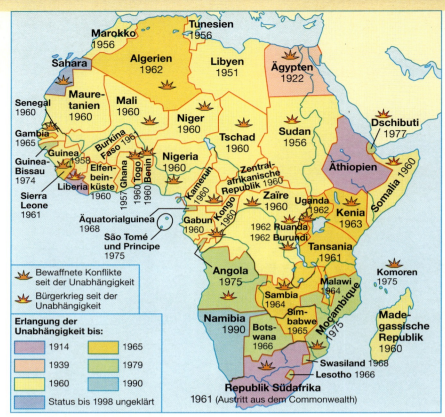

Afrikas Weg in die Unabhängigkeit

A1 Erläutere anhand von Text und Karte Afrikas Weg in die Unabhängigkeit.

3.1 Mosambik – Erfolgsstory kontra Armenhaus

A2 Tragt eure Erfahrungen in der Klasse zum Thema: „Urlaub in Entwicklungsländern" zusammen.

A3 Setzt euch mit der Frage aus „DIE ZEIT" auseinander.

Zu Beginn der sechziger Jahre war es auch in der portugiesischen Kolonie Mosambik zu Aufständen gekommen. Es bildete sich eine „Revolutionäre Front zur Befreiung Mosambiks" (FRELIMO). Zunehmend bekamen die Kolonialtruppen die Guerillataktik und die Feindschaft der Zivilbevölkerung zu spüren.

Die militärischen Misserfolge trugen dazu bei, dass die Unzufriedenheit vieler Portugiesen mit der Militärdiktatur wuchs. 1975 stürzten in der „Nelken-Revolution" liberale Offiziere den Diktator Caetano. Erst

Oben: Warum kann man auch dort die luxuriösesten Ferien verbringen, wo die größte Armut herrscht? Diese Frage stand in „DIE ZEIT" vom 9.3.1973

Rechts: Eine Wand irgendwo in Mosambik, die für den bewaffneten Befreiungskampf der FRELIMO wirbt.

GEWUSST WIE!

Wahre Nachrichten oder Ware Nachrichten?

Früher dauerte die Übermittlung von Nachrichten Tage oder Wochen. Heute ist neben anderen Medien vor allem das Fernsehen in der Lage, die Welt „live" in unsere Wohnstube zu bringen. Und eine wachsende Zahl von Sendern überschwemmt uns mit einer Flut von Informationen. Aber Medien, auch die elektronischen, können nicht die Wirklichkeit schlechthin übermitteln. Sie senden Botschaften, die geprägt sind durch ihre Macher, durch die Sichtweise der Journalisten, durch politische Umstände, finanzielle Interessen usw.

Diese Botschaften wiederum werden durch uns unterschiedlich aufgenommen. Wir interpretieren sie ebenfalls nicht in gleicher Weise, da wir sehr verschieden sind. Zu Stande kommt diese Verschiedenartigkeit in uns selbst, geprägt durch unsere Erfahrungen. Überprüft diese Aussagen in einer Art Selbstexperiment:

A1 Betrachtet zuerst ausschließlich das Bild und schreibt eure ganz persönlichen Gedanken dazu auf.
A2 Lest nun den dazugehörigen Text mit seiner Bildunterschrift.
A3 Vergleicht eure Gedanken miteinander.
A4 Sprecht in eurer Gruppe über die Grenzen der Aussagekraft von Fotos und über das Problem „objektiver" Nachrichten.

Mädchen mit Geier

Q1 Der Geier lauert
„1993: Das halb verhungerte, vor Schwäche zusammengebrochene Mädchen wird kurz nach dieser Aufnahme gerettet. Sie ist Opfer einer Hungersnot, die im Süden des Sudan durch den seit über 30 Jahren tobenden Bürgerkrieg verursacht wurde. (...) Rund 600 000 Menschen starben bisher. Weltweit verhungern jährlich rund 15 Millionen Menschen, schätzt die UN. Der südafrikanische Fotograf Kevin Carter erhielt für dieses Bild den Pulitzerpreis. Wenige Tage später beging er Selbstmord. Er hatte das Leid der Welt, über das er berichtete, nicht mehr ertragen können. (...)"
(50 Jahre Springer, S. 190/91)

Folgende Schritte können bei der Bewertung von Nachrichten helfen:

1. Was wird berichtet und welches Vorwissen habe ich dazu?

2. Ist die Nachricht einseitig oder ausgewogen? Werden verschiedene Standpunkte vorgetragen oder wird Partei genommen?

3. Werden (z. B. durch emotionales Berichten) Wertungen nahegelegt?

4. Habe ich selbst ein „Vorurteil", eine festgelegte Wertung zu dieser Information oder bin ich „offen"? Bin ich vollständig informiert oder brauche ich Zusatzinformationen?

jetzt konnte Mosambik die kolonialen Fesseln abstreifen. Nun zeigte sich das Erbe der Kolonialzeit: Fast 90% der Bevölkerung waren Analphabeten, Fachkräfte fehlten. Wegen einer verstärkten Annäherung des Landes an den kommunistischen Ostblock kam es zum Konflikt mit Südafrika. Mosambik unterstützte seinerseits den Kampf des Afrikanischen Nationalkongresses (ANC) gegen die Herrschaft der weißen Rassisten am Kap. Im Inneren des Landes wiederum kämpften rechtsgerichtete Guerillatruppen mit Unterstützung aus Südafrika. Der Bürgerkrieg ließ das Land immer tiefer in den Abgrund geraten. Es war einer der damals typischen Stellvertreterkriege zwischen Ost und West. 1992 gab es in Mosambik bei ca. 15 Millionen Einwohnern mehr als 5 Millionen Flüchtlinge. Zwei Drittel der Bevölkerung lebten in bitterster Armut. Damit galt Mosambik als das ärmste Land der Erde. Und dennoch beurteilte 1997 ein Vertreter der Weltbank die Entwicklung der letzten Jahre als die heimliche Erfolgsgeschichte Afrikas. Kernstück seiner Behauptung sind die 8,5% Wachstumsrate von 1990 bis 1994, die höchste südlich der Sahara.

3.2 Südafrika

3.2.1 „Ik ben een Afrikaander …"

1652 ließen sich in Südafrika die ersten Europäer nieder. Einwanderer aus den Niederlanden, Deutschland und Frankreich wuchsen zu einem neuen Volk zusammen. Die entstehende gemeinsame Sprache (Afrikaans) und die calvinistische Religion einten sie. Als 1706 der verhasste niederländische Gouverneur abberufen wurde, soll ein Anführer gegen die Kolonialmacht ausgerufen haben: „Ich bin ein Afrikaner."

In der Vorstellung der Siedler war Afrika für sie das gelobte Land. Doch es gab auch schwarze Südafrikaner. Für beide stand aber nur ein Land zur Verfügung. 1815 löste Großbritannien die alte Kolonialmacht ab. Die Weißen Südafrikas bekamen einen neuen Namen: Buren (zunächst ein Schimpfwort = „Bauernlümmel"). Nichts schienen die Buren in den Folgejahren mehr zu fürchten als erneute koloniale Unterdrückung. Und doch wurden sie von den Engländern unterworfen.

3.2.2 Apartheid als Ausweg?

Obwohl die Apartheid (= Trennung von Weißen und Farbigen) wesentlich älter ist, hat sie in Südafrika vor allem in den 40 Jahren nach dem Ende des Zweiten Weltkriegs schwer heilende Wunden gerissen. Um 1950 wurden u. a. folgende Bestimmungen erlassen:
• Trennung der Menschen des Landes in Weiße, Inder, Mischlinge und Bantu (= Schwarze)
• Getrennte Wohngebiete
• Trennung von Verkehrsmitteln, Eingängen, Parkbänken usw.
• Bestrafung sexueller Beziehungen zwischen Weißen und Mischlingen bzw. Indern, zwischen Weißen und Schwarzen bereits seit 1927 verboten

Die Folgen der Apartheid waren dramatisch. Beamte prüften das Kopfhaar. War es glatt oder neigte es zum Kräuseln? Sondereinheiten fahndeten unter Schlafzimmerfenstern, Nachbarn zeigten sich gegenseitig an. Schwarze mussten ihre angestammten Plätze verlassen, sie ließen Häuser und Gräber zurück. Lange Fahrtwege zur Arbeit, monatelange Trennung von den Familien erschwerten das Leben.

Die Gewaltbereitschaft auf beiden Seiten stieg. Gleichzeitig entfernte man sich immer weiter voneinander. Der Afrikanische Nationalkongress (ANC), eine Organisation vor allem der schwarzen Bevölkerungsmehrheit, kündigte 1955 Widerstand an:

Q1 „Wir, das Volk von Südafrika, erklären, unserem ganzen Land und der Welt zur (…) Kenntnis: Südafrika gehört allen, die darin leben, Schwarzen und Weißen. Keine Regierung kann gerechterweise einen Machtanspruch erheben, es sei denn, dass er auf dem Willen des Volkes gegründet ist. (…)"
(Falk, R.: Südafrika, S. 49 f.)

A1 Nenne die Argumente des ANC gegen die Herrschaft der Weißen.

A2 Was erzählt dieses Bild?
A3 Nimm Stellung zum System der Apartheid.

Parkbank in Südafrika in den 60er Jahren

Die Ereignisse von Sharpeville im März 1960 führten zu einer Radikalisierung: Anhänger einer schwarzafrikanischen Organisation hatten gegen die diskriminierenden Passgesetze demonstriert. Bei diesen Auseinandersetzungen erschoss die Polizei 69 Schwarze. Dennoch befand sich der Apartheidstaat in den sechziger Jahren auf dem Höhepunkt seiner Macht. Die Wirtschaft boomte. Und im Ost-West-Konflikt schien Südafrika die Rolle eines Prellbocks gegen die Unabhängigkeitsbestrebungen und sozialistischen Tendenzen der jungen afrikanischen Staaten einzunehmen.

Nach den Unruhen in Soweto von 1976 deutete sich eine Wende an. In den Schwarzengettos („Townships") bei Johannesburg war eine neue, militantere Generation herangewachsen. Die weiße Minderheitsregierung wurde nicht mehr Herr der Lage. Fast 600 Tote und 2 400 Verletzte forderten allein diese Unruhen. Wirtschaftliche Probleme, Boykottmaßnahmen der internationalen Gemeinschaft und der rasante Bevölkerungsanstieg der Farbigen erhöhten den Druck auf den Apartheidstaat.

3.2.3 Von der Trennung zur Versöhnung

Nach dem Ende des Kalten Krieges (ab 1985) geriet Südafrika mit seiner rassistischen Politik vollends in die Isolierung. Daher leitete der neue Staatspräsident de Klerk im August 1989 einen Reformprozess ein. Er erhielt dafür 1993 den Friedensnobelpreis, zusammen mit dem bekanntesten Häftling des Apartheidstaates, dem ANC-Führer Nelson Mandela. Bald darauf, nach den ersten Wahlen, an denen die schwarze Mehrheit gleichberechtigt teilnehmen konnte, wurde Mandela der Nachfolger de Klerks. Mit einem schwarzen Präsidenten waren die Probleme jedoch nicht schlagartig gelöst. Die wohl schwierigste Aufgabe besteht darin, einem Land mit so unterschiedlichen Bevölkerungsgruppen, enormen sozialen Unterschieden und einer von zahllosen Gewalttaten belasteten Vergangenheit ein gerechtes politisches System zu schaffen. Präsident Mandela und Erzbischof Tutu versuchen, mit ihrer „Politik der nationalen Versöhnung" diesen Weg zu gehen.

Bis zu 4 000 m tief unter der Erde müssen die Minenarbeiter bei Temperaturen von 40°C für 1 kg Gold 100 t Erze abbauen.

A1 Denke über die Arbeitsbedingungen der schwarzen Minenarbeiter nach.

A2 Mit welchen Problemen muss sich Präsident Mandela auseinander setzen?

A3 Beschreibe die Demonstranten. Woran erinnert dich ihr Auftreten?

A4 Diskutiert, ob diese Politik ein Modell für andere Konflikte in der Welt darstellen kann.

Präsident Mandela auf einer Versammlung

Demonstration von Anhängern der Apartheid, September 1989

4 China – Land im ständigen Umbruch

4.1 Chinas Stunde Null?

Nach 1945 entbrannte in China ein Wettlauf um die ehemals japanisch besetzten Gebiete. Die Kommunisten unter Mao Tse-tung und die Nationalchinesen unter Chiang Kai-shek führten den Bürgerkrieg fort, der im gemeinsamen Kampf gegen die Japaner nur vorübergehend geruht hatte. Die Nationalchinesen setzten auf die Großgrundbesitzer und das Großkapital. Die Kommunisten sahen Chinas Zukunft in einem sozialistischen Bauernland. Trotz anfänglicher Erfolge mussten die Nationalchinesen eine klare Niederlage hinnehmen und sich auf die Insel Taiwan zurückziehen. Am 1. Oktober 1949 rief Mao Tse-tung die Volksrepublik China aus.

Der Personenkult um Mao Tse-tung nahm in den folgenden drei Jahrzehnten gewaltige Ausmaße an.

A1 Setzt euch mit dem Bild (unten) auseinander.
A2 Sucht nach Ursachen für den Personenkult um Mao.
A3 Sprecht über mögliche Konsequenzen von Einzelherrschaft.

4.2 Herausforderungen für die junge Republik 1949–1957

In den Städten ließen die Kommunisten die Rote Armee gegen Plünderungen, Prostitution, Opiumkonsum und Kriminalität vorgehen. Es gelang, die Analphabetenrate von 90 Prozent auf 60 Prozent zu senken.

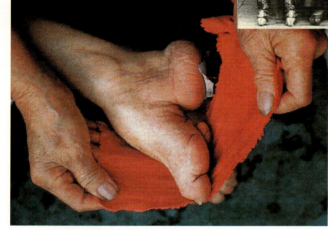

In einer lebenslangen Tortur wurden Frauen die Füße zusammengeschnürt. Erst die Kommunisten schafften diesen Brauch der „Lotusfüße" ab.

A4 Äußere dich zu dieser Tortur. Welches Frauenbild stand wohl dahinter?

Wirtschaftlich förderte die KP vor allem die Schwerindustrie. So sollte der Fünfjahrplan von 1953/57 eine Vervierfachung der Stahlproduktion bringen. Dies ging zu Lasten der Konsumgüterproduktion. Die Beziehungen zur UdSSR erfuhren in dieser Zeit einen Aufschwung. 20 000 junge Chinesen gingen zur Ausbildung dorthin, ca. 10 000 sowjetische Techniker unterstützten den Aufbau in China. Außenpolitisch feierte China den Waffenstillstand im Korea-Krieg als Sieg über die „imperialistische Führungsmacht" USA.

Parteiversammlung mit Mao Tse-tung. Chinesisches Propagandabild.

Nicht ohne Grund stellte die Landwirtschaft ein besonderes Entwicklungsfeld dar. Es waren die Bauern, die der KP Maos zum Sieg verholfen hatten. Bereits 1940 war jeder sechste Bauer der Welt ein Chinese. Mao führte in drei Stufen eine Kollektivierung der Landwirtschaft durch. Hungertote gehörten zunächst der Vergangenheit an.

A1 *Schließe aus dem Bild rechts auf die Bedeutung der Modernisierung in der Landwirtschaft.*

Chinesische Bauern erhalten den ersten Traktor. Holzschnitt um 1950.

Diese Aufnahme ist typisch für die beginnenden fünfziger Jahre. Im Zuge der Bodenreform ermutigten die Kommunisten die einfachen Bauern und Landarbeiter, gegen die Gutsbesitzer, die oft durch Wucherzinsen die Kleinbauern ausgeplündert hatten, öffentlich aufzutreten. Dabei wurden Listen von Beschwerden aufgestellt.

A2 *Formuliere eine Bildüberschrift.*
A3 *Welche Absichten hatten solche Aktionen?*
A4 *Führt ein Rollenspiel durch: Entscheidet euch für bestimmte Personen auf dem Foto. Überlegt mögliche Anschuldigungen und Rechtfertigungen. Gestaltet dann eine Szene nach.*

4.3 Die Volksrepublik wagt den „Großen Sprung" 1958–1965

Enorme Erwartungen hatten die Menschen, als 1958 Maos Idee vom „Großen Sprung" umgesetzt werden sollte. Volkskommunen, als Basis für die klassenlose Gesellschaft, hieß fortan das Zauberwort. Bereits nach einem Jahr waren ca. 90 Prozent der ländlichen Bevölkerung davon erfasst. Zweifellos glaubten die meisten Chinesen, dass man mit Mini-Schmelzöfen auf dem Dorf die Stahlproduktion Englands überholen könne. Immerhin lebten in jeder der ca. 30 000 Kommunen durchschnittlich 20 000 Personen mit industriellen Produktionsanlagen, Krankenhäusern, Schulen und Kasernen. Die Propaganda überschlug sich. Es gab Propaganda-Bilder von Getreidefeldern, auf denen Kinder stehen konnten, weil die Ähren so dicht aneinander standen.

Trotz einzelner Anfangserfolge endete der „Große Sprung" in einem Desaster. Zu Beginn der sechziger Jahre lag die durchschnittliche Tagesration eines Chinesen bei nur 300 Gramm Reis. Das Land fiel in eine tiefe Krise. Manche Quellen sprechen von 30 Millionen Toten. Hinzu kam, dass sich die chinesisch-sowjetischen Beziehungen abkühlten. Dabei ging es um den Führungsanspruch im kommunistischen Weltlager. Chruschtschow ließ seine Berater zurückrufen, Investitionen stoppen und verhinderte die Auslieferung bereits versprochener Atomtechnik.

In der chinesischen Führung brachen Konflikte auf. Mao und seine Anhänger beharrten auf einer Fortführung ihrer radikalen Politik. Reformerische Kräfte um Deng Xiaoping sahen in der Belebung der Kräfte des Marktes einen Ausweg. Aber erst 1983 begann man mit der endgültigen Auflösung der Volkskommunen.

4.4 Die „Große Kulturrevolution"

1966 spielte ein Ereignis Mao geradezu in die Hände. Der Bürgermeister von Peking hatte ein Theaterstück genehmigt, in dem Kritik an Mao gesehen wurde. Mao reagierte mit der Entfesselung der so genannten „Kulturrevolution". Sie sollte nach seinem Willen ein „Sturm auf alte Ideen, Sitten und Gebräuche und alles Ausländische" werden. Schüler und Studenten, vor allem „junge Menschen mit guter Klassenherkunft" (Arbeiter- und Bauernkinder) überzogen große Teile des Landes mit Wandzeitungen, stundenlangen Debatten auf Propagandaveranstaltungen und Großkundgebungen. Sie terrorisierten wirkliche und vermeintliche Gegner des Regimes und zerstörten uralte Kulturschätze.

Q1 Aus dem Programm der Pekinger Roten Garden vom 23. August 1966:
*„1. Jeder Bürger soll manuelle Arbeit verrichten.
2. In allen Kinos, Theatern, Buchhandlungen, Omnibussen usw. müssen Bilder Mao Zedongs angebracht werden.
6. Eine eventuelle Opposition muss rücksichtslos beseitigt werden.
7. Luxusrestaurants und Taxis haben zu verschwinden.
8. Die privaten finanziellen Gewinne sowie die Mieten müssen dem Staat abgegeben werden.
9. Die Politik hat vor allem Vorrang.
12. In allen Straßen sollen Lautsprecher aufgestellt werden, um der Bevölkerung Verhaltensmaßregelungen zu vermitteln.
13. Die Lehre Mao Zedongs muss schon im Kindergarten verbreitet werden.
14. Die Intellektuellen sollen in Dörfern arbeiten.
15. Die Bankzinsen müssen abgeschafft werden.
17. Auf Parfüms, Schmuckstücke, Kosmetik und nichtproletarische Kleidungsstücke und Schuhe muss verzichtet werden.
21. Die alte Malerei, die nicht politische Themen zum Gegenstand hat, muss verschwinden.
23. Bücher, die nicht das Denken Mao Zedongs wiedergeben, müssen verbrannt werden."*
(„Xinhua" vom 23. August 1966)

A1 Wähle Programmpunkte aus, die dich besonders herausfordern. Überlege, welche Absichten die Anhänger Maos gerade mit diesen Forderungen verbunden haben könnten.

Rote Garden greifen die Kritiker Maos an, Plakat 1967

Volksmassen zitieren aus der „Mao-Bibel".

A2 Kommentiere die Abbildungen.

Auf dem Tienanmen-Platz in Peking fanden im Herbst 1966 allein acht Großveranstaltungen mit mehr als 8 Mio. Jugendlichen statt. Schriftsteller, Lehrer, selbst kommunistische Funktionäre, darunter auch Deng, mussten mit gesenktem Kopf und nach hinten verschränkten Armen die Hetzreden öffentlich über sich ergehen lassen. Wieder und wieder wurde aus der „Mao-Bibel", einer Sprüchesammlung, vorgelesen. Bereits Mitte des Jahres hatte man die Universitäten und Mittelschulen geschlossen. Drei Jahre lang erschütterte die „Kulturrevolution" das Land. Beinahe wäre sie außer Kontrolle geraten, sodass Mao im Frühjahr 1969 die Notbremse ziehen und sie beenden musste.

4.5 Auf der Suche nach neuem Gleichgewicht

1976 starb Mao. Ziel der Reformkräfte um Deng Xiaoping, der 1978 erneut an die Macht gelangte, war die behutsame Entwicklung einer soliden wirtschaftlichen Basis. Das Pro-Kopf-Bargeldeinkommen auf dem Lande lag umgerechnet bei nur ca. 50 Euro im Jahr. Die Bekämpfung der Armut erhielt daher Vorrang – und hatte Erfolg. Fast 200 Millionen Bauern konnten aus bitterster Armut geführt werden. 1984 gelang es China erstmals, mehr Reis zu erzeugen, als es selbst verbrauchte. Die Bauern begrüßten die zahlreichen freien Märkte. Eine „pure Lust nach privatem Verbrauch" wurde nach all den Jahren der staatlich verordneten Enthaltsamkeit spürbar. Doch der Erfolg hatte auch seine Kehrseite: zunehmende Umweltverschmutzung, Arbeitslosigkeit, Kriminalität und Korruption.

4.6 Die blutigen Ereignisse auf dem Tienanmen-Platz

Die Reformen, zunehmender Tourismus und das Satelliten-Fernsehen brachten die Bekanntschaft mit westlichen Ideen und Lebensformen: Demokratie, Bürgerrechte, Konsumverhalten. Vor allem unter jungen Leuten und Studenten wuchs daher die Unzufriedenheit mit dem bestehenden System. Folgen waren friedliche Proteste zur Durchsetzung von mehr Demokratie und Menschenrechten. Die Ereignisse fanden ihren blutigen Höhepunkt auf dem Tienanmen-Platz am 4. Juni 1989, als die Regierung unter Deng Xiaoping Truppen zur Auflösung eines friedlichen Massenprotestes einsetzte. Mehrere hundert Demonstranten wurden getötet, die Protestbewegung vorerst zerschlagen.

Eine abschließende Einschätzung ist und bleibt kompliziert. Unterschiedliche westliche Bewertungen des damaligen politischen Führers, Deng Xiaoping, machen das deutlich:

Q1 *„Dengs Politik war bewusst doppelgleisig. Auf dem einen Gleis die progressive wirtschaftliche Öffnung, welche den Lebensstandard (...) der Chinesen schon bis heute gewaltig angehoben hat (...); auf dem anderen Gleis konservatives Festhalten an der politischen Herrschaftsstruktur durch die Kommunistische Partei (und das Militär). Ob das erste Gleis ohne das zweite möglich gewesen wäre, muss man angesichts des beispielhaften Desasters in der früheren Sowjetunion bezweifeln." (...)*
„Die Tragödie am Tiananmen-Platz 1989 wirft einen Schatten in die Zukunft. Freilich wird jeder westliche Kritiker sich fragen müssen, ob er genug von der chinesischen Geschichte der letzten drei Jahrtausende weiß, ob genug vom Konfuzianismus, ob er wenigstens genug weiß von Maos gewalttätigen Experimenten und millionenfachen Todesopfern und von den Verbrechen der Roten Garden, um angemessene Maßstäbe an Deng anlegen zu können."
(Schmidt, H.: Die Erneuerer Chinas, in: DIE ZEIT, Nr. 10 vom 28.2.1997, S. 6)

Bilder vom Platz des Himmlischen Friedens vor (rechts) und nach (unten) dem gewaltsamen Vorgehen des Militärs am 4. Juni 1989.

A1 *Die Demonstranten errichteten eine „Freiheitsstatue". Nimm Stellung dazu.*

Q2 „Seinen höchsten Trumpf – das Militär – spielte Deng am 4. Juni 1989 gegen die Demokratiebewegung aus. Das Massaker auf dem Platz des Himmlischen Friedens markiert den letzten entscheidenden Wendepunkt in Dengs politischer Karriere. Der Reformer (...) zeigte sich als skrupelloser Parteiideologe, der der kommunistischen Machterhaltung das Leben zahlloser Menschen opferte."
(Frank Leibiger im „Nordkurier" vom 20. Februar 1997, S. 3)

A1 Suche aus den Bewertungen der Person Deng Xiaopings die Hauptargumente heraus.

A2 Diskutiert die unterschiedlichen Positionen.

4.7 Die neunziger Jahre – Ein Riese erwacht

Die zwei Jahrzehnte nach dem Tode Maos brachten eine gesellschaftliche und wirtschaftliche Mobilisierung. Die Durchschnittseinkommen stiegen enorm an. Aber auch unter dem neuen Staatschef Jiang Zemin blieb die Vorherrschaft der KPCh bestehen. Allerdings fielen auf dem 15. Parteikongress 1997 ungewöhnliche Worte: Man wolle die maroden Staatsbetriebe nach dem kapitalistischen Prinzip „Nur der Stärkste überlebt" reformieren.

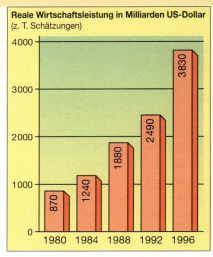

Die Wirtschaftsentwicklung Chinas

A3 Interpretiere die Grafik.

„Ohne Sozialismus, ohne Durchführung der Reform- und Öffnungspolitik, ohne Entwicklung der Wirtschaft und ohne Verbesserung des Lebens des Volkes gibt es keinen Ausweg", verkündet Deng Xiaoping auf diesem Plakat in der Wirtschaftssonderzone Shenzhen.

Wenig hilfreich erscheinen alle Versuche, die Zukunft des Landes in der Alternative „chinesischer Sozialismus" oder „westliche Demokratie" zu sehen. Würde beispielsweise der Motorisierungsgrad Chinas innerhalb kürzester Zeit vergleichbare Ausmaße wie in Deutschland annehmen (auf zwei Einwohner ein Pkw), so müsste die Erde fast 600 Millionen Autos zusätzlich verkraften, mit gravierenden ökologischen Folgen. Vieles spricht dafür, dass die 1,2 Milliarden Chinesen einen ganz eigenen Weg finden müssen.

A4 Sprecht in der Gruppe darüber, wie Chinas Zukunft aussehen könnte.

5 Nahost – Eine Region kommt nicht zur Ruhe

5.1 Streit um das „Heilige Land"

Der Nahe Osten trägt das Erbe einer langen Vergangenheit. Der Argwohn der Völker in diesem Schnittpunkt dreier Kontinente ist tief verwurzelt. Doch das Hauptproblem der Konflikte zwischen dem Staat Israel und den Palästinensern entspringt aus dem beiderseitigen Anspruch auf dasselbe Territorium. Hinzu kommt noch, dass dieses Gebiet eine Schlüsselposition in der Weltpolitik einnimmt.

Comic aus „Geschichte mit Pfiff", 1993

A1 Dem ersten Anschein nach verniedlicht dieser Comic das Palästinaproblem. Überprüft dies.

Der Holocaust während der Nazizeit hatte vielen Juden das Gefühl gegeben, heimatlos und hilflos zu sein. Dadurch erhielt die Vision der um 1900 entstandenen zionistischen Bewegung von einem eigenen Staat der Juden gewaltigen Auftrieb. Am Ende des Zweiten Weltkriegs lebten ungefähr 600 000, oft aus Europa eingewanderte Juden in Palästina. Konflikte mit der arabischen Bevölkerung waren die Folge. Vor diesem Hintergrund gab Großbritannien sein UN-Mandat über Palästina zurück. Ende November 1947 beschlossen die Vereinten Nationen die Teilung Palästinas in einen arabischen und einen jüdischen Staat. Wegen der religiösen Bedeutung für Juden, Moslems und Christen sollte Jerusalem unter UN-Kontrolle bleiben.

Der jüdische Bevölkerungsteil hatte 56 % des britischen Mandatsgebietes erhalten, der mehr als doppelt so große Anteil arabischer Bewohner nur den kleineren Teil. Wenige Stunden, nachdem die Briten Palästina verlassen hatten, verkündete der spätere Ministerpräsident David Ben Gurion am 14. Mai 1948 die Gründung des Staates Israel.

Q1 Aus der Unabhängigkeitserklärung des Staates Israel vom 14. Mai 1948:
„*Im Lande Israel entstand das jüdische Volk. (…) Hier schuf es eine nationale und universelle Kultur und schenkte der Welt das Ewige Buch der Bücher. (…)
Beseelt von der Kraft der Geschichte und Überlieferung, suchten Juden aller Generationen in ihrem Lande wieder Fuß zu fassen. Im Laufe der letzten Jahrzehnte kamen sie in großen Scharen. Pioniere, Verteidiger und Einwanderer, die trotz der Blockade den Weg in das Land unternahmen, erweckten Einöden zur Blüte, (…) bauten Dörfer und Städte und errichteten eine stets wachsende Gemeinschaft mit eigener Wirtschaft und Kultur, die (…) allen im Lande die Segnungen des Fortschritts brachte (…).
Die Katastrophe, die in (…) Europa Millionen von Juden vernichtete, bewies unwiderleglich aufs Neue, dass das Problem der jüdischen Heimatlosigkeit durch die Wiederherstellung des jüdischen Staates im Lande Israel gelöst werden muss. (…)*"
(Israels Geschichte, Wirtschaft und Gesellschaft in: Bundeszentrale für politische Bildung. Heft 247/1995, S. 8)

A2 Wie wird die Gründung eines jüdischen Staates in Palästina gerechtfertigt? Diskutiert diese Argumente.

Landung der „United States" mit 700 illegalen Einwanderern, ca. 1947

5.2 Ein brüchiger Frieden

Direkt nach der Gründung Israels überschritten arabische Truppen die Grenzen. Sie wollten mit Gewalt die Staatsgründung rückgängig machen. Erst Mitte 1949 endete dieser Unabhängigkeitskrieg Israels mit einem Waffenstillstand. Noch im gleichen Jahr wurde Israel in die UNO aufgenommen. In den Folgejahren sollte sich zeigen, dass der Konflikt zwischen Israel und den Arabern immer nur vorübergehend ruhte.

Im Sommer 1967 begann Israel wegen arabischer Terroranschläge den 6-Tage-Krieg. Es besetzte zahlreiche Gebiete, was zu erneuten Spannungen führte. Im Oktober 1973 holten Ägypten und Syrien zum Gegenschlag aus. Trotz Rückschlägen siegte Israel erneut. Die explosive Lage verschärfte sich weiter durch die Blockbildung in der Welt, da die USA Israel und die UdSSR die meisten arabischen Staaten unterstützten.

Israel und der Nahe Osten

Oben: Ein palästinensisches Flüchtlingslager

A3 Was könnte die obige Abbildung mit der Intifada zu tun haben?

A1 Schildere anhand der Karte die Entwicklung Israels.

5.3 Zwischen Diplomatie und Terror 1978–1986

1978 beschlossen im Abkommen von Camp David der ägyptische Präsident Sadat und Israels Ministerpräsident Begin einen Durchbruch zum Frieden. Als erstes arabisches Land erkannte Ägypten den jüdischen Staat völkerrechtlich an. Aber dieser Vertrag warf auch Probleme auf. Zwar hatte Israel erstmals nach dem Grundsatz „Land für Frieden" gehandelt, indem es die 1967 eroberte Sinai-Halbinsel an Ägypten zurückgab. Aber es war ein Friedensabkommen ohne die PLO (= Palästinensische Befreiungsorganisation), die Interessenvertretung der Palästinenser.

A2 Äußere dich über mögliche Auswirkungen auf den weiteren Friedensprozess.

Hinzu kam, dass sich die militärischen Konflikte mit der PLO Ende der siebziger Jahre zuspitzten. 1982 begann Israel eine Großoffensive bis in die libanesische Hauptstadt Beirut, um Stützpunkte der Palästinenser zu vernichten. Dieser Schritt stieß erstmals auch in der Öffentlichkeit des eigenen Landes auf Widerstand. Der Ruf nach Frieden und Beendigung der immer sinnloser erscheinenden Gewalt wurde unüberhörbar (Peace-now-Bewegung). 1985 zogen sich die Israelis aus dem Libanon weitgehend zurück.

5.4 Bleibt der Frieden eine Fata Morgana?

1987 überzog erneut eine Welle der Gewalt das Land. Zündfunke war ein Verkehrsunfall, bei dem vier Araber getötet wurden. Daraufhin kam es zu Unruhen in den palästinensischen Flüchtlingslagern, die in die Intifada (arab.: abschütteln) mündeten. Dieser Aufstand, hauptsächlich von Jugendlichen, gewann in den Folgejahren immer mehr an Schärfe. Hinzu kamen Terrorakte durch radikal-islamische Gruppierungen (z. B. Hamas), die in der islamischen Welt seit Ende der 70er Jahre Zulauf hatten.

Q1 Der Alltag der Intifada im besetzten Gazastreifen:
„Mohammad ist zwar erst zwölf Jahre alt, aber schon so etwas wie ein Anführer. Eifrig folgen Schulfreunde und Nachbarjungs seinen fachkundigen Anweisungen, bis der alte Autoreifen endlich Feuer gefangen hat und schwarze Rauchwolken die Straßenkreuzung einhüllen. ‚Damit', so erklärt er lässig, ‚locken wir die Soldaten an. Wenn sie dann kommen, werfen die Kids mit Steinen und leeren Flaschen', beschreibt er die im Gazastreifen schon zur täglichen Routine gewordenen Auseinandersetzungen zwischen palästinensischen Jugendlichen und israelischen Sicherheitskräften (...): ‚Dann jagen uns die Soldaten, und wenn sie einen von uns erwischen, dann muss die Familie eine Strafe zahlen. Manchmal', so fährt Mohammad in seinen Schilderungen fort, ‚schießen die Soldaten mit Tränengas, mit Plastikkugeln oder mit scharfer Munition.'"
(Hundertmark-Dinkela, J./Lilienthal, B.: Der Nahe Osten, S. 101/102)

Q2 Der Alltag der Intifada für die israelische Bevölkerung:
„Jerusalem, Innenstadt, am Freitagmittag: Zwei junge palästinensische Frauen werden von aufgebrachten jüdischen Bürgern umringt. ‚Tod den Arabern, Tod den Terroristen', hallt es ihnen entgegen. Sie werden von Polizisten festgenommen. Ihr Vergehen: Sie hatten kurz zuvor ein Küchenmesser gekauft, das ihre Mutter im Haushalt benötigte. Als sich diese Version als wahr herausstellte, wurden die beiden Frauen freigelassen. Sie hatten Glück, nicht gelyncht worden zu sein. Denn die jüngsten Messerstechereien palästinensischer Extremisten haben die Nerven vieler Israelis bloßgelegt."
(Hundertmark-Dinkela, J./Lilienthal, B.: Der Nahe Osten, S. 115)

A1 Bereitet ein Streitgespräch zwischen den Konfliktparteien vor. Bestimmt außerdem eine unabhängige Schlichtergruppe. Sie soll Vorschläge zu einer Lösung der Probleme unterbreiten.

5.5 Und nächstes Jahr ... Shalom, Salam, Frieden?

Druck aus den USA und Einsicht in die Notwendigkeit, der Region endlich Frieden zu geben, führten zu israelisch-palästinensischen Geheimverhandlungen in Norwegen. Ergebnis war im September 1993 ein Abkommen zwischen Ministerpräsident Rabin und PLO-Chef Arafat:

Q1 Aus dem Gaza-Jericho-Abkommen vom September 1993:
„Die Regierung Israels und die palästinensische Gruppe (...) stimmen darin überein, dass es an der Zeit ist, (...) eine gerechte, dauerhafte und umfassende Friedensregelung sowie historische Aussöhnung zu erreichen. (...) Das Ziel der israelisch-palästinensischen Verhandlungen innerhalb des laufenden Nahost-Friedensprozesses ist es unter anderem, für das palästinensische Volk im Westjordanland und im Gazastreifen eine palästinensische Übergangs-Selbstverwaltung (...) einzurichten (...)"
(Hundertmark-Dinkela, J./Lilienthal, B.: Der Nahe Osten, S. 130)

A2 Erinnert euch an die Ausgangssituation im Palästina von 1945–1948.

A3 Überprüft Chancen und Risiken des 1993 eingeschlagenen Weges.

Palästinensische Autonomiegebiete 1999

A4 Erläutere anhand der Karte die Probleme im Friedensprozess aus israelischer und palästinensischer Sicht.

A5 Diskutiert Lösungsmöglichkeiten.

Im Oktober 1994 folgte ein weiterer Schritt in Richtung Entspannung: Jordanien und Israel schlossen Frieden. Da tötete auf einer Friedenskundgebung in Israels Hauptstadt ein radikaler Israeli den Friedensnobelpreisträger Rabin. Seither geriet der Friedensprozess immer wieder ins Stocken. Vor allem wegen der Siedlungspolitik des Amtsnachfolgers Netanjahu übten selbst die amerikanischen Verbündeten Kritik. Und auch PLO-Führer Arafat hatte mit Fanatikern in den eigenen Reihen zu kämpfen.

GESCHICHTE IM ÜBERBLICK

1945	1947	1948	1949	1950	1958	1960	1966	1967
Ende des Zweiten Weltkriegs.	Indien wird selbstständig und geteilt.	Ermordung Gandhis.		Korea-Krieg (bis 1953).				

CHINA

Mao Tse-tung gewinnt Bürgerkrieg: Volksrepublik China. — „Großer Sprung" in China bringt Hungerkatastrophe. — „Kulturrevolution" in China.

NAHER OSTEN

Gründung Israels. Unabhängigkeitskrieg bis 1949 (Palästinenser-Problem).

Israel besetzt im 6-Tage-Krieg arabische Gebiete.

AFRIKA

Schärfste Ausprägung der Apartheid in Südafrika. — „Afrikanisches Jahr": 16 Kolonien werden selbstständig. Südafrika: Massaker von Sharpeville.

Zusammenfassung:
- Nach dem Zweiten Weltkrieg erhöht sich der Druck auf die Kolonialmächte, die Kolonien in die **Selbstständigkeit** zu entlassen. Die Probleme der entstehenden „**Dritten Welt**" sind aber bis heute ungelöst: **Armut**, Krankheiten, geringe Bildung, **Verschuldung** und **Abhängigkeit** von den reichen Industrieländern („Nord-Süd-Konflikt").
- **Indien** und der gewaltfreie Widerstand **Mahatma Gandhis** haben Signalwirkung für den Beginn der **Entkolonialisierung**. Folge der Selbstständigkeit 1947 ist aber die mit blutigen Vertreibungen verbundene Teilung der britischen Kolonie in einen hinduistischen (Indien) und einen moslemischen (Pakistan) Staat.
- Im „afrikanischen Jahr" 1960 schütteln 16 afrikanische Staaten ihre Kolonialherrschaft ab. Erst 1975 gelangen die portugiesischen Kolonien in die Unabhängigkeit. Mosambik ist ein Beispiel für die „**Stellvertreterkriege**" der Supermächte in Afrika.
- Gegen den rassistischen **Apartheid**-Staat Südafrika erkämpft der „Afrikanische Nationalkongress" unter **Nelson Mandela** bis 1993 für die schwarze Mehrheit eine demokratische Staatsreform.

Die Entstehung der „Dritten Welt"

 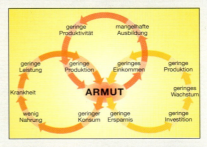

1975   1976   1978   1982   1987   1989   1993   1994   2000

„Nord-Süd-Konflikt" zwischen reichen Industriestaaten und armen Ländern der „Dritten Welt" nach wie vor ungelöst.

Tod Mao Tse-tungs.

Wirtschaftsreformen unter Deng Xiaoping, aber Unterdrückung der Demokratie.

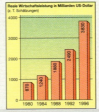

Camp-David-Abkommen: Beginn des Friedensprozesses in Nahost.

Israel greift im Libanon ein (bis 1985).

„Intifada" der Palästinenser gegen Israel.

Gaza-Jericho-Abkommen.

Ermordung des israelischen Premiers Rabin: Friedensprozess stockt.

Portugiesische Kolonien unabhängig: „Stellvertreterkriege".

Südafrika: Soweto-Unruhen.

Beginn der Reformen in Südafrika.

ANC-Chef Nelson Mandela südafrikanischer Präsident.

- In China gewinnen die Kommunisten unter **Mao Tse-tung** den Bürgerkrieg und gründen 1949 die „**Volksrepublik China**". Erfolgreichen Reformen (Alphabetisierung usw.) folgen gesellschaftliche Experimente („Großer Sprung 1958–65") mit katastrophalen Folgen. Höhepunkt der Wirren ist die „Kulturrevolution" 1966–69. Nach Maos Tod 1976 setzen sich die Reformer unter **Deng Xiaoping** durch. Sie verweigern zwar demokratische Freiheiten (Massaker Juni 1989), heben aber durch Wirtschaftsreformen den Lebensstandard und leiten die Modernisierung Chinas ein.
- Nach der Erfahrung des Holocaust gründen Juden 1948 in Palästina ihren eigenen **Staat Israel**, der sich in mehreren Kriegen gegen seine arabischen Nachbarn behauptet. Die Palästinenser reagieren mit Terror und der „Intifada" (ab 1987). Ein mühsamer Friedensprozess, seit 1978 (**Camp-David-Abkommen**) außenpolitisch, seit 1993 (**Gaza-Jericho-Abkommen**) auch in der Palästinenserfrage (Autonomiegebiete), ist noch nicht abgeschlossen.

Das geteilte Deutschland 1949–1990

Briefmarken sind in unserem Leben etwas Alltägliches. Sie sind zugleich auch ein Spiegel der Gesellschaft, in der wir leben. Sie sind historische Zeugnisse. In diesen Briefmarken aus beiden deutschen Staaten spiegelt sich Trennendes, aber auch Gemeinsames aus 40 Jahren deutsch-deutscher Geschichte. Wir können aus diesen Briefmarken Geschichte erfahren, wenn wir es verstehen, sie als Geschichtsquelle richtig zu befragen.

GEWUSST WIE!

Briefmarken erzählen Geschichte

Die Briefmarke ist ein Produkt der industriellen Revolution. Die Berechnung von Postgebühren war damals ein umständliches, zeitaufwendiges Verfahren. Da kam 1840 in England der ehemalige Schulmeister Rowland Hill auf die Idee, als Zeichen für die im Voraus bezahlte Gebühr ein aufklebbares Bildchen zu verwenden. Im 19. Jahrhundert zeigten diese Briefmarken fast nur die Porträts von Herrschern und Präsidenten. Um 1900 kamen dann auch Sondermarken mit Abbildungen auf, die in aller Welt die Politik eines Staates und das Land selbst vorstellen sollten.

Der Briefmarke lassen sich folgende Informationen entnehmen:
• Das Herkunftsland (mit Ausnahme der Marken aus England).
• Die Wertangabe in der Landeswährung.
• Das Bildmotiv, oft verbunden mit Textinformationen zum Anlass der Ausgabe der Marke.

Beim Lesen einer Briefmarke solltest du so vorgehen:
1. Aufnahme aller Textinformationen.
2. Entschlüsseln des Bildinhalts (z. B. bestimmte Symbole erkennen).
3. Analysieren, warum gerade dieser Text- und Bildinhalt gewählt wurde (= Aufdecken der Zielstellung bei der Ausgabe der Marke).
4. Kritisches Einordnen der Aussage der Briefmarke in dein bisheriges Geschichtswissen (z.B.: Stimmt das, was auf der Briefmarke behauptet wird?).

A1 *Analysiere nun die Briefmarken. Versuche dabei, Paare bzw. Gruppen von Marken aus Ost und West zu bilden, die sich entweder entsprechen oder entgegengesetzt sind.*

A2 *Äußere dich zu den Unterschieden und stelle Vermutungen über die Ursachen an.*

A3 *Wo sind trotz der Spaltung Deutschlands erkennbare Gemeinsamkeiten?*

1 Die Bundesrepublik Deutschland 1949–1969

Im Jahr ihrer Staatsgründung 1949 litt die Bundesrepublik noch immer unter Kriegsfolgen. Wohnungen und Arbeit fehlten. Die Industrieproduktion kam erst langsam wieder in Gang. Weiterhin galten Preisbindungen für Lebensmittel und Rohstoffe. Würden Rückkehr und Wiedereingliederung der ca. sieben Millionen Vertriebenen, Flüchtlinge und Kriegsgefangenen in die Heimat gelingen? Die wichtigste Folge des Zweiten Weltkrieges aber hieß: Deutschland war ein geteiltes Land. Niemand ahnte damals, dass der neue Staat, die Bundesrepublik Deutschland, sich innerhalb kürzester Zeit so grundlegend verändern würde.

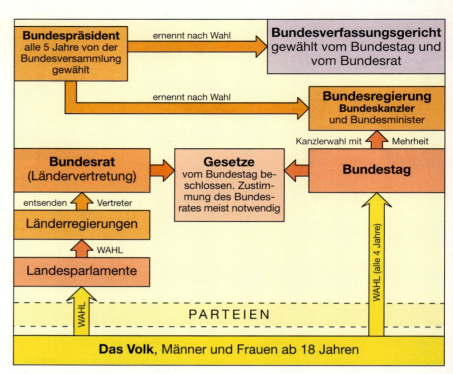

Der Staatsaufbau der Bundesrepublik Deutschland

A1 *Vergleiche mit dem Verfassungsschema zur Weimarer Republik. Achte vor allem auf die Funktion des Reichs- bzw. Bundespräsidenten.*

A2 *Weshalb wohl wurde die Position des Kanzlers gestärkt? Denke an die Erfahrungen der Weimarer Zeit.*

1.1 Westbindung – Auf dem Weg zur Souveränität

Am 21. September 1949 überreichten Vertreter der alliierten Siegermächte dem ersten Bundeskanzler Konrad Adenauer das Besatzungsstatut. In ihm behielten sich die Westmächte wesentliche Rechte gegenüber der Bundesrepublik vor. Sie wachten z. B. nach wie vor über die Außen- und Deutschlandpolitik, Wirtschaft und Verfassungsschutz. Bei Entgegennahme der Besatzungspapiere sollte Konrad Adenauer – wie es das Protokoll verlangte – vor dem Teppich stehen bleiben.

Adenauer vor den westalliierten Hochkommissaren am 21. 9. 1949

A3 *Einen winzigen Schritt machte Adenauer. Was wollte der Bundeskanzler damit zum Ausdruck bringen?*

A4 *Warum sollte er den Teppich nicht betreten? Welche Hoffnungen und Ängste gab es bei den Westmächten?*

Der Kalte Krieg begünstigte Adenauers Politik, die volle Souveränität (= Handlungsfreiheit) der Bundesrepublik bei gleichzeitiger Eingliederung in den Westen zu erreichen.

Seit Ausbruch des Koreakrieges 1950 verschärfte sich der Gegensatz zwischen Ost und West. Die USA sahen in der Bundesrepublik ein wichtiges Gegengewicht gegen den Kommunismus. Sie fürchteten die sowjetische Vorherrschaft jenseits des „Eisernen Vorhangs". So nutzte der Bundeskanzler die Chance und stellte gegen heftigen innenpolitischen Protest schon frühzeitig einen eigenen deutschen Verteidigungsbeitrag in Aussicht. Der Kalte Krieg und die laxe Entnazifizierung (vgl. S. 19) ermöglichten, dass auch ehemalige NS-Funktionäre wieder in Spitzenpositionen rücken konnten. So wurde z. B. Hans Globke, dessen Name mit den Nürnberger Rassengesetzen verbunden ist, 1953 Staatssekretär im Bundeskanzleramt.

Trotz einiger spektakulärer NS-Prozesse erfolgte eine breitere Auseinandersetzung mit der NS-Zeit erst viel später.

A1 *Erkläre, warum ehemalige NS-Funktionäre oft kaum Karriereprobleme hatten, wenn sie sich auf ihren „Antikommunismus" berufen konnten.*

1952 machte Stalin den Westmächten einen Aufsehen erregenden Vorschlag: Er bot die Wiedervereinigung Deutschlands an. Bedingung war, dass das Land neutral blieb. Adenauer sah in diesem Vorschlag ein sowjetisches Störmanöver, um einen westdeutschen Militärbeitrag zu verhindern. Vor einer Wiedervereinigung stand in seiner Außenpolitik die Sicherung von Frieden und Freiheit. Für den SPD-Vorsitzenden Kurt Schumacher dagegen besaß die Wiedervereinigung Vorrang. Er bezeichnete Adenauer als „Kanzler der Alliierten". Klare Wahlsiege der CDU/CSU 1953 und 1957 bestätigten den Kurs der Westbindung. 1955 trat die Bundesrepublik der NATO bei und wurde souverän.

Werbeplakat von 1956 für den in der Öffentlichkeit und im Bundestag heftig umstrittenen Wehrbeitrag der 1954 gegründeten Bundeswehr zum westlichen Bündnis

A2 *Nimm aus heutiger Sicht zur Politik Adenauers – Sicherheit und Freiheit vor Wiedervereinigung – Stellung.*

A3 *Wie wird die Bundeswehr hier dargestellt?*

A4 *Vergleiche mit dem Bundeswehrplakat. Worum geht es der DDR?*

Q1 Aus der sowjetischen Note an die Westmächte vom 10. März 1952:
„1. Deutschland wird als einheitlicher Staat wiederhergestellt. (...)
2. Sämtliche Streitkräfte der Besatzungsmächte müssen spätestens ein Jahr nach In-Kraft-Treten des Friedensvertrages aus Deutschland abgezogen werden. (...)
4. In Deutschland muss den demokratischen Parteien und Organisationen freie Betätigung gewährleistet sein; sie müssen das Recht haben, über ihre inneren Angelegenheiten frei zu entscheiden. (...)
7. Deutschland verpflichtet sich, keinerlei Koalitionen oder Militärbündnisse einzugehen, die sich gegen irgendeinen Staat richten, der mit seinen Streitkräften am Krieg gegen Deutschland teilgenommen hat."
(Krieger, H.: Handbuch des Geschichtsunterrichts, Bd. 6, Teil 1, S. 239)

DDR-Plakat von 1954 gegen die „Europäische Verteidigungsgemeinschaft" des Westens

A5 *Worauf zielten die sowjetischen Vorschläge ab?*

A1 Was haben beide Plakate miteinander zu tun? Was bedeutet Adenauers Warnung vor Experimenten?

Wahlplakat Mitte der 50er Jahre

Stellungnahmen zur Stalin-Note:

Q3 Der SPD-Vorsitzende Kurt Schumacher:
„Meines Erachtens ist es notwendig, den Regierungen der drei Westmächte als gemeinsamen deutschen Standpunkt vorzutragen, dass nichts unversucht bleiben darf, festzustellen, ob die Sowjetnote eine Möglichkeit bietet, die Wiedervereinigung Deutschlands in Freiheit durchzuführen. (...) Wenn sich dabei herausstellen sollte, dass auch nach den letzten Noten der Sowjetregierung nicht die Möglichkeit gegeben ist, durch eine Vier-Mächte-Übereinkunft die Voraussetzung für freie Wahlen in den vier Zonen und Berlin zu gewährleisten, dann wäre doch auf jeden Fall klargestellt, dass die Bundesrepublik keine Anstrengung gescheut hat, um eine sich bietende Chance zur Wiedervereinigung Deutschlands auszunützen."
(Adenauer, K.: Erinnerungen, Bd. 2, S. 84)

Q2 Adenauer blickt zurück (1966):
„Deutschland sollte ein machtloses Gebilde werden, in dem die Sowjetunion aufgrund ihrer geografischen Lage und ihres gewaltigen Übergewichts den entscheidenden Einfluss gewinnen und das sie jederzeit gänzlich in ihren Machtbereich einbeziehen konnte. (...) Die sowjetische Note enthielt nur scheinbare Konzessionen. Sie sollten das deutsche Volk über die Gefahren, denen wir isoliert ausgesetzt sein würden, hinwegtäuschen."
(Adenauer, K.: Erinnerungen, Bd. 2, S. 68 ff.)

A2 Wieso lehnte Adenauer die Stalin-Note ab? Wofür trat Schumacher ein?

A3 Diskutiert in einer Pro- und Kontra-Gruppe die Argumente.

In schwierigen Verhandlungen erreichte Adenauer in Moskau 1955 die Freilassung von 10 000 deutschen Kriegsgefangenen. Die Bundesrepublik nahm diplomatische Beziehungen zur Sowjetunion auf. Gegenüber der DDR jedoch beharrte die Bundesrepublik auf dem Alleinvertretungsanspruch: Danach war die Bundesrepublik aufgrund ihrer demokratischen Verfassung der einzige rechtmäßige deutsche Staat, nicht jedoch die DDR. Walter Hallstein, Staatssekretär im Auswärtigen Amt, formulierte daraus einen Grundsatz (Hallstein-Doktrin): Auswärtigen Staaten, die die DDR anerkannten, drohte der Abbruch diplomatischer Beziehungen zur Bundesrepublik.

A4 Diskutiert, ob die Hallstein-Doktrin berechtigt war oder nicht.

DDR-Plakat zur Stalin-Note, März 1952

1.2 Es geht aufwärts

Die 50er Jahre brachten der Bundesrepublik einen steilen wirtschaftlichen Aufstieg. Ein Wahlplakat 1957 verkündete: „Uns allen geht es besser." Das Bruttosozialprodukt verdoppelte sich zwischen 1950 und 1956, stieg bis 1960 sogar auf das Dreifache an. Die jährlichen Zuwachsraten beliefen sich dabei durchschnittlich auf 8 Prozent, ein in der Wirtschaftsgeschichte einmaliger Vorgang. Die führende Industriemacht vor dem Krieg, Großbritannien, wurde abgelöst. Weltweit stand die Wirtschaft der Bundesrepublik 1969 an zweiter Stelle hinter den USA. Löhne und Kaufkraft nahmen zu. Die Lage der Arbeiter und Angestellten verbesserte sich. Aber der neue Reichtum war sehr ungleichmäßig verteilt. Trotz des gesamtwirtschaftlichen Aufstiegs vergrößerte sich das Wohlstandsgefälle. So teilten sich die 50 größten Unternehmen allein ein Drittel des Gesamtumsatzes. Die Gewerkschaften konnten zentrale Forderungen durchsetzen: die Verringerung der Wochenarbeitszeit auf 45 Stunden (1956) und die schrittweise Einführung der 5-Tage-Woche seit 1957.

Durchschnittlicher monatlicher Bruttolohn eines Arbeiters:

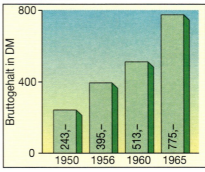

Arbeitsaufwand eines Industriearbeiters für Gegenstände des täglichen Bedarfs:

	1950	1960
Helles Mischbrot 1 kg	23 Sek.	18 Sek.
Butter 1 kg	4 Min. 13 Sek.	2 Min. 19 Sek.
Bohnenkaffee 1 kg	22 Min. 37 Sek.	6 Min. 15 Sek.
Schweinekotelett 1 kg	4 Min. 35 Sek.	2 Min. 25 Sek.
Volkswagen	3 946 Min.	1 395 Min.

A1 *Analysiere die Entwicklung des Lebensstandards.*

Der wirtschaftliche Aufschwung wurde zum Markenzeichen der sozialen Marktwirtschaft. Ihr Begründer war der CDU-Bundeswirtschaftsminister Ludwig Erhard. Er forderte den freien Wettbewerb privater Unternehmen ohne staatliche Bevormundung. Preise, Löhne und Gewinne sollten sich aus dem freien Spiel von Angebot und Nachfrage ergeben. Der Staat stellte nur Rahmenbedingungen für die Wirtschaft auf und griff in Fällen von Armut, Krankheit, Alter und Arbeitslosigkeit ein. Die Generation unserer Großeltern erlebte diese Zeit als „deutsches Wirtschaftswunder", so ein Titel in der Londoner Tageszeitung Times. Sieben Millionen Vertriebenen gelang die schnelle Eingliederung in den Produktionsprozess. Nach den mageren Jahren genossen die Bundesbürger stolz ihren neuen Wohlstand.

A2 *Beschreibe das Plakat links.*

A3 *Welche Stimmung sollen Text und Bild beim Betrachter erwecken?*

Links: Plakat von 1957

Rechts: Bundeswirtschaftsminister Erhard in einer Karikatur von 1959

A4 *Suche eine passende Überschrift zu dieser Karikatur.*

A1 Beschreibe die Gegenstände auf beiden Weihnachtstischen. Was hat sich geändert?

Weihnachtstisch 1947

Weihnachtstisch 1957

Auf der Wunschliste ganz oben stand das eigene Auto. Zwischen 1951 und 1961 stieg die Zahl der Pkws von 700 000 auf über 5 Millionen. Neue Haushaltsgeräte (Kühlschrank, Staubsauger) kamen auf den Markt. Eine „Fress-", Reise-, Kleidungs- und Wohnungswelle überrollte die Westdeutschen. Die Rentenreform 1957 brachte den Durchbruch des Sozialstaats: Die Höhe der Renten passte sich der allgemeinen Einkommensentwicklung an.

Der VW-Käfer, das erste eigene Auto vieler Bundesbürger, wurde zum Symbol des „Wirtschaftswunders", Plakat um 1955

Neuer Wohlstand in den 50er Jahren: typische Wohnzimmereinrichtung

A2 Beschreibe das Wohnzimmer. Welches Wohn- und Lebensgefühl wird deutlich?

A3 Welcher allgemeine Trend wird in den Abbildungen rechts deutlich? Sprecht über Vor- und Nachteile.

A4 Schreibe einen Erlebnisbericht aus damaliger Zeit: Zum ersten Mal im Supermarkt.

Wirtschaftliche Erfolge erhöhten die politische Stabilität der Bundesrepublik. Zwischen 1957 und 1983 gab es nur vier Parteien im deutschen Bundestag: CDU/CSU, SPD, FDP. Anders als die Parteien der Weimarer Republik unterstützten sie ausnahmslos die parlamentarische Demokratie. Sie befürworten (die SPD seit 1959) Westbindung und soziale Marktwirtschaft.

Supermarkt Anfang der 60er Jahre

„Tante-Emma-Laden"

1.3 Große Koalition und Studentenbewegung

Anfang der 60er Jahre war die erste Phase eines stürmischen Wirtschaftswachstums abgeschlossen. Den Bau der Berliner Mauer 1961 erlebte die westdeutsche Öffentlichkeit als Schock. Die Bild-Zeitung brachte die Stimmungslage der Bevölkerung so auf den Punkt: „Der Osten handelt – was tut der Westen?" Auf den Zustrom hoch qualifizierter Fachkräfte aus der DDR musste die westdeutsche Wirtschaft seitdem verzichten. Einfache und schlechter bezahlte Arbeiten übernahmen häufig Gastarbeiter aus dem ärmeren Süden Europas. Ihre Zahl stieg zwischen 1955 und 1966 von 80 000 auf rund 1,25 Millionen an. Unzureichende Sprachkenntnisse und die vielfach ablehnende Haltung der Einheimischen erschwerten ihnen die Eingliederung. Steinkohlezechen an der Ruhr mussten infolge der Konkurrenz des billigeren Erdöls schließen. Die Bundesrepublik erlebte 1966 ihre erste Wirtschaftskrise mit rund einer halben Million Arbeitslosen. Das beschleunigte den Sturz des neuen Bundeskanzlers Ludwig Erhard (1966), der erst 1963 den 88-jährigen Adenauer als Regierungschef abgelöst hatte.

A1 *Beschreibe die Entwicklung der Bundesrepublik bis zum Ende der Ära Adenauer.*

Q1 Aus der Wirtschaftszeitung „Industriekurier" vom 2.9.1961: *„Eine Wiedervereinigung, wie sie sich jeder deutsche Patriot erträumte – eine Wiedervereinigung mit Girlanden und wehenden Fahnen und siegreichem Einzug der Bundeswehr durchs Brandenburger Tor unter klingendem Spiel –, eine solche Wiedervereinigung wird es auf absehbare Zeit nicht geben. (...) Wir werden uns auf lange Zeit mit dem Nebeneinander zweier deutscher Staaten abfinden müssen. Ob es mit der Zeit vielleicht zu einem echten Nebeneinander wird und nicht zu einem so hasserfüllten Gegeneinander wie heute, hängt weniger von uns ab als von der Entwicklung in der Zone (= DDR)."*

Schlagzeilen der Bild-Zeitung vom 16.8.1961

A2 *Wie werden nach dem Mauerbau die Chancen für die Wiedervereinigung bewertet?*

Im Deutschen Bundestag standen sich die zwei großen Volksparteien CDU/CSU und SPD gegenüber. Um die Wirtschaftskrise wirksamer zu bekämpfen, wurde 1966 eine Große Koalition gebildet. Nachfolger des als Bundeskanzler glücklosen Ludwig Erhard (1963–1966) wurde Kurt Georg Kiesinger (CDU). Willy Brandt (SPD) wurde Vizekanzler und Außenminister. Binnen Jahresfrist gelang durch die Zusammenarbeit von Arbeitgebern, Arbeitnehmern, Gewerkschaften und Staat (konzertierte Aktion) die Überwindung der Krise.

Am 2. Juni 1967 fanden anlässlich des Schah-Besuchs Demonstrationen in Westberlin statt. Tausende Studenten protestierten gegen das diktatorische Regime des Schahs von Persien (Iran). Bei gewalttätigen Ausschreitungen zwischen Demonstranten und Polizei wurde der Student Benno Ohnesorg von einem Polizisten erschossen. Ausgehend von Berlin bildete sich die Studentenbewegung oder „68er Bewegung". Die Studenten bezogen Stellung gegen den Vietnamkrieg und forderten die öffentliche Auseinandersetzung mit dem Nationalsozialismus. Sie erprobten neue Lebensformen – die Kommune – und forderten neue Einstellungen – z. B. die sexuelle Aufklärung. Aber die revolutionäre Veränderung der kapitalistischen Gesellschaft blieb aus, weil vor allem die Arbeiter in den Fabriken still blieben. Mit dem Ende der großen Koalition verebbte der Protest. Viele Mitglieder der Studentenbewegung schlossen sich den in den 70er Jahren entstehenden Frauen-, Friedens- und alternativen Bewegungen oder den bestehenden Parteien, vor allem der SPD, an. Einige wenige versuchten in terroristischen Gruppen („Rote Armee Fraktion" u. a.), gewaltsam gesellschaftliche Veränderungen herbeizuführen.

A1 *Was vermitteln Text und Bilder über die Ziele der Studentenbewegung?*

Rudi Dutschke (mit Aktentasche), bekanntester Sprecher der „68er", am 6.2.1968 auf einer Demonstration gegen den Vietnamkrieg.

Sich in Aussehen und Verhalten radikal von der Elterngeneration abzugrenzen, war Teil des „68er"-Protestes.
Oben: „Gammler" in der Münchener Innenstadt, um 1969.
Links: Die Kommune I in Westberlin, 1968. Hier sollten in einer Wohngemeinschaft neue Lebensformen gefunden werden.

2 Ein zweiter deutscher Staat – die DDR – entsteht (1949–1961)

2.1 Die Staatsgründung

Bald nach Gründung der Bundesrepublik wurde im Oktober 1949 in Ostberlin die Deutsche Demokratische Republik (DDR) verkündet. Die Herrschaftsausübung durch die SED orientierte sich am sowjetischen Modell, zu dem es angesichts der sowjetischen Besatzungsmacht keine Alternative gab. Die Führung der DDR kopierte dieses Modell weitgehend. Dazu gehörte die absolute Vorherrschaft der SED in allen Entscheidungen. Innerhalb kurzer Zeit entwickelte sich daraus eine Diktatur der Parteiführung über die eigene Partei und die gesamte Gesellschaft in der DDR.

Für die wirtschaftliche Entwicklung war der Beitritt der DDR zum Rat für Gegenseitige Wirtschaftshilfe (RGW) 1950 wichtig. Er setzte den bereits begonnenen Weg in die Ostintegration und damit die langfristige Orientierung auf die Ostmärkte fort.

Unterschiedliche Stimmen zur Gründung der DDR:

Q1 Aus einem Telegramm Stalins an die DDR-Regierung am 9. Oktober 1949:
„Die Gründung der DDR ist ein Wendepunkt in der deutschen und europäischen Geschichte."
(Dokumente zur Deutschlandpolitik der Sowjetunion, Bd. 1, S. 239)

Q2 Aus den „Ruhr-Nachrichten":
„Die so genannte DDR, deren wirtschaftliche Existenz nur auf Ruinenfledderei beruht, wird das Jahr 1950 kaum erleben, geschweige denn überleben."
(„Ruhr-Nachrichten" vom 10. Oktober 1949)

A1 *Kommentiere beide Positionen. Welche unterschiedlichen Erwartungen werden deutlich?*

Im Oktober 1950 fand die Wahl des Parlaments der DDR, der Volkskammer, statt, und zwar auf Basis von Einheitslisten. Außerdem wurde zur öffentlichen Stimmabgabe aufgerufen.

Stimmzettel
Die Kandidaten des deutschen Volkes

Volkskammer:
Heinrich Rau (SED), Hermann Gerigk (CDU), Ingo von Koerber (LDP), Siegfried Dallmann (NDPD), Rudolf Albrecht (DBD), Gustav Schütz (FDGB) Aktivist, Gerhard Heidenreich (FDJ), Charlotte Finsterbusch (DFD) Aktivistin, Julius Meyer (VVN), Prof. Otto Nagel (Kulturbund), Kurt Vieweg (VdgB), Otto Beuer (Konsum)
und die anderen öffentlich bekanntgegebenen Kandidaten.

Landtag Brandenburg:
Otto Meier (SED), Otto Nuschke (CDU), Ingo v. Koerber (LDP), Dr. Reinhardt Schwarzlose (NDPD), Rudolf Albrecht (DBD), Erich Bombach (FDGB), Oskar Fischer (FDJ), Elfriede Marschall (DFD), Ella Erdmann (VVN), Walter Baetz (Kulturbund), Robert Neddermeyer (VdgB), Margarete Nolde (Konsum), Ingeborg Niemand (Aktivistin)
und die anderen öffentlich bekanntgegebenen Kandidaten.

Kreistag Teltow:
Max Malecki (SED), Hermann Rosenzweig (CDU), Dr. Hermann Grosstück (LDP), Bruno Reek (NDPD), Kurt Haasler (DBD), Karl-Hein Jänicke (FDGB), Willi Tischer (FDJ), Gertrud Noack (DFD), Richard Röscher (VVN), Karl Held (Kulturbund), Ernst Hannemann (VdgB), Käthe Walpurger (Konsum)
und die anderen öffentlich bekanntgegebenen Kandidaten.

Gemeindevertretung Eichwalde:
Gerda Brothage, Rudolf Fachse, Paul Fischer, Konrad Habermann, Karl Heuß, Margarete Holländer, Gustav Konschak, Wilhelm Krüger, Bernhard Maas, Hans Morokutti, Erna Paul, Erich Reischel, Otto Schröter, Charlotte Schultze, Hans Schultze, Gerhard Vogt, August Walter, Georg Wels, Günther Werbke.

Ein DDR-Stimmzettel

A2 *Warum wurde ein solches Wahlverfahren praktiziert?*
A3 *In welcher Hinsicht widerspricht ein solches Wahlverfahren demokratischen Grundsätzen?*
A4 *Stellt einen Zusammenhang zwischen Wahlverfahren und der Zustimmung von über 99 Prozent her.*

Bereits vor diesen Wahlen hatten wichtige Maßnahmen die Herrschaft der SED abgesichert: Die Deutsche Volkspolizei war schon vor der DDR-Gründung entstanden und entwickelte sich nun zum zentralen Machtorgan der DDR-Führung. Einheiten der „Kasernierten Volkspolizei" (KVP) erhielten militärische Bewaffnung und hatten 1950 eine Stärke von etwa 50 000 Mann.

1950 entstand auch das Ministerium für Staatssicherheit (MfS). Das MfS stand im Zentrum des Unterdrückungsapparates der DDR. Zuletzt gehörten fast 100 000 hauptamtliche Mitarbeiter dazu. Die Hauptaufgabe bestand in der flächendeckenden Überwachung der DDR-Bürger, vor allem von Oppositionellen.

2.2 Ein schwieriger Anfang: Trotz Reparationen – Aufbau einer Schwerindustrie

Der weitere Aufbau der Wirtschaft erfolgte auf der Basis des vorherrschenden Staatseigentums an Großbetrieben, an Verkehrseinrichtungen, am Grund und Boden. Daneben gab es sowjetische Aktien-Gesellschaften (SAG). Das waren Großbetriebe, die nicht demontiert worden waren, deren Produktion aber als Reparationsleistung in die Sowjetunion ging. Weder im Potsdamer Abkommen noch später war es zu einer eindeutig konkreten Fixierung der Reparationsforderungen mit einer Aufteilung auf ganz Deutschland gekommen. So hielt sich die Sowjetunion an ihre Zone, um einen Teil ihrer ungeheuren Kriegsverluste zurückzuerhalten.

89

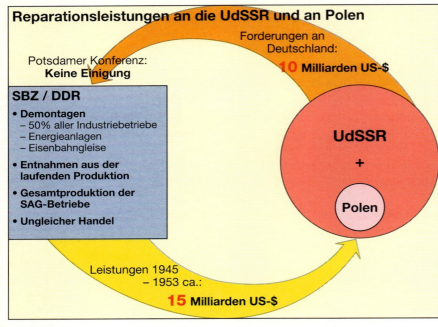

Reparationen aus der sowjetischen Besatzungszone bzw. der DDR von 1945–1953

Aufgrund fehlender Steinkohlevorkommen stand als Energieträger nur Braunkohle zur Verfügung. Daher bekam die Entwicklung einer Eisen- und Stahlindustrie und der Energiegewinnung gegenüber der Konsumgüterproduktion absoluten Vorrang. Schon 1950 begann der Bau eines großen Eisenhüttenkombinats zusammen mit einer völlig neu errichteten Stadt (heute Eisenhüttenstadt). In Lauchhammer entstand als Weltneuheit eine Großkokerei auf Braunkohlebasis. Das war mit großen Arbeitsleistungen vieler Zehntausender Menschen verbunden. Dennoch lag die Arbeitsproduktivität ständig hinter der in der Bundesrepublik. Teils lag das an den Gegebenheiten, teils an der ständig wachsenden politischen Bevormundung anstelle von Sachentscheidungen.

A1 *Diskutiert das Pro und Kontra folgender Fragen:*
- *War die Sowjetunion berechtigt, Reparationen von Deutschland zu fordern?*
- *Warum wurden die Reparationsleistungen an die Sowjetunion und Polen fast ausschließlich von der SBZ bzw. der DDR geleistet?*
- *Worin bestand die schwere Last dieser Reparationsleistungen für die DDR-Wirtschaft?*

In verschiedenen Bereichen dominierte in dieser Zeit noch Privateigentum – besonders in der Landwirtschaft, im Einzelhandel und Handwerk. Die ersten größeren Volkseigenen Betriebe (VEB) entstanden 1948. Nach der Spaltung Deutschlands verfügte die DDR kaum über leistungsfähige Eisen- und Stahlwerke. Traditionell war die verarbeitende Industrie im Osten Deutschlands auf Zulieferungen aus den westlichen Industriezentren wie dem Ruhrgebiet angewiesen. Die Embargopolitik des Westens ließ diese immer mehr verebben.

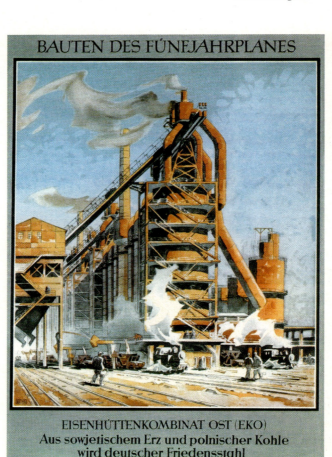

A2 *Nenne die wichtigsten Elemente des Plakates.*
A3 *Welche Sicht will der Künstler vermitteln?*

Das Eisenhüttenkombinat Ost, Plakat von 1952

Q1 Das Lied von der Partei, entstanden 1949:

„Sie hat uns alles gegeben,
Sonne und Wind, und sie geizte nie,
und wo sie war, war das Leben,
und was wir sind, sind wir durch sie.

Sie hat uns niemals verlassen,
wenn die Welt fast erfror, war uns warm.
Uns führt die Mutter der Massen,
es trug uns ihr mächtiger Arm.

Die Partei, die Partei, die hat immer Recht
Genossen, es bleibt dabei.
Denn wer kämpft für das Recht,
der hat immer Recht gegen Lüge und Heuchelei.
Wer das Leben beleidigt, ist immer schlecht."

A1 Verschaffe dir Klarheit darüber, was mit den einzelnen Aussagen gemeint ist.

A2 Versuche, den idealisierten Inhalt der Aussagen herauszufinden. Welchen Aussagen möchtest du widersprechen?

2.3 Revolution im Bildungswesen und in der Kultur

Unter der für viele attraktiven Losung „Wir brechen das bürgerliche Bildungsprivileg" begann eine Umwälzung des überkommenen Bildungswesens. Studiengebühren wurden abgeschafft. Die Zahl der Stipendienempfänger erhöhte sich ständig. Zur ideologischen Ausrichtung der Studenten wurde ein obligatorisches Studienfach Marxismus-Leninismus 1951 eingeführt und das Erlernen der russischen Sprache zur Pflicht.

A3 Stellt Überlegungen an, warum der Aufbau des Bildungswesens in der DDR stark gefördert wurde.

Schon unmittelbar nach dem Krieg hatte es eine Schulreform gegeben. Fast alle Lehrer, die Mitglied der NSDAP waren, wurden durch „Neulehrer", die sich ihre Qualifizierung nebenbei erwerben mussten, ersetzt. 1949 betrug deren Anzahl 45 000. Seit 1952 lernten alle Schüler in der DDR nach denselben Lehrplänen und einheitlichen Schulbüchern.

A4 Diskutiert das Pro und Kontra eines einheitlichen Bildungssystems.

Die Förderung von Kunst und Kultur spielte eine große Rolle. Dazu gehörten der Wiederaufbau zerstörter Kulturstätten, ein großes Theater- und Konzertangebot, die Würdigung der großen deutschen Dichter und Musiker. Gleichzeitig aber bevormundete und verfolgte der Staat moderne Kunstrichtungen und unbequeme Künstler.

A5 Wie erklärst du den Widerspruch von Förderung und gleichzeitiger Bevormundung von Künstlern?

Der Dresdner Zwinger 1948 und nach Abschluss der Rekonstruktion

GEWUSST WIE!

Literatur als Geschichtsquelle

Literatur ist immer Ausdruck ihrer Entstehungszeit und kann, wenn historisch relevante Vorgänge aufgegriffen werden, unser Geschichtsbild bereichern. Literatur ist dabei keine Geschichtsquelle im engeren Sinn, sondern künstlerisch gestaltete Interpretation der Geschichte. Diese Interpretation ist für den Historiker aber gerade das Interessante.

Der 1965 erschienene Roman „Die Aula" von Hermann Kant gilt gleichsam als ein Schlüssel zum Selbstverständnis der DDR. Der Ort der folgenden Szene ist die 1949 gegründete „Arbeiter-und-Bauern-Fakultät" an der Universität Greifswald. Es ging damals darum, Arbeiter- und Bauernkindern Zugang zu Abitur und Studium zu ermöglichen. Kant schildert die erste Geschichtsstunde der Studenten:

Q1 *„(...) Ich habe keine Rezepte für euch, nur ein paar Regeln, aber die sind verlässlich, und nunmehr nähern wir uns der Regel Numero eins, zu welchem Zweck ich Ihnen ein Gedicht vorlese. Da staunt ihr, was! Ja staunt nur; nichts kann einem Lehrer mehr gefallen, als wenn seine Schüler staunen. Das Staunen ist ein Fundament, auf dem sich ganze Pyramiden von Wissen errichten lassen. Es folgt nun das Gedicht: ‚Wer baute das siebentorige Theben?/ In den Büchern stehen die Namen von Königen./ Haben die Könige die Felsbrocken herbeigeschleppt?/ Und das mehrmals zerstörte Babylon –/ Wer baute es so viele Male auf? In welchen Häusern/ des goldstrahlenden Lima wohnten die Bauleute/ Wohin gingen an dem Abend, wo die Chinesische Mauer fertig war/ Die Maurer?...'"*

Riebenlamm [der Lehrer] las langsam und sachlich und in einem so nachdenklichen Ton, als stellte nicht das Gedicht, sondern er selbst diese Fragen. Als er geendet hatte, sah er gespannt in die Klasse, und dann malte sich Befriedigung in seinem breiten Gesicht. „Hallo", sagte er, „wir kommen voran. Ihr macht genau die Augen, die ihr machen sollt. Euch hat einer ein Licht aufgesteckt; der Dichter kommt eins rauf, mit Mappe. Wie heißt er übrigens, kennt ihn einer?"
Robert meldete sich und sagte, der Dichter heiße Brecht, und wenn es gestattet sei, so möchte er noch sagen, das Gedicht sei prima.
„Ist gestattet", sagte Riebenlamm und fügte dann hinzu: „Aber vielleicht ist einer anderer Meinung als – wie heißt er – Iswall, Elektriker? Ist einer anderer Meinung?"
Er sah sich um und sagte, nach einem Blick in den Klassenspiegel: „Fräulein Rose Paal, Landarbeiterin, ich lese Ihnen den Widerspruch von den Augenbrauen ab. Rücken Sie raus damit; wir sind gespannt."
Das Mädchen erhob sich und sagte nach einer langen Pause rasch: „Aber ob das ein Gedicht ist?" Sie setzte sich erschrocken wieder und versteckte sich hinter ihrem Vordermann Qiasi Riek.
„Fräulein Rose Paal", sagte Riebenlamm feierlich und zückte sein Notizbuch, „bekommt die erste Eins in der Geschichte der Arbeiter-und-Bauern-Fakultät unserer ehrwürdigen Universität. Warum? Weil sie „aber" gesagt hat, „aber" gedacht und „aber" gesagt. Seht sie euch an und nehmt euch ein Beispiel.(...)"

(Kant, Hermann: Die Aula, S. 80 f.)

Bei der Analyse von Literatur (Erzählung, Roman etc.) als Geschichtsquelle gehe so vor:

1. Informiere dich über Autor/in, Entstehungszeit und -ort.
2. Erarbeite die Erzählstruktur (Ort und Zeit der Handlung, Hauptpersonen, Handlungsverlauf etc.).
3. Welche historisch relevanten Vorgänge werden thematisiert?
4. Wie werden diese historischen Vorgänge interpretiert und gewertet?
5. Vergleiche mit deinen Kenntnissen über diese Zeit und nimm Stellung zur Aussage der untersuchten Literatur.

A1 Wende diese Schritte auf den Romanauszug an.
A2 Gehe dabei der Frage nach, wie die Verhältnisse in der DDR interpretiert werden. War es wohl typisch, dass belohnt wurde, wenn jemand „aber" sagte?

2.4 Der 17. Juni 1953 – Arbeiteraufstand im Arbeiterstaat

Anfang 1953 verschlechterte sich die wirtschaftliche Situation und damit der Lebensstandard in der DDR. Daraufhin erhöhte die Partei Mitte Juni die Arbeitsnormen in den Betrieben um 10 bis 30 Prozent, ohne Lohnausgleich. Zudem reduzierte sie einige Sozialleistungen und die Erwerbsmöglichkeiten der selbstständigen Gewerbetreibenden. Das empörte viele Menschen. Vor allem zahlreiche Arbeiter, den ansteigenden Lebensstandard im Westen vor Augen, waren nicht bereit, diese Einschnitte hinzunehmen. So kam es zu großen Demonstrationen und zu Streiks.

Das Signal zum Streik ging von den Bauarbeitern an der neuen Ostberliner Prachtstraße, der Stalinallee, aus. Am 16. Juni zogen Tausende von Bauarbeitern stundenlang durch die Innenstadt. Ihre Losungen lauteten: „Runter mit den Normen" und „Die HO (staatliche Läden, in denen Lebensmittel zu hohen Preisen verkauft wurden) macht uns k. o." Zwar verkündete die SED-Führung die Rücknahme der Normerhöhung, aber es war zu spät. Am nächsten Morgen zogen wieder Zehntausende durch Ostberlin. Nun wurden Forderungen nach Rücktritt der DDR-Regierung und ungeliebter Parteifunktionäre, wie SED-Chef Walter Ulbricht, laut.

Ähnliches ereignete sich in den meisten Großstädten der DDR. Stellenweise blieb es nicht mehr beim friedlichen Protest – staatliche Dienststellen und Parteihäuser wurden gestürmt. In Berlin fielen gegen Mittag vor dem Haus der Ministerien die ersten Schüsse. Die Polizei setzte Wasserwerfer und Tränengas ein und wurde dennoch nicht Herr der Lage. Steine flogen, Häuser und HO-Kioske brannten. Um 13.00 Uhr verhängte der sowjetische Militärkommandant den Ausnahmezustand. Sowjetische Panzer und Soldaten räumten gewaltsam die Straßen in Berlin und in vielen anderen Städten. Etwa 6 000 Personen wurden verhaftet. Ungefähr zwei Drittel von ihnen waren Arbeiter. Die gewaltsame Niederschlagung des Aufstandes forderte mehr als 30 Todesopfer.

Demonstranten gegen Sowjetpanzer am 17. Juni 1953 in Berlin

Westdeutsches Plakat zum 17. Juni 1953

A1 Setzt euch mit der parteioffiziellen DDR-Charakterisierung des 17. Juni zunächst als „faschistischer", später als „konterrevolutionärer Putschversuch" auseinander.

Q1 Kurt Barthel (Kuba), ein bekannter DDR-Dichter und Sekretär des Schriftstellerverbandes, schrieb:

„Wie ich mich schäme. Maurer – Maler – Zimmerleute. Sonnengebräunte Gesichter unter weißleinenen Mützen, muskulöse Arme. Nacken – gut durchwachsen, nicht schlecht habt ihr euch in eurer Republik genährt, man konnte es sehen. (…) Es gibt keine Ursache dafür, dass ihr an jenem für euch – euch am allermeisten – schändlichen Mittwoch nicht Häuser bautet (…). Schämt ihr euch so, wie ich mich schäme? Da werdet ihr sehr viel und sehr gut mauern und künftig sehr klug handeln müssen, ehe euch diese Schmach vergessen wird (…)"

(Fricke, K./Spittmann, I.: 17. Juni 1953, S. 90 f.)

Q2 Bertolt Brecht, einer der berühmtesten deutschen Dichter, der in der DDR lebte, schrieb darauf in sein Tagebuch:
„Die Lösung. Nach dem Aufstand des 17. Juni ließ der Sekretär des Schriftstellerverbands in der Stalinallee Flugblätter verteilen, auf denen zu lesen war, dass das Volk das Vertrauen der Regierung verscherzt habe und es nur durch verdoppelte Arbeit zurückerobern könne. Wäre es da nicht doch einfacher, die Regierung löste das Volk auf und wählte ein anderes?"
(Fricke, K./Spittmann, I.: 17. Juni 1953, S. 90 f.)

A1 Stelle gegenüber, wie Barthel und Brecht den 17. Juni 1953 bewerten.
A2 Vergleiche die beiden Aussagen mit den Fakten.

2.5 Die Einbeziehung der DDR in das osteuropäische Bündnissystem

Von Anfang an stand die DDR unter starkem Einfluss der Sowjetunion. Etwa 400 000 sowjetische Soldaten waren dort stationiert. Sie sollten neben ihrer militärischen Aufgabe auch für politische Stabilität sorgen. Unter Einflussnahme der Sowjetunion hatten die DDR und Polen 1950 im Vertrag von Zgorzelec (Görlitz) die Oder-Neiße-Grenze als deutsch-polnische Grenze anerkannt.

A3 Gibt es einen moralischen Anspruch Polens auf diese Grenze?
A4 Diskutiert die Frage, ob die DDR im Jahr 1950 nationale Interessen verriet oder einen Beitrag zum Frieden in Europa leistete.

Nach Ablehnung der „Stalin-Note" verschärfte sich der Kalte Krieg. In Europa beschleunigte sich die politische und militärische Konfrontation und damit die Einbindung beider deutscher Staaten in die feindlichen Machtblöcke. Eine Woche nach dem NATO-Beitritt der Bundesrepublik wurde am 14. Mai 1955 unter Einbeziehung der DDR der Warschauer Pakt als Militärbündnis des Ostens gegründet.

2.6 Die Bundesrepublik „einholen und überholen"

Ähnlich wie die UdSSR Wirtschaftspläne beschloss, die USA in kurzer Zeit zu überholen, verkündete auch die DDR-Führung auf dem 5. SED-Parteitag im Juli 1958 das völlig unrealistische Ziel, die Bundesrepublik wirtschaftlich zu übertreffen. 1958 und 1959 waren für die DDR zwar erfolgreiche Wirtschaftsjahre. Mit Abschaffung der Lebensmittelkarten 1958 entstand ein einheitliches Preisniveau, das bei Mieten, Verkehrstarifen und Nahrungsmitteln bis 1989 nahezu unverändert blieb. Nun sollte jedoch der westdeutsche Lebensstandard überschritten werden.

Zur Erhöhung der landwirtschaftlichen Produktion verschärfte die DDR-Führung im Herbst 1959 mit Brachialgewalt die Bildung landwirtschaftlicher Produktionsgenossenschaften (LPG). Viele Bauern wurden zum Beitritt in die Genossenschaften gezwungen. Innerhalb eines halben Jahres gab es auf rund 90 Prozent der Landwirtschaftsfläche keine selbstständigen Bauern mehr. Viele erlebten den Verlust des eigenen Hofes als schweren Schlag, auf den sie mit der Flucht in den Westen reagierten. Das hatte auch wirtschaftliche Folgen: Die Produktion der DDR-Landwirtschaft sank in den Jahren 1960 bis 1964 dramatisch. Eine Versorgungskrise war die Folge. Erst ab 1965 stabilisierten sich die landwirtschaftlichen Genossenschaftsbetriebe und erzielten durch Einsatz moderner Technik und Bewirtschaftung größerer Flächen bessere Ergebnisse.

A5 Warum gingen die landwirtschaftlichen Ergebnisse zunächst zurück?
A6 Versuche zu erklären, warum sich nach dem Zerfall der DDR die meisten Bauern nicht bereit fanden, wieder einen bäuerlichen Familienbetrieb zu führen.

Eine in Marxwalde (heute wieder Neu-Hardenberg) aufgestellte Tafel

A7 Was erzählt diese Tafel über die bei der Vergenossenschaftlichung angewandten Methoden?

Auch erneute Versuche, in den Industriebetrieben die Arbeitsleistungen zu erhöhen, stießen auf Unmut. Hinzu kam der 1960/61 nahezu täglich anwachsende Strom der Flüchtlinge aus der DDR in die Bundesrepublik.

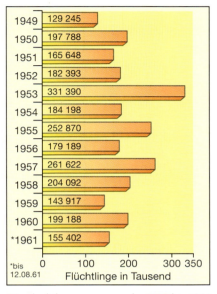

Die Fluchtbewegung aus der DDR bis 1961

A1 *Kommentiere diese Zahlen.*

Die politische Lage in der DDR spitzte sich weiter zu. Durch die Flucht besonders von jüngeren und leistungsfähigen Menschen drohte der Wirtschaft der Kollaps. Politisch wie ökonomisch schien die DDR im Sommer 1961 am Ende zu sein.

2.7 Die Berliner Mauer wird gebaut

Im Juli 1961 berieten sich Kennedy und Chruschtschow in Wien. Für die USA war der politische Status von Westberlin mit der Anwesenheit von amerikanischen Truppen und der freie Zugang nach Berlin unverzichtbar. Andererseits wurde deutlich, dass es die USA wegen der Abriegelung der DDR zu keiner militärischen Konfrontation kommen lassen wollten. Am 5. August fasste der Warschauer Pakt den Beschluss, die Mauer in Berlin zu errichten. Das geschah in den frühen Morgenstunden des 13. August. Daraus wurde eine schier undurchlässige Befestigungsanlage rund um Westberlin und quer durch Deutschland, die mit großem Aufwand militärisch bewacht wurde und bei Durchbruchsversuchen das Leben von etwa 900 Menschen kostete.

Q1 Aus dem Beschluss der DDR-Regierung zur Errichtung der Mauer:
„*Die Erhaltung des Friedens erfordert, dem Treiben der westdeutschen Revanchisten einen Riegel vorzuschieben. (...) In Westdeutschland ist eine Verschärfung der Revanchepolitik mit sich steigernden Gebietsforderungen gegenüber der DDR und den Nachbarstaaten Deutschlands erfolgt (...). Es wird eine systematische Bürgerkriegsvorbereitung durch die Adenauer-Regierung (...) betrieben.*"
(Krieger, H.: Handbuch des Geschichtsunterrichts, Bd. 6, Teil 1, S. 388)

Unten: Die Berliner Mauer. Weil die im August 1961 errichtete Mauer von Fluchtfahrzeugen durchbrochen werden konnte, errichtete die DDR 1963 eine stabilere Betonmauer.
Mitte: Ein Soldat der DDR-Volksarmee nutzte am 13.8.1961 in Berlin die letzte Gelegenheit zur Flucht.

A2 *Interpretiere diese Bilder.*
A3 *Setze sie in Beziehung zu der Tabelle links.*

Q2 Willy Brandt, Bürgermeister Westberlins, mahnt Aktivität bei Präsident Kennedy an:
„Die Maßnahmen des Ulbricht-Regimes, gestützt durch die Sowjetunion und den übrigen Ostblock, haben die Reste des Viermächtestatus nahezu völlig zerstört. (...) Die illegale Souveränität der Ostberliner Regierung ist durch Hinnahmen anerkannt worden. (...) Untätigkeit und reine Defensive könnten eine Vertrauenskrise zu den Westmächten hervorrufen. Untätigkeit und reine Defensive könnten zu einem übersteigerten Selbstbewusstsein des Ostberliner Regimes führen (...)"
(Zückert, G. u. U.: Eine getrennte Geschichte, S. 67 f.)

Q3 Aus Präsident Kennedys Antwortschreiben:
„Die Maßnahmen der sowjetischen Regierung und ihrer Marionetten in Ostberlin sind hier in Amerika auf Abscheu gestoßen. (...) So ernst die Sache auch ist, so stehen uns jedoch (...) keine Schritte zur Verfügung, die eine wesentliche Änderung in der augenblicklichen Situation erzwingen könnten. Da die brutale Abriegelung der Grenzen ein schallendes Bekenntnis des Scheiterns und der politischen Schwäche darstellt, handelt es sich offensichtlich um eine grundlegende sowjetische Entscheidung, die nur ein Krieg rückgängig machen könnte. Weder Sie noch wir noch irgendeiner unserer Verbündeten haben je angenommen, dass wir wegen dieses Streitpunktes einen Krieg beginnen sollten."
(Zückert, G. u. U.: Eine getrennte Geschichte, S. 69 f.)

Q4 Chruschtschow in einem Gespräch mit dem Botschafter der Bundesrepublik:
„Ich weiß, die Mauer ist eine hässliche Sache. Sie wird auch eines Tages wieder verschwinden. Was sollte ich denn tun? Mehr als 30 000 Menschen, und zwar mit die besten und tüchtigsten, verließen im Monat Juli das Land. Man kann sich unschwer ausrechnen, wann die ostdeutsche Wirtschaft zusammengebrochen wäre, wenn wir nicht bald etwas gegen die Massenflucht unternommen hätten. (...) Ich möchte Ihnen auch nicht verhehlen, dass ich es gewesen bin, der letzten Endes den Befehl dazu gegeben hat."
(Kroll, H.: Lebenserinnerungen eines Botschafters, S. 512)

A3 Stelle die Argumente beider Seiten gegenüber und setze dich mit ihnen auseinander.
A4 War die Interessenabgrenzung von Wien ein „fauler Handel" oder ein Beitrag zur Verhinderung des dritten Weltkrieges?

3 Feindbilder in Ost und West

Der Kalte Krieg zwischen den neuen Supermächten USA und UdSSR war nicht nur eine diplomatische Konfrontation, sondern auch ein Ringen um Sympathie, Zustimmung und Ängste der Menschen. Nirgends wurde das so deutlich wie im gespaltenen Deutschland. Die beiden neu entstandenen deutschen Staaten versuchten, die Bevölkerung ganz Deutschlands für die eigene Weltsicht zu gewinnen. Propaganda in Wort und Bild war ein wichtiges Instrument in diesem Kampf, und einen zentralen Platz darin hatte das Feindbild, das man von der „anderen Seite" zeichnete. Feindbilder arbeiten meist mit „Stereotypen". Das sind fest gefügte, oft sehr schematische „Vorurteile", die keinen Spielraum für eine differenzierte Sicht lassen. Um wirksam zu werden, müssen sie dennoch einen gewissen Realitätsbezug haben, ihre Gefährlichkeit liegt in der Art der Übertreibung bzw. Verabsolutierung.

Wichtige „Stereotype", die die Propaganda der DDR verwendete, waren der „amerikanische Kapitalismus" bzw. „US-Imperialismus", während man in der Bundesrepublik mit der Angst vor dem „asiatischen Bolschewismus", der „roten

A1 Erkläre, wie die Befestigungsanlagen im einzelnen funktionierten.
A2 Nimm Stellung zu dieser Grenze.

Schematische Darstellung der Grenze zwischen DDR und Bundesrepublik

Nationalsozialistisches Plakat für eine „Große antibolschewistische Schau" in den 30er Jahren

„Befreier – Die USA werden die europäische Kultur vor dem Untergang retten." NS-Plakat für das besetzte Holland, 1944.

A1 Wie wird der Gegner hier dargestellt?

A2 Äußere deine Empfindungen beim Anblick der Plakate.

Flut" arbeitete. Interessant ist, dass diese Stereotype schon in der Propaganda der Nazis eine wichtige Rolle gespielt hatten. Es wurde also von beiden Seiten auf Denkmuster zurückgegriffen, die sich trotz veränderter politischer Verhältnisse im Bewusstsein der Menschen verfestigt hatten.

Q1 In einer Rundfunkansprache vom 18.9.1951 äußerte sich Adenauer dazu, was im Falle politischer Neutralität der Bundesrepublik und bei einem Abzug der Amerikaner passieren würde: „Sowjetrussland würde dann nicht nur die Bundesrepublik, sondern auch die übrigen westeuropäischen Länder ohne Krieg in seine Einflusssphäre ziehen und schließlich Herr von ganz Europa werden. (...) Der Untergang Deutschlands würde dann sicher sein. Ganz Europa wäre dann ein Anhängsel desjenigen Teils von Asien, der von Sowjetrussland beherrscht wird. Wir würden den Kommunismus in seiner asiatischen Form mit all seinen Schrecken bekommen. Was uns heilig und teuer ist, würde vernichtet werden. Für niemanden gäbe es mehr Freiheit. Die abendländisch-christliche Kultur, das Christentum selbst, würden vernichtet werden."

(Krieger, H.: Handbuch des Geschichtsunterrichts, Bd. 6, Teil 1, S. 237)

Q2 Über den „Kampf um die Jugend" heißt in in einem Protokoll des Parteivorstandes der SED vom 14.4.1948:
„Die politische Linie und die Arbeitsmethoden der Jugendpolitik der reaktionären Kräfte im Westen werden entscheidend bestimmt durch die angloamerikanische Militärregierung, durch die Händler in Kaugummi, in Atombomben und in Amerikanismen, die immer stärker in die deutsche Jugend eingeführt werden (...). Das so genannte German-Youth-Activity-Programm, das die Amerikaner selbst als Coca-Cola-Programm bezeichnen, dient vor allem der Einführung der Amerikanismen in das Leben der deutschen Jugend und ihrer Entpolitisierung. (...) Dem reaktionären Gedankengut müssen wir stärker als bisher das neue, das bessere und erstrebenswertere Ideal gegenüberstellen, (...) das kann nur unsere sozialistische Weltanschauung (...) sein."

(Mählert, U./Stephan, G.-R.: Blaue Hemden, Rote Fahnen, S. 62)

A3 Arbeite aus den Quellen die Feindbilder heraus.

A4 Setze die Feindbilder und das, was du über diese Zeit weißt, in Beziehung.

A5 Versuche, jeweils eine Erwiderung auf die Vorwürfe zu formulieren. Für welche Quelle fällt das schwerer? Woran könnte das liegen?

GEWUSST WIE!

Das politische Plakat als historische Quelle

Diese deutschen Plakate aus den 50er Jahren dokumentieren den Propagandakrieg zwischen den verfeindeten Systemen. Plakate sind bis heute – und waren es erst recht vor Erfindung elektronischer Medien – wichtige Werbe- und Informationsträger, gerade auch in der politischen Auseinandersetzung. In vielen Ländern entstand seit dem 19. Jahrhundert eine regelrechte Plakatkunst, die sich darauf verstand, eben möglichst „plakativ", das heißt auffallend und eindringlich, zu wirken. Wer politische Plakate als historische Quelle nutzen will, kann so vorgehen:

Wahlplakat der CDU für die Bundestagswahl 1953

DDR-Plakat der Gesellschaft für Deutsch-Sowjetische Freundschaft von 1951

1. Von wem stammt das Plakat, wann ist es entstanden und an wen richtet es sich?

2. Welche Zielrichtung und Absichten sind erkennbar (z. B. Information, Werbung, Mobilisierung, Warnung, Drohung, Versprechungen)?

3. Mit welchen Mitteln der Einflussnahme wird gearbeitet (wird z. B. argumentiert oder an Gefühle appelliert, werden Feindbilder verwendet)?

4. Welche Gestaltungsmittel (Bildauswahl, Farbe, Symbole, Schrift) weist das Plakat auf (was macht es „plakativ")?

5. In welcher Beziehung steht das Plakat zum damaligen Zeitgeschehen? Wie wird das Plakat damals auf die Menschen gewirkt haben?

A1 *Versuche, diese Schritte auf die ausgewählten Plakate anzuwenden.*

A2 *Vergleiche mit den Plakaten aus der NS-Zeit. Wo sind Unterschiede, wo Ähnlichkeiten?*

4 Auf dem Weg in die „Freizeitgesellschaft"?

Die wirtschaftliche Erholung seit Mitte der 50er Jahre veränderte auch das Freizeitverhalten der Deutschen. In der Bundesrepublik setzte sich seit 1957 die Fünftagewoche durch, in der DDR seit 1967. Die direkte Nachkriegsnot verblasste in der Erinnerung. Die Menschen wollten das Leben genießen. Bei der Gestaltung der Freizeit gab es zwischen Ost und West Parallelen, aber auch Unterschiede.

4.1 Alltag und Betrieb in der DDR

Freizeit spielte in der DDR bei der Erziehung zur „sozialistischen Persönlichkeit" eine wichtige Rolle. Große Bedeutung für die Organisierung und Gestaltung der Freizeit hatte der Betrieb. Seit 1957 existierten in den Fabriken „Brigaden" (feste Arbeitsgruppen), deren Einfluss weit ins Privatleben reichte. Arbeit, Freizeit und Familie hingen im DDR-Alltag eng zusammen: Betriebe organisierten oft unter Einbeziehung der Ehepartner gemeinsame Theaterbesuche, Sportfeste oder Ausflüge. Sie boten Urlaub in betriebseigenen Ferienheimen an und unterhielten Kinderferienlager.

Ferienlager für alle Kinder. Teil des umfassenden Sozialsystems und gleichzeitig Instrument der politischen Beeinflussung. DDR-Plakat von 1952.

Q1 Ein Betriebsleiter beschreibt die Bedeutung des Betriebs:
„Wir haben immer gesagt, von der Wiege bis zur Bahre ist ein Betrieb für alles verantwortlich. Es fing damit an, dass wir geholfen haben bei den Familienproblemen. Die Leute kamen in den Betrieb, wenn sie eine Wohnung brauchten, sie kamen in den Betrieb, wenn sie eine Stelle brauchten, um jemand zu pflegen, sie kamen in den Betrieb, wenn es darum ging, Wünsche zu erfüllen – ich will mal sagen, bis zum Trabant. (...) Die Kinder waren im Betriebskindergarten. Sie wurden betreut in Betriebsferienlagern und dann in den Beruf geführt (...) Und wenn mal einer mit dem Alkohol nicht klarkam, musste sein Kollektiv ihn erziehen."
(Kenntemich, W. [Hg.]: Das war die DDR, S. 108)

A2 Welche Vor- und Nachteile siehst du?

4.2 Pack die Badehose ein. Deutsche machen Urlaub

Seit den 50er Jahren packte die Westdeutschen das Fernweh. Unmittelbar nach dem Krieg reichte es mangels Geld und Auto nur für Wanderferien in die nahe Umgebung. Jetzt rollte die Reisewelle vor allem nach Österreich und an die Mittelmeerstrände Italiens („Teutonengrill"). Zunehmende Bedeutung für den Urlaub gewann das Auto, das die Bahn als häufigstes Verkehrsmittel ablöste. Der Camping-Urlaub bot auch durchschnittlichen Familien die Möglichkeit, das Ausland kennen zu lernen. Das Fernsehen lief dem Radio als beliebtestem Unterhaltungsmittel den Rang ab. Bei seinem Programmstart 1952 sendete das Fernsehen täglich nur zweistündig. Die Fernsehgemeinde wuchs beständig – von 500 000 (1952) auf 2 Millionen (1955) und schließlich 8 Millionen (1963).

Plandiskussion im Betrieb. Gemälde von Willi Gerike und Hans Zank, um 1950.

A1 Wie wird das „Kollektiv" dargestellt? Diskutiert, ob dies eine realistische Abbildung ist.

Q1 Aus einem Schlagererfolg dieser Jahre, von Rudi Schuricke:
„Die Capri-Fischer:
Wenn bei Capri die rote Sonne im Meer versinkt/ Und vom Himmel die bleiche Sichel des Mondes blinkt/ Ziehn die Fischer mit ihren Booten/ aufs Meer hinaus/ Und sie legen in weitem Bogen die Netze aus/ Nur die Sterne, die zeigen ihnen am Firmament/ Ihren Weg mit den Bildern, die jeder Fischer kennt/ und von Boot zu Boot das alte Lied erklingt/ Hör von fern, wie es singt:/ Bella, bella, bella Marie/ Bleib mir treu, ich komm zurück morgen früh./ Bella, bella, bella Marie, vergiss mich nie."
(Musik-Edition Europaton Peter Scheffers)

A1 Vermute, warum dieser Schlager so beliebt war.

Q2 „Der Autoreisende war weniger darauf aus, dieses oder jenes zu erleben (...); er wollte da und dort gewesen sein. Als Trophäe brachte der Tourist Fotos, erst schwarz-weiß, dann in Farbe, schließlich selbst gedrehte Filme mit nach Hause (...) (Die Devise hieß:) ‚Hinfahren, aussteigen, schön finden, einsteigen, weiterfahren.' (...) Der Deutsche aus dem Wirtschaftswunderland fühlte sich weltläufig."
(Glaser, H.: Kleine Kulturgeschichte der BRD, S. 238 f.)

A2 Was kritisieren Abbildung (rechts) und Text?

A3 Verfasse einen kurzen Werbetext für Urlaub mit dem „eleganten Ferienzug".

A4 Was hat sich bis heute geändert?

Rechts: Reiseplakat der Touropa von 1954

Bundesdeutsche Touristen zu Beginn der 60er Jahre

In der DDR klaffte von Anfang an eine große Lücke zwischen der Nachfrage nach Reisen und dem Angebot. Wer einen festen Ferienplatz im Inland wollte, war auf den Feriendienst der Gewerkschaften oder firmeneigene Urlaubsheime angewiesen. Reisen in den Westen waren für die meisten Normalbürger (Ausnahme: Rentner) unmöglich. Seit den 60er Jahren fuhren auch Ostdeutsche millionenfach ins Ausland – vor allem in die ČSSR, nach Ungarn, in die Sowjetunion und zeitweise nach Polen (bis 1980). Entlang der Ostseeküste gab es seit den sechziger Jahren fast überall Zelt- und Campingplätze mit Gelegenheit zum FKK-Baden, einem in der DDR weit verbreiteten Freizeitvergnügen. Wegen des sicheren Ferienplatzes oder aus bloßem Spaß an der Natur, manchmal auch aus politischem „Frust" zogen viele sich in der Freizeit auch auf ihre „Datsche" – ein Pachtgrundstück mit Gartenhaus – zurück.

„Datsche" (Wochenendhaus) in Neu-Venedig (Ostberlin), davor ein „Trabbi", meistverbreiteter Pkw in der DDR.

kaufen oder einzutauschen. Der Schwarzhandel unter dem Ladentisch („Bückware") blühte. Kontakte und „Organisieren" spielten für dringend benötigte Ersatzteile oder plötzlich ausgegangenes Baumaterial eine wichtige Rolle. In leeren Restaurants wartete man geduldig vor dem Schild „Sie werden eingewiesen". Anders als in normalen Läden herrschte in Intershops oder Exquisitläden ein ausgezeichnetes Warenangebot. Hier musste man jedoch mit Westgeld oder zu überteuerten Preisen kaufen.

Q3 Aus dem Brief eines DDR-Bürgers an Bekannte in Westdeutschland:

„Das Schönste an euren Reisen ist (und das wäre auch was für uns), dass ihr ohne jede Vorplanung losfahren könnt, überall keine Probleme mit der Unterkunft. Anders als bei uns. Wir sind schon seit einiger Zeit mit den Vorbereitungen für den Urlaub beschäftigt. Allein das Geldumtauschen hat neulich eineinhalb Stunden gedauert und dann gab's nicht mal Geld, sondern Schecks, also nochmals umtauschen bei einer ausländischen Bank und nochmals Spesen. Rumänien 20 Mark pro Tag und Person, Ungarn 30 Mark (...)."
(Gerig, U. [Hg.]: Briefkontakt, S. 146)

A1 Welche Hindernisse für eine Reise gab es?

4.3 Freizeit und Mangel in der DDR

Das Anstellen in Geschäften und das Besorgen von Dingen kosteten im Alltag der DDR übermäßig viel Zeit – Freizeit und Arbeitszeit. Jeder versuchte, Mangelware auf Vorrat zu

A2 Auf welche alltäglichen Probleme macht die Abbildung (unten) aufmerksam?

A3 Ein DDR-Witz lautete so: „In der DDR gibt's nichts, aber alle haben alles." Welches Problem wird deutlich?

A4 Erläutere die Kritik dieser Karikatur.

Karikatur von Klaus Vonderwerth in der Zeitschrift „Eulenspiegel", 1978

5 Die Bundesrepublik 1969–1989

5.1 Neue Ostpolitik und Reformen

Am 7. Dezember 1970 kniete Bundeskanzler Willy Brandt, ehemaliger Widerstandskämpfer und Naziverfolgter, vor dem Mahnmal für die ermordeten Juden des früheren Warschauer Gettos nieder.

Willy Brandts Kniefall in Warschau am 7.12.1970

A1 *Warum kniete Willy Brandt?*
A2 *Laut einer Umfrage fand die Hälfte der Bundesbürger diese Geste „übertrieben". Nimm Stellung.*

Willy Brandts Kniefall symbolisierte einen Neuanfang in der Außenpolitik der Bundesrepublik. Auf die Politik der Westintegration in den 50er und 60er Jahren folgten jetzt Aussöhnung und Aufnahme diplomatischer Beziehungen mit den Regierungen in Moskau, Ostberlin, Prag und Warschau. Die sozialliberale Koalition (SPD und FDP) mit Willy Brandt als Bundeskanzler gab die Hallstein-Doktrin (S. 84) auf. Egon Bahr brachte die neue Überzeugung bereits 1963 auf die Formel „Wandel durch Annäherung". Sie fand ihren Ausdruck in unterschiedlichen Verträgen. In Moskau und Warschau 1970 versprach man sich gegenseitigen Gewaltverzicht und Respektierung der bestehenden Grenzen. Erstmals anerkannte eine westdeutsche Regierung die Oder-Neiße-Linie als Westgrenze Polens.

Der deutsch-deutsche Grundlagenvertrag von 1972 brachte Erleichterungen in Reise- und Besucherverkehr. Im Gegenzug bedeutete er die faktische Anerkennung der DDR als zweiten deutschen Staat. Erst nach erregten Debatten nahm die Mehrheit des Bundestages die Ostverträge an. 1973 wurde die DDR gemeinsam mit der Bundesrepublik in die UNO aufgenommen. Für seine Ostpolitik erhielt Willy Brandt 1971 den Friedensnobelpreis.

Q1 Bundeskanzler Willy Brandt in einer Rede zum deutsch-polnischen Vertrag 1970:
„Die Geschichte allein kann erweisen, ob dies, wie wir hoffen, der Beginn der eigentlichen Aussöhnung sein wird, so wie wir sie im Westen gegenüber unseren französischen Nachbarn glücklicherweise erreicht haben. Der Vertrag bedeutet selbstverständlich nicht, dass Unrecht nachträglich legitimiert wird. Es bedeutet also auch keine Rechtfertigung der Vertreibung. Worum es geht, ist der ernste Versuch, ein Vierteljahrhundert nach dem Krieg der Kette des Unrechts politisch ein Ende zu setzen."
(Bulletin der Bundesregierung, Jg. 1970, Nr. 161)

Q2 Aus einer Stellungnahme des Bundes der Vertriebenen 1972:
„Die Versammelten wenden sich gegen den Verzicht auf einen gerechten Frieden und auf freie Selbstbestimmung, die Legalisierung von Massenvertreibungen und Annexionen, die Anerkennung der Gewaltherrschaft in Mitteldeutschland, die Minderung des Status von Berlin. Sie verurteilen die Verletzung des Rechtes auf Freizügigkeit vom und zum angestammten Wohnsitz und auf freie Entfaltung in der Heimat."
(Dokumentation zur Deutschlandfrage, Bd. VII, S. 544)

A3 *Was hat die Deutschlandpolitik erreicht? Bildet zwei Gruppen und diskutiert Vor- und Nachteile der neuen Ostpolitik.*
A4 *Entwerft jeweils ein Wahlplakat dafür und dagegen.*

Unter dem Leitmotto „Mehr Demokratie wagen" setzte sich die Regierung Brandt für Reformen in allen gesellschaftlichen Bereichen ein. Vor allem die Politikverdrossenheit unter Jugendlichen wollte die SPD bekämpfen. Mitspracherechte von Betriebsräten wurden erweitert, in den Ruhestand konnten Männer neuerdings schon ab 63, Frauen ab 60 Jahre gehen. Die Volljährigkeit wurde von 21 auf 18 Jahre herabgesenkt. Bis weit in die 60er Jahre hinein besuchten überwiegend Kinder aus dem Besitz- und Bildungsbürgertum weiterführende Schulen. Mit der sozialliberalen Koalition entstanden Gesamtschulen, Förder- und Orientierungsstufen. Finanziell schlechter gestellte Schüler und Studenten erhielten „Bafög". Schon in den 80er Jahren besuchten zwei Drittel aller Schüler Realschule oder Gymnasium, in den 50er Jahren nur ca. 10 Prozent. Langfristig schuf die Reform auch neue Probleme, z. B. weil die hohe Zahl von Universitätsabsolventen das Risiko späterer Arbeitslosigkeit in akademischen Berufen erhöhte.

> **A1** Sucht treffende Überschriften für die Reformen der Ära Brandt.

5.2 Ende des Wachstums? Die Gesellschaft der siebziger Jahre

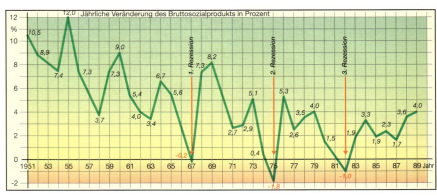

Das Wirtschaftswachstum in der Bundesrepublik von 1951–1989

Das Wirtschaftswachstum seit 1950 mit weitgehender Vollbeschäftigung endete 1973, auf dem Höhepunkt der Ölkrise. Seitdem wurde die Arbeitslosigkeit zum Dauerproblem. Wegen der Unterstützung des Westens für Israel im Nahostkonflikt erhöhten die Erdöl exportierenden arabischen Länder die Ölpreise auf nahezu das Dreifache. Gleichzeitig befanden sich Stahl-, Chemie- und Elektroindustrie in einer Strukturkrise. Computergesteuerte Maschinen und die Konkurrenz durch billigere Anbieter auf ostasiatischen Märkten führten zu wachsender Arbeitslosigkeit. Zur Belebung der Wirtschaft vergab die neue Regierung unter Helmut Schmidt (SPD) seit 1974 staatliche Subventionen und Aufträge.

> **A2** Diskutiert darüber, welche Möglichkeiten der Problemlösung es gab.

Angesichts von Massenarbeitslosigkeit, Umweltschäden und weltweitem Wettrüsten wich der Fortschrittsoptimismus der fünfziger Jahre größerer Skepsis. Seit Mitte der 70er Jahre engagierten sich immer mehr Menschen in Bürgerinitiativen außerhalb der etablierten Parteien. Sie setzten sich z. B. für Umweltschutz, verkehrsberuhigte Zonen, die Integration Behinderter oder bessere Kinderbetreuung ein. Spektakulär traten sie vor allem in

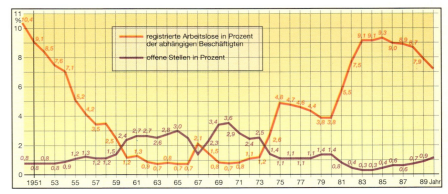

Die Entwicklung der Arbeitslosigkeit in der Bundesrepublik von 1950–1989

> **A3** Beschreibe die wirtschaftliche Situation Mitte der 70er Jahre.

der Auseinandersetzung mit zwei Themen hervor. Zehntausende protestierten gegen Atomkraftwerke und -anlagen, wie in Brokdorf 1976, Gorleben, Grohnde und Kalkar 1977.

Ebenso tiefe Gräben riss die Auseinandersetzung um den „NATO-Doppelbeschluss" seit Anfang der 80er Jahre. Bundeskanzler Schmidt wollte eine atomare Nachrüstung für

Protestkundgebung in Itzehoe gegen das Kernkraftwerk bei Brokdorf 1976

Plakat zur Europaparlamentswahl von 1979

fen. Eine Gruppe von Linksextremisten, die sich „Rote Armee Fraktion" (RAF) nannte, entführte 1977 den Arbeitgeberpräsidenten Hanns-Martin Schleyer. Die Forderung der Entführer, Schleyer gegen inhaftierte Terroristen auszutauschen, lehnte die Regierung Schmidt ab. Sie blieb auch dabei, als arabische Terroristen eine Lufthansa-Maschine mit deutschen Urlaubern in ihre Gewalt brachten, um die Forderungen der RAF zu unterstützen. Bundeskanzler Schmidt ließ durch die Spezialeinheit GSG 9 die Urlauber befreien. Daraufhin ermordete die RAF Schleyer und einige der inhaftierten RAF-Häftlinge begingen Selbstmord.

5.3 Der Machtwechsel 1982

Wirtschaftliche Probleme und der Streit über die Nachrüstung belasteten die Regierungskoalition. SPD und Gewerkschaften wollten die Arbeitslosigkeit mit staatlichen Beschäftigungsprogrammen bekämpfen. CDU und FDP waren für eine Verminderung der Neuverschuldung und befürworteten Steuervergünstigungen, um die Unternehmertätigkeit anzukurbeln. Erstmals in der Geschichte der Bundesrepublik wählte das Parlament einen amtierenden Regierungschef, Helmut Schmidt, 1982 mithilfe eines konstruktiven Misstrauensvotums ab. Neuwahlen 1983 bestätigten die

den Westen mit Mittelstreckenraketen, um den Rüstungsvorsprung des Warschauer Pakts aufzuholen. Gegner des Beschlusses, auch der eigenen Partei, befürchteten einen Rüstungswettlauf. Aus Teilen der alternativen Protest- und Reformbewegungen entwickelte sich die neue Partei der „Grünen". Sie zog 1983 in den Bundestag ein. Ihr Programm orientierte sich an den Bedürfnissen vor allem jüngerer Leute – Umweltschutz, Abrüstung, Protest gegen die Kernenergie, Kampf für die Gleichberechtigung der Frau.

A3 *Nimm Stellung zur Haltung der Bundesregierung. Was hätte ein Nachgeben bewirken können?*

A4 *Was „erzählen" diese Abbildungen über den Terrorismus in den 70er Jahren?*

A1 *Diskutiert pro und kontra über die Kernkraft.*

A2 *Wie stellen sich die „Grünen" heute dar? Was hat sich geändert, was ist geblieben?*

Der Terrorismus seit Anfang der 70er Jahre zielte auf den gewaltsamen Umsturz der Gesellschaft. Mit Sprengstoffanschlägen, Entführungen und Ermordungen prominenter Männer aus Staat und Wirtschaft wollten die Terroristen eine revolutionäre Situation schaf-

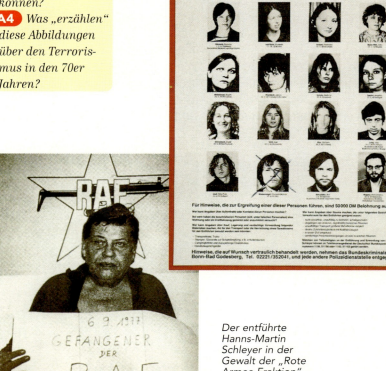

Der entführte Hanns-Martin Schleyer in der Gewalt der „Rote Armee Fraktion" (RAF) und ein Fahndungsplakat nach Mitgliedern der RAF, 1977

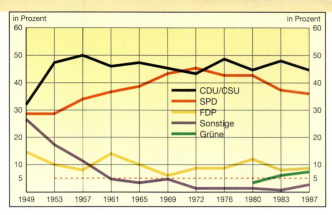

Ergebnisse der Bundestagswahlen 1949–1987

CDU/CSU/FDP-Regierung unter Helmut Kohl. Die in den Bundestag eingezogenen Grünen (6,6 %) erweiterten das Parteienspektrum. Zwar erholte die Wirtschaft sich, „boomte" sogar in einigen Bereichen, aber die Arbeitslosenzahlen pendelten zwischen 1982 und 1989 dennoch immer an der 2-Millionen-Grenze. Das lag vor allem an tief greifenden Umstrukturierungen infolge der „elektronischen Revolution" in vielen Wirtschaftszweigen. Denn in der Produktion wurden infolge Automatisierung immer weniger Menschen gebraucht. Neue Branchen und der Dienstleistungssektor konnten den Stellenabbau nur z.T. ausgleichen. Obwohl die Bundesrepublik unter der Regierung Kohl politisch sehr stabil war, stand sie doch vor einigen Problemen.

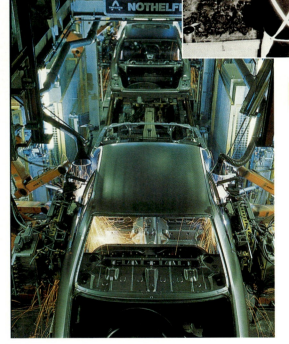

Rechts: Industrieproduktion in den 50er Jahren.
Unten: Roboter in der Autoproduktion in den 90er Jahren.

5.4 Herausforderungen in den 80er Jahren

In den 80er Jahren erlebte ein Großteil der Bevölkerung wachsenden Wohlstand. Gleichzeitig aber breitete sich neue Armut aus. Man sprach von der „Zwei-Drittel-Gesellschaft". Anders als früher musste niemand hungern, denn das soziale Netz sorgte für das Notwendigste. Aber die Zahl der Obdachlosen stieg bis 1989 auf 800 000 an. Die Zahl der Sozialhilfeempfänger wuchs von 1,4 Millionen im Jahr 1970 auf 3,6 Millionen im Jahr 1989.

A1 *Woran scheiterte die Regierung Schmidt?*

A2 *Informiert euch über das „konstruktive Misstrauensvotum"! Welche Funktion hat es?*

A3 *Beschreibe den Wandel in der Industrieproduktion.*

A4 *Sprecht über die Konsequenzen.*

A5 *Erarbeite eine Rangordnung und erläutere.*

Hauptursachen der Gewährung von Sozialhilfe (in %)			
	1970	1980	1989
Krankheit	18,9	9,3	5,8
Tod des Ernährers	2,2	1,2	0,7
Ausfall des Ernährers	8,2	13,2	10,5
Unwirtschaftliches Verhalten	1,2	1,6	0,5
Arbeitslosigkeit	–	9,8	32,6
Unzureichende Versicherung	–	25,8	12,3
Unzureichendes Erwerbseinkommen	46,8	6,8	5,5
Gesamtzahl der Haushalte (in Tsd.)	296	824	1594

Mit zunehmender Arbeitslosigkeit stieg auch die Fremdenfeindlichkeit. Teile der Bevölkerung machten die Ausländer für Arbeitsplatzprobleme verantwortlich. 1989 lebten fünf Millionen Ausländer in der Bundesrepublik. Sie gingen meist schlecht bezahlten Tätigkeiten nach, für die sich oft nicht genügend deutsche Bewerber fanden. Auf Ablehnung stießen z. T. auch die seit Ende der achtziger Jahre zu Hunderttausenden ins Land kommenden Asylbewerber. Darunter waren politisch Verfolgte, aber auch Flüchtlinge, die allein aus wirtschaftlichen Gründen kamen. Sie boten den Parolen fremdenfeindlicher Parteien eine willkommene Angriffsfläche. Die rechtsradikale Partei der Republikaner zog 1983 in das Europäische Parlament ein.

A1 *Was wird deutlich? Nimm Stellung dazu.*

Der einmillionste Gastarbeiter – ein Portugiese – wird 1964 in der Bundesrepublik begrüßt. Als Willkommensgeschenk bekommt er ein Moped und Blumen.

Waldschäden in Deutschland, 90er Jahre

A2 *Versetze dich in die Situation eines Gastarbeiters und verfasse einen Bericht in die Heimat, in dem Positives und Negatives abgewogen werden.*

A3 *Diskutiert darüber, welche der genannten Probleme immer noch akut sind und welche Lösungsmöglichkeiten ihr seht.*

Brandanschlag auf ein Asylbewerberheim. Ein Zimmer brannte aus, das gesamte Haus wurde unbewohnbar.

Die negativen Folgen der Industrialisierung für die Umwelt gerieten stärker in den Blick. Das Waldsterben alarmierte die Öffentlichkeit. Amerikanische Wissenschaftler entdeckten, dass die lebenschützende Ozonschicht beschädigt ist. Industrieabgase und das großflächige Abbrennen tropischer Regenwälder lösten Befürchtungen aus, der „Treibhauseffekt" könne zu einer Klimakatastrophe führen. Aus der Sowjetunion verbreitete sich eine Schreckensnachricht: 1986 war bei Tschernobyl ein Kernreaktorblock explodiert.

Der rasche geschichtliche Wandel, den die Bundesrepublik seit 1945 erlebte, hielt in den achtziger Jahren weiter an. Die Gesellschaft erlebte einschneidende Veränderungen – in Familie, Arbeitswelt, Technik und Verkehr.

A4 *Forscht konkreten Wandlungsprozessen nach, z. B. in Computertechnik, Autoindustrie, Luftfahrt. Fertigt einen Bericht an.*

6 Die DDR – 1962 bis 1989

6.1 Aufschwung dank oder trotz der Mauer?

Auch unzufriedene DDR-Bürger standen nach dem Mauerbau vor einer neuen Situation. Der Weg nach Westen war versperrt. Nun mussten sich alle mit der DDR arrangieren. Das taten die meisten auch, obwohl sich die alten Machtstrukturen und die zentralistische Leitung von Staat und Wirtschaft im Wesentlichen nicht veränderten. Die zentrale Macht blieb in den Händen der SED.

A1 *Was bedeutet eine solche Verfassung für die Gestaltung demokratischer Verhältnisse?*

A2 *Vergleiche mit der Verfassung der Weimarer Republik und der Bundesrepublik. Welche grundlegenden Unterschiede kannst du feststellen?*

A3 *Wie wurde die Vorherrschaft der SED gesichert?*

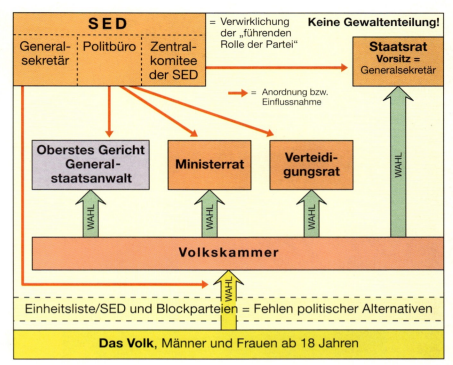

Der Staatsaufbau der DDR

Eine relative politische und wirtschaftliche Stabilisierung der DDR erlaubte Reformversuche. Bekannte Schriftsteller und Künstler versuchten, nach dem Mauerbau zeitweilig vorhandene Spielräume zu nutzen. Einige in dieser Zeit gedrehte Filme und auch Theaterstücke wurden unterdrückt. Verschiedene Künstler wie der Liedermacher Wolf Biermann erhielten Auftrittsverbot. 1976 wurde er „ausgebürgert". Das führte zu einer Protestwelle zahlreicher prominenter DDR-Künstler:

Q1 *„Wolf Biermann ist ein unbequemer Dichter – das hat er mit vielen Dichtern der Vergangenheit gemein. Unser sozialistischer Staat (...) müsste (...) eine solche Unbequemlichkeit gelassen nachdenkend ertragen können. Wir identifizieren uns nicht mit jedem Wort und jeder Handlung Wolf Biermanns und distanzieren uns von den Versuchen, die Vorgänge um Biermann gegen die DDR zu missbrauchen. Biermann selbst hat nie (...) Zweifel darüber gelassen, für welchen der beiden deutschen Staaten er bei aller Kritik eintritt. Wir protestieren gegen seine Ausbürgerung (...)"*
(„Frankfurter Rundschau", 23. November 1976)

A4 *Aus welchen Positionen gegenüber der DDR erfolgt dieser Protest?*

A5 *Warum waren die Vorgänge um Biermann ein tiefer Einschnitt in der Geschichte der DDR?*

Die neue Ostpolitik von Willy Brandt beantwortete die DDR 1969/70, von Moskau beargwöhnt, mit deutlichen Signalen zur Gesprächsbereitschaft. 1971 endete eine wichtige Etappe. Der mächtigste Mann der DDR, Walter Ulbricht, wurde von seinem „Kronprinzen" Erich Honecker mit sowjetischer Hilfe gestürzt.

6.2 Unter Honecker – Höhepunkt der DDR und Abstieg

Die neue SED-Führung übte scharfe Kritik an der von Ulbricht geprägten Wirtschaftspolitik. Jetzt sollten vor allem die alltäglichen Bedürfnisse der Bevölkerung in den Mittelpunkt rücken. Die SED kurbelte die Konsumgüterindustrie an. Vielfältige soziale Maßnahmen – wie die Versorgung mit Kindergartenplätzen, Ehekredite für junge Leute usw. – erleichterten das Leben.

Da Wohnraum knapp war, forcierte die Regierung den Wohnungsbau. Trotz qualitativer Mängel und oft eintöniger Architektur der „Plattenbauten" verbesserten sich für Millionen Menschen die Wohnbedingungen. Es entstanden riesige Siedlungen am Rand großer Städte. Gleichzeitig zerfielen in vielen Städten historisch wertvolle Altbauten, weil weder Geld noch Fachkräfte für die Renovierung zur Verfügung gestellt wurden.

Neubaugebiet in Gera, 1989

Verfallene Innenstadt von Potsdam, 1990

Konzertveranstaltung in Chorin, 80er Jahre

A1 *Versuche herauszufinden, warum es zu solchen gegensätzlichen Erscheinungen kam.*

In den 70er Jahren wuchs auch der Lebensstandard in der DDR spürbar. Großen Zuspruch fanden zentral geförderte Kulturveranstaltungen – wie z. B. die Pflege klassischer Musik in der Klosterruine von Chorin.

In der Außenpolitik bewegte sich die DDR in einem Spannungsverhältnis zwischen eigenen Interessen, den politischen Vorgaben aus Moskau und ihrem Ziel, das Verhältnis zur Bundesrepublik zu normalisieren. In Helsinki fand 1975 die Europäische Sicherheitskonferenz statt. Alle teilnehmenden Staaten unterzeichneten die Schlussakte von Helsinki, ein Dokument über Sicherheit, Zusammenarbeit und Wahrung der Menschenrechte in Europa. Dazu gehörte auch das Ende der diplomatischen Blockade der DDR. Dafür musste die SED-Führung individuelle Menschenrechte wie etwas mehr Reisefreiheit für Teile der Bevölkerung gewähren, wenn auch sehr zögerlich und oft auf Druck des Westens. Anstatt die Mauer durchlässiger zu machen, Informationsfreiheit zu schaffen, politische Reformen anzugehen und die eigenen Bürger als mündige Menschen zu behandeln, blieben die Formen der politischen Herrschaft auch nach 1975 unverändert. Im Gegenteil: Das System der inneren Überwachung durch das Ministerium für Staatssicherheit („Stasi") wuchs noch.

Q1 Ausreiseantrag der Familie Tschernoster aus Dresden in einem Schreiben an Honecker am 23.7.1979. Die Antragsteller wurden daraufhin verhaftet und 1983 zu mehrjährigen Haftstrafen verurteilt:

„Sehr geehrter Herr Honecker. Unter Bezugnahme auf internationale Menschenrechte bitten wir um Ausreiseerlaubnis in die Bundesrepublik Deutschland.(...) Vergangene und jüngste Vorkommnisse, die unsere Familie hart betroffen haben, sind die Ursache dafür, dass wir nicht mehr in der DDR leben möchten. Außerdem sind wir nicht in der Lage, uns damit abzufinden, dass es uns nicht gestattet wird, unsere in der Bundesrepublik lebenden Verwandten zu besuchen und die westlichen Länder zu bereisen (...) Da dieser Antrag in Übereinstimmung auch von der DDR ratifizierter internationaler Konventionen und der UN-Charta gestellt wird, bitten wir um Ihre Zustimmung und baldigen Bescheid."

(Zückert, G. u. U.: Eine getrennte Geschichte, S. 115)

A1 Beurteile das Anliegen der Familie Tschernoster und das Strafmaß.
A2 Warum unterzeichnete die DDR die Schlussakte und hielt sich doch nicht an solche Vereinbarungen?

Ab 1980 verschärften sich die Wirtschaftsprobleme der DDR. Auf dem Weltmarkt stiegen die Rohstoffpreise. Das wirkte sich negativ auf die rohstoffarme DDR aus. Der wirtschaftliche Rückgang in der Sowjetunion verschärfte die Situation. Dazu kamen politische Fehlentscheidungen. Die Versperrung des Zugangs zu westlichen Hochtechnologien verstärkte den technologischen Rückstand. Zunehmend wurden Konsum und Sozialleistungen durch Kredite aus dem Westen finanziert.

Mit großem Aufwand förderte die DDR den Hochleistungssport. Denn Sport galt als Politikum. Bei den Olympischen Spielen in München 1972 stieg die DDR zu einer Weltmacht im Leistungssport gleich hinter der Sowjetunion und den USA auf. Bei den Olympischen Sommerspielen in Montreal 1976 und in Seoul 1988 wurden bei der Zahl der Goldmedaillen sogar die USA überflügelt. Eine Ursache für dieses Geheimnis war eine vielfältige Förderung von Betriebssportgemeinschaften und ein System der Talententwicklung in speziellen Kinder- und Jugendsportschulen. Fast alle späteren Medaillengewinner waren diesen Weg gegangen. Aber: Die Sportführung schreckte auch vor dem Einsatz unerlaubter Mittel wie Doping nicht zurück.

Über den Sport in der DDR gibt es heute in den Medien sehr unterschiedliche Meldungen, z.B.:
- Jan Ulrich, Tour-de-France-Sieger 1997 für das „Team Deutsche Telekom", im „stern", 13/98:
  „Die DDR war das Beste, was einem jungen Sportler passieren konnte"
- Zeitungsmeldung aus „Der Tagesspiegel", Berlin:
  „Ex-Dynamo-Trainer Rolf Gläser gesteht Doping ein und entschuldigt sich bei den Schwimmerinnen"

A3 Wie erklärst du solche widersprüchlichen Aussagen?

Kristin Otto, in Seoul mit 6 Goldmedaillen erfolgreichste Athletin. Vom Internationalen Olympischen Komitee erhielt sie den Titel „Olympische Königin".

Henry Maske, einer der erfolgreichsten Boxer in den 80er und 90er Jahren

Zu Beginn der 80er Jahre befand sich die DDR in einer widerspruchsvollen Situation: Die wirtschaftliche Lage verschärfte sich. Zunehmend erfolgte die Finanzierung von Sozialleistungen auf Kosten dringend notwendiger Investitionen. Die Unzufriedenheit großer Teile der Bevölkerung wuchs. Andererseits hatte sich die DDR außenpolitisch stabilisiert und war nun weltweit diplomatisch anerkannt. In der Abrüstungspolitik trat die DDR für eine atomwaffenfreie Zone in Mitteleuropa ein und wandte sich gegen Produktion und Lagerung von chemischen und bakteriologischen Waffen. Das stieß auch auf sowjetisches Misstrauen.

Honecker als Gast der Bundesrepublik in Bonn am 7.9.1987

A1 Honecker hatte als SED-Generalsekretär über 80 offizielle Gespräche mit Politikern aus der Bundesrepublik. Warum war er für diese ein so geschätzter Gesprächspartner?

A2 Diskutiert, ob diese Gespräche aus heutiger Sicht eine Fehlentscheidung waren.

In der Innenpolitik war jedoch die SED-Führung zu keinen Reformen bereit. Wer mit seiner Kritik den DDR-Sozialismus verbessern wollte, musste mit politischer Verfolgung rechnen. Oppositionelle Demonstrationen und Mahnwachen, die unter Berufung auf die von der DDR unterzeichnete Helsinki-Schlussakte in Jena und in Berlin stattfanden, wurden gewaltsam aufgelöst. Die Zahl der Ausreiseanträge in die Bundesrepublik nahm sprunghaft zu. Allein 1982 verließen legal etwa 40 000 Bürger das Land. Zu Beginn der 80er Jahre bildeten sich vor allem unter dem Dach der evangelischen Kirche kleine oppositionelle Gruppen. Ihr besonderes Anliegen war, die Durchsetzung von Menschenrechten und Umweltprobleme zur Sprache zu bringen.

Q2 Aus den Thesen zur Erneuerung der DDR von Pfarrer Schorlemmer vom Juni 1988:

„1. Mit dem, was wir konkret benennen, wollen wir den produktiven Streit hervorlocken. Dafür brauchen wir in unserer Gesellschaft angstfreie und demokratische Formen sowie den Mut, uns Irrtümer einzugestehen und sie zu korrigieren (...)

2. Weil sich in der Gesellschaft Gleichgültigkeit, Resignation und Stagnation ausbreiten und sich die Zahl der Menschen erhöht, die sich deshalb zurückziehen oder hier nicht mehr leben wollen, halten wir es für nötig, darüber offen zu reden (...)

3. Weil sich in der Entwicklung sozialistischer Staaten gezeigt hat, wie es durch Bürokratismus und Amtsmissbrauch, Behördenwillkür und Obrigkeitsfurcht zur gesellschaftlichen Depression kommt und dem Sozialismus in seinem Wesen geschadet wird, halten wir es für dringlich, solche Erscheinungen offen zu legen und bei uns auch auftretende Missstände zu überwinden.

4. Weil jeder Bürger einen legitimen Anspruch auf eine umfassende Information über alle relevanten Lebensfragen hat, halten wir es für erforderlich, unsere Medienpolitik so zu verändern, dass die Komplexität und Widersprüchlichkeit der Wirklichkeit widergespiegelt wird, um eine eigene Urteilsbildung zu ermöglichen und bewusstes Handeln zu fördern (...)"

(Rein, G. [Hg.]: Die Opposition in der DDR, S. 199 f.)

A3 Beurteile diese Forderungen mit Blick auf das Verhältnis zur DDR.

A4 Erklärt den Inhalt des Symbols. Setzt dieses mit den Idealen der Arbeiterbewegung in Bezug.

A5 Vermutet, warum diese Losungen in der offiziellen DDR unerwünscht waren.

A6 Diskutiert darüber, wie aktuell diese Losungen in unserer heutigen Welt sind.

Bürgerbewegung unter dem Dach der Kirche: Protest vor der Berliner Sophienkirche im Juni 1989

A1 Warum entwickelte sich die Bürgerbewegung besonders unter dem Schutz der Kirche?

A2 Interpretiere diese Losungen unter Bezug auf die DDR-Situation.

Die Berliner Friedenswerkstatt 1984 in und um die Erlöserkirche stand unter dem Motto: „Schwerter zu Pflugscharen"

Viele DDR-Bürger, auch zahlreiche SED-Mitglieder, schauten mit großen Erwartungen auf die Reformen in der Sowjetunion seit der Wahl von Gorbatschow zum KPdSU-Generalsekretär. Ihre Hoffnungen auf politische Reformen auch in der DDR erfüllten sich jedoch nicht. Im Gegenteil, die SED-Führung ging auf deutliche Distanz zur neuen Sowjetführung.

A3 Warum wurde die Verwendung der Begriffe „Glasnost" und „Perestroika" aus den DDR-Medien verbannt?

Als bei den DDR-Kommunalwahlen im Mai 1989 eine angebliche Zustimmung von 98,85 Prozent verkündet wurde, kam das Fass zum Überlaufen. Zehntausende zumeist junge Bürger kehrten im Sommer 1989 aus Protest über Ungarn oder über die Zuflucht in Botschaften in Prag und Warschau der DDR den Rücken.

A4 Warum war die DDR-Führung unfähig, auf diese Situation zu reagieren?

A5 Stelle den Absichten der Bürgerbewegung die Ziele der SED-Führung gegenüber.

7 Frauen und Familien im geteilten Deutschland

7.1 Die Entwicklung im Westen

Ende der 60er Jahre erwuchs in der Bundesrepublik aus dem „68er Protest" eine neue Frauenbewegung. In vielen Städten entstanden Frauengruppen. Teils orientierten sie sich an der proletarischen Frauenbewegung um Clara Zetkin (um 1900), die die Unterdrückung der Frau als Erscheinung des Kapitalismus interpretiert hatte. Den feministisch orientierten Frauen dagegen ging es vor allem um einen Kampf gegen die Vorherrschaft des Mannes, gegen das Patriarchat. Beide Richtungen verstanden sich als radikal und autonom – als unabhängig von Parteien und von Männern.

Q1 Artikel 3 Grundgesetz von 1949
„(1) Alle Menschen sind vor dem Grundgesetz gleich. (2) Männer und Frauen sind gleichberechtigt. (3) Niemand darf wegen seines Geschlechts, seiner Abstammung, seiner Rasse (...) benachteiligt oder bevorzugt werden."

A6 Erkläre den Artikel 3.

Karikatur aus einer sozialdemokratischen Wochenzeitung, 1979

A7 Was wird angeprangert? Warum reicht ein Gesetz nicht aus?

Q2 Aus einer Umfrage 1985 zum Thema: „Was Männer im Haushalt machen":
„84% bügeln nie,
79% waschen nie Wäsche,
73% putzen nie Fenster,
65% wischen nie den Boden auf,
64% machen nie das Bad sauber,
55% gießen nie die Blumen"
(Asche, S.: Frauen, S. 44)

A1 *Nenne Argumente für und gegen die gleichberechtigte Teilnahme von Männern an der Hausarbeit.*

Themen der Frauenbewegung waren der Kampf gegen den § 218, gegen die Gewalt gegen Frauen, für gleiche Bezahlung, für die tatsächliche Gleichstellung von Frauen in der Gesellschaft.

Q3 § 218 Bürgerliches Gesetzbuch von 1871:
„(1) Eine Frau, die ihre Leibesfrucht abtötet oder die Abtötung durch andere Personen zulässt, wird mit Gefängnis, in besonders schweren Fällen mit Zuchthaus, bestraft."

Die erste große Aktion richtete sich gegen diesen Paragrafen. Im Juni 1971 erfolgte das öffentliche Bekenntnis von 374 Frauen in Gestalt einer Zeitungsannonce: „Ich habe abgetrieben."

A2 *Warum war das so eine spektakuläre Aktion?*

Zum Reformprogramm der sozialliberalen Regierungskoalition gehörte 1974 auch eine Gesetzesinitiative zur Liberalisierung der Abtreibung in den ersten drei Monaten der Schwangerschaft. Gegner der Abtreibung riefen das Bundesverfassungsgericht an.

Titelseite der Zeitschrift „stern" vom 6. Juni 1971

Q4 Das Bundesverfassungsgericht entschied 1975:
Durch die völlige Aufhebung der Strafbarkeit des Schwangerschaftsabbruchs sei „eine Schutzlücke entstanden, welche die Sicherung des sich entwickelnden Lebens in einer nicht geringen Anzahl von Fällen gänzlich beseitigt, indem es dieses Leben der völlig freien Verfügungsgewalt der Frau ausliefert".
(Borowsky, P.: Deutschland 1965–1982, S. 78)

Q5 Aus dem Minderheitsvotum von zwei Richtern:
„*Die Angst der Schwangeren, dass die ungewollte Schwangerschaft zu einem irreparablen Einbruch in ihre persönliche Lebensgestaltung oder den Lebensstandard der Familie führen wird, das Empfinden, dass sie beim Austragen ihrer Leibesfrucht nicht auf eine wirksame Hilfe der Umwelt rechnen kann (...) lassen ihr die Schwangerschaftsunterbrechung häufig als einzigen Ausweg erscheinen.*"
(Borowsky, P.: Deutschland 1965–1982, S. 79)

A3 *Diskutiert die Argumente für oder gegen einen legalen Schwangerschaftsabbruch.*

Unter der Losung „Mein Bauch gehört mir" ging der Protest gegen den § 218 weiter. Aber auch der Reformprozess mit dem Ziel der Gleichberechtigung in Ehe und Familie kam voran. So wurde 1976 ein neues Ehe- und Scheidungsrecht eingeführt. Die alte Regelung, nach der die Frau in erster Linie für die Haushaltsführung und der Mann für den finanziellen Unterhalt zuständig war, galt nun nicht mehr. Die Haushaltsführung sollte in gegenseitigem Einvernehmen erfolgen. Bei Scheidungen galt nun anstelle des Schuldprinzips das der Zerrüttung. Die Unterhaltspflicht wurde dem wirtschaftlich stärkeren Partner auferlegt.

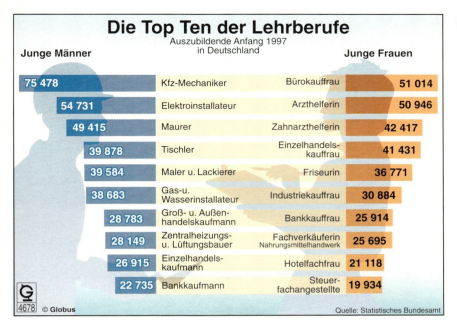

Die Top Ten der Lehrberufe
Auszubildende Anfang 1997 in Deutschland

Junge Männer	Beruf (Männer)	Beruf (Frauen)	Junge Frauen
75 478	Kfz-Mechaniker	Bürokauffrau	51 014
54 731	Elektroinstallateur	Arzthelferin	50 946
49 415	Maurer	Zahnarzthelferin	42 417
39 878	Tischler	Einzelhandelskauffrau	41 431
39 584	Maler u. Lackierer	Friseurin	36 771
38 683	Gas- u. Wasserinstallateur	Industriekauffrau	30 884
28 783	Groß- u. Außenhandelskaufmann	Bankkauffrau	25 914
28 149	Zentralheizungs- u. Lüftungsbauer	Fachverkäuferin Nahrungsmittelhandwerk	25 695
26 915	Einzelhandelskaufmann	Hotelfachfrau	21 118
22 735	Bankkaufmann	Steuerfachangestellte	19 934

Quelle: Statistisches Bundesamt © Globus

Q6 Aus einer wissenschaftlichen Umfrage (1985):
„Der Wandel der Geschlechterrollen hat in den vergangenen Jahren zu einigen bemerkenswerten Veränderungen geführt (...) Wir haben festgestellt, dass sich das traditionelle Rollenmuster der Frauen als nur Hausfrau und Mutter offensichtlich nur bei einer – vorwiegend älteren – Minderheit der Frauen erhalten hat. Im Bewusstsein vor allem jüngerer Frauen scheint dagegen ein neues Leitbild fest verankert zu sein, das traditionell ‚weibliche' Rolleninhalte wie Einfühlsamkeit und Zärtlichkeit mit bewunderten ‚männlichen' Eigenschaften wie Selbstsicherheit und Unabhängigkeit verbindet (...)"
(Asche, S.: Frauen, S. 42)

A1 Analysiere diese Statistik.
A2 Warum gibt es solche Unterschiede? Hältst du sie für richtig?
A3 Prüfe, ob Q6 mit den beiden Abbildungen unten in Einklang zu bringen ist.
A4 Vergleiche diese Aussage mit deinen Beobachtungen und Erfahrungen. Trifft sie zu?

Plakat des Komitees „Internationales Jahr der Frau 1975"

Frauenzeitschriften wie die von Alice Schwarzer herausgegebene „Emma" engagieren sich seit den 70er Jahren für die Emanzipation der Frau. Titelseite vom Januar 1997.

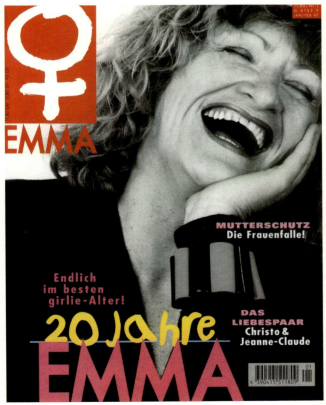

7.2 Die Entwicklung in der DDR

In der DDR galt die Frauenfrage offiziell als gelöst, weil entsprechende Gesetze existierten. Ein wichtiger Motor für die Gleichstellung der Frau war, dass der beständige Mangel an Arbeitskräften die Mobilisierung der Frauen erforderte. Der Zugang von Frauen zu den meisten Berufen war demnach zumindest theoretisch gesichert.

A1 *Was denkst du über solche Frauentätigkeit? Sollen Frauen auch „Männerberufe" ausüben?*

Ohne spektakuläre Begleitumstände wurde 1972 der § 218 in der DDR durch eine Fristenlösung ersetzt, die der Frau die Entscheidung überließ. Allerdings gab es dazu auch kontroverse Diskussionen.

Q1 Jugendliche in Leserbriefen an das Jugendmagazin Neues Leben 1975:
„Die Möglichkeit der Unterbrechung der Schwangerschaft ist einwandfrei. Da wachsen vielleicht nicht mehr Kinder unter manchmal unmöglichen Verhältnissen auf. R. (19), Cottbus. Unterbrechung für mich lehne ich ab. Wozu gibt es die Pille? Ein Grund dafür wäre, wenn das Mädchen 14 oder 15 ist, also ein Kind noch gar nicht erziehen kann. V. (19), Dresden."
(Judt, M.: DDR-Geschichte in Dokumenten, S. 211)

A2 *Setzt euch mit diesen Argumenten auseinander. Welche Probleme wurden nicht angesprochen?*
A3 *Wägt das Für und Wider ab, jeder Frau die Entscheidung über eine Abtreibung zu überlassen.*

Obwohl ca. 25 Prozent der Schwangerschaften abgebrochen wurden, entwickelte sich die Geburtenrate nicht rückläufig. Die meisten DDR-Frauen konnten Familie und Beruf vereinbaren, wenn sie dabei auch eine größere Last als die Männer zu tragen hatten. Das Familienmodell mit der Hausfrau war untergeordnet. 1989 waren über 90 Prozent der Frauen berufstätig bzw. in der Ausbildung.

Oben: Darstellung der berufstätigen Frau in der einzigen Frauenzeitschrift der DDR. Links: Mädchen in der DDR bei der Ausbildung zur Dreherin.

A4 *In einer Publikation heißt es: Die DDR-Frau war berufstätig – die bundesdeutsche Frau erwerbstätig. Überdenke, was damit gemeint ist. Stimmst du zu?*

Das erste Kind bekamen die Mütter in der DDR meist mit ca. 22 Jahren. Die meisten Frauen nahmen nach dem Schwangerschaftsurlaub, nach ein oder zwei Jahren, ihre berufliche Tätigkeit wieder auf.

Q2 Kinderbetreuung je 100 Kinder 1986: Kinderkrippen – 81% – Kindergärten – 89% – Schulhorte (7-10 J.) – 83%

A5 *Diskutiert kontrovers: Was spricht dagegen? Was dafür?*

„Löwenmaul" und „Fleißiges Lieschen", Karikatur aus der DDR, 1974

A6 *Erläutere die Blume „Fleißiges Lieschen".*
A7 *Was wird hier angeprangert?*

Frauen waren in der DDR zwar beruflich gut qualifiziert, aber dennoch oft unterhalb ihrer Qualifikation tätig und seltener in leitenden Positionen anzutreffen. So waren in den 80er Jahren 70 Prozent aller Lehrkräfte weiblich, aber nur 32 Prozent der Schulleiter.

A1 Suche nach Ursachen dafür.

Q3 Lisbeth G., 65 Jahre:
„Die Frauen sind nach meiner Meinung absolut dafür, gleichberechtigt zu sein. Es ist gut, dass keine Frau mehr verheiratet sein muss, um versorgt zu sein. Denn abhängig von einem Menschen zu sein, das finde ich das Schlimmste. Das finde ich überhaupt positiv in der DDR, dass jeder Mensch die Möglichkeit hat, einen Beruf zu erlernen, ob das nun immer das Gewünschte ist, ist eine andere Sache. Negativ finde ich die ganze Gängelei, die schon bei der Geburt einsetzt und mit dem Tod aufhört. Gut an der DDR ist das soziale Netz. Schlecht am sozialen Netz ist, dass die Leute nicht mehr nachdenken wollen und müssen."
(Bohley, B.: 40 Jahre DDR und die Bürger melden sich zu Wort, S. 34)

A2 Welchen Feststellungen stimmst du zu, welchen nicht?

A3 Stelle die Unterschiede grafisch dar. Was verdeutlicht die Statistik?

A4 Vergleiche die Situation der Frauen in beiden deutschen Staaten. Was war gleich und was war unterschiedlich?

A5 Welche Unterschiede stellst du fest?

A6 Suche nach Ursachen dafür.

Q4 Zeitangabe für die tägliche Hausarbeit an Wochentagen

	ohne	bis 1 h	1–2 h	2–3 h	3–4 h	über 4 h
Ehefrau	–	7	31	32	18	12
Ehemann	5	48	33	9	3	2
andere Fam.-Mitgl.	40	49	7	2	1	1

Rangfolge der Ausbildungsberufe mit hohem Anteil weiblicher Auszubildender 1979

Bundesrepublik	DDR
1. Verkäuferin (ohne Spezialisierung)	1. Fachverkäuferin
2. Friseurin	2. Wirtschaftskauffrau
3. Verkäuferin im Lebensmittelhandel	3. Facharbeiterin für Schreibtechnik
4. Bürokauffrau	4. Facharbeiterin für Textiltechnik
5. Industriekauffrau	5. Zootechnikerin
6. Arzthelferin	6. Köchin
7. Einzelhandelskauffrau	7. Kleidungsfacharbeiterin
8. Zahnarzthelferin	8. Zerspanungsfacharbeiterin (Dreher)

8 Zweierlei Jugendkultur

Jugendliche setzen sich in ihren Denkstilen und Lebensmustern von der Welt der Erwachsenen ab. In beiden Teilen Deutschlands entwickelten sich seit den 50er Jahren eigene Jugendkulturen. Der Wunsch nach einer eigenständigen Lebensform provozierte Konflikte mit Eltern, Staat und Gesellschaft.

8.1 Rock und Staat. Jugend in der DDR

Wie jede Diktatur wollte auch die SED-Führung mithilfe von sozialistischer Schule, Pionier- und FDJ-Organisationen usw. Einfluss auf junge Menschen nehmen. Die Freie Deutsche Jugend (FDJ), die Staatsjugend der DDR, hatte eine doppelte Aufgabe: Sie musste einerseits in Kursen, Aufmärschen und Feiern, Arbeitseinsätzen und Lagern politische und ideologische Arbeit leisten.

Pionier-Kleidung und FDJ-Hemd und -Bluse aus einem Warenhaus-Katalog der DDR, 1972/73

Gleichzeitig organisierte sie attraktive Freizeitangebote. Die zahlreichen staatlichen Jugendclubs und Diskotheken besuchten regelmäßig etwa zehn Prozent der Jugendlichen. Ende der siebziger Jahre entstand eine DDR-eigene Rockszene, anfänglich gegen den Widerstand der DDR-Führung und argwöhnisch von der „Stasi" überwacht. Fremdsprachige Titel waren wegen der Furcht vor westlichem Einfluss verboten. Als Folge entstand eine DDR-Rockmusik mit deutschen Texten, die oft zu „Ohrwürmern" wurden, z. B. „Über sieben Brücken musst du gehn" der Gruppe Karat. Zu den DDR-Kultgruppen gehörten als erfolgreichste Bands die Puhdys, Silly (Tamara Danz) und Karat mit Millionenauflagen ihrer Platten. Zeitweilige Unterdrückung und ständige Überwachung konnten die Ausstrahlung dieser Gruppen nicht bremsen. Gelegentlich ließ die Staatsführung auch Auftritte von Westkünstlern (Peter Maffay, Udo Lindenberg, Phil Collins, Bruce Springsteen) in der DDR zu. Ihr Musikprogramm wurde aber vorher genau kontrolliert. Zu den großen Rockkonzerten Ende der achtziger Jahre, z. B. mit Joe Cocker in Berlin-Weißensee, kamen bis zu 180 000 Menschen. Musik war in Ost und West ein Ventil für die Aufbruchstimmung Jugendlicher.

DDR-typischer Verlauf für den Heranwachsenden:
Krippe (1.–3. Lebensjahr); Kindergarten (3.–6. J.), ca. 80 Prozent der Kinder; 10-jährige Polytechnische Oberschule, bestehend aus Unterstufe (7.–10. J.), Mittelstufe (11.–13. J.), fast alle Kinder sind Pioniere, Oberstufe (14.–16. J.); anschließend Lehre bzw. Erweiterte Oberschule (17.–18. J. mit Abschluss Abitur) oder Berufsausbildung mit Abitur (17.–19. J.). Ca. 70 Prozent der 14–25-Jährigen sind in der FDJ.

Das Festival des politischen Liedes war eine der populärsten Kulturveranstaltungen der DDR

Tamara Danz, Sängerin der Gruppe Silly

Die erste LP der Puhdys, Berlin 1974

A1 Überlege, was die SED-Führung mit dieser Gestaltung des Alltags erreichen wollte.

A2 Welches Bild der Jugend wird dem Betrachter vermittelt?

A3 Betrachte die Abbildungen genauer. Wodurch bringen diese Jugendlichen ihre Eigenständigkeit zum Ausdruck?

A4 Nicht alle Rockbands wurden zugelassen. Bands mit den Namen „Wutanfall" oder „Vorbildliche Planerfüllung" erhielten Auftrittsverbot. Erkläre!

8.2 Jugendweihe in der DDR

Millionen DDR-Jugendliche nahmen zwischen 1954 und 1989 an der Jugendweihe teil. Sie geht als Fest der Arbeiterbewegung auf die Zeit des Kaiserreichs zurück. In der Jugendweihe wurde der Jugendliche in die Welt der Erwachsenen aufgenommen. Die SED-Führung übernahm diese Tradition, verband die Feier aber mit einem Bekenntnis zum sozialistischen Staat. An der ersten Jugendweihe 1955 nahmen nur 18 Prozent des Jahrgangs der Vierzehnjährigen teil, seit Anfang der sechziger Jahre regelmäßig um 90 Prozent. Die Jugendweihe stand anfänglich in Konkurrenz zur Konfirmation. Lehrer beteiligten sich an Vorbereitung und Durchführung. Mancher, der nicht daran teilnahm, musste sich rechtfertigen. Die meisten Jugendlichen erlebten die Jugendweihe als großes Fest. Der politische Hintergrund wurde oft übersehen, weil andere Eindrücke überwogen: der festliche Rahmen, das Zusammentreffen der Familie, die Geschenke. In den östlichen Bundesländern erlebte die Jugendweihe nach einem kurzen Rückgang nach 1989 schnell Zulauf: Etwa jeder zweite ostdeutsche Schüler nimmt daran teil.

Zwei Erfahrungsberichte über die Jugendweihe:

Q1 „Meine Lehrerin hat uns gefragt, wer Jugendweihe machen will. Ich hab gesagt, ich würd sie nicht mitmachen. Da gab's dann schreckliche Auseinandersetzungen. Nach dem Unterricht hat sie mich geholt, und ich sollte ihr das erklären. Ich hab das so versucht, wie man das als Schüler einer siebten Klasse so kann. Und sie kriegte solche Ausfälle. Dann musste ich vor das Elternaktiv (Elternvertretung). Da waren zwei Leute vom Elternaktiv und ich ganz allein."
(Dt. Jugendinstitut [Hg.]: Was für Kinder, S. 320)

Werbeplakat für die Jugendweihe

A1 Interpretiere das Bild. Was bedeutet der Hintergrund?

Q2 „(...) mit elf Jahren empfing ich die heilige Kommunion, mit vierzehn wurde ich gefirmt. Aber für mich hatte ich entschieden, auch zur Jugendweihe zu gehen. Nicht deshalb, weil ich mich in der Klasse gegen das Gefühl des Ausgeschlossenseins wehren wollte, nein, eher aus einem zunächst sicher recht allgemeinen Empfinden heraus, dass die Dinge, die mit der Jugendweihe zu tun hatten, viel direkter das unmittelbare Leben im Dorf betrafen. Da war irgendetwas Helles in unser Leben gedrungen, was sich in den Liedern stets ‚die neue Zeit' nannte. Ja, nur so kann ich das eigentlich beschreiben."
(Zimmermann, B./Schütt, H.-D.: Noch Fragen, Genossen?, S. 179)

A2 Diskutiert die beiden Berichte. Wie konnte es zu so unterschiedlichen Erfahrungen kommen?

8.3 Jugend in der Bundesrepublik – Vielfalt der Lebensformen

Als in den fünfziger Jahren die krasse Nachkriegsnot dem „Wirtschaftswunder" wich, fand die in den USA entstehende Popkultur auch unter der westdeutschen Jugend immer mehr Anhänger. „Halbstarke" schimpften die angepassten Älteren diese Jugendlichen. Das Lebensgefühl dieser „Szene" prägte der Rock 'n' Roll. Der Rockmusiker Udo Lindenberg erinnert sich:

Q1 „Damals 1957, ich war elf, schoss aus dem Radio Elvis Presley mit „Tutti Frutti", und die ersten Takte verbannten meine bisherigen Lieblingslieder „Ave Maria", „Was hat der Hans mit der Grete getan", „Der lachende Vagabund" und sogar „Marina" schlagartig aus meinem Frischlingsherzen. Worum es ging, verstand

Aus einem amerikanischen Filmplakat, das den Lebensstil des Rock 'n' Roll spiegelt.

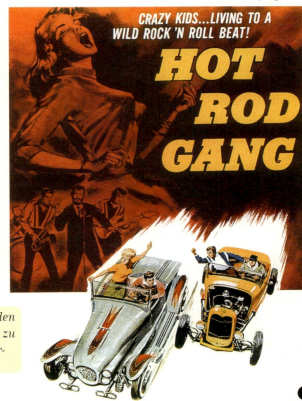

ich nicht, aber dieser Schluckauf-gesang und die elektrisierende Musik rockten mich durch. Elvis Presley hatte mich angezündet, und ich dachte: Jetzt ist Erdbeben.(...) Er hat uns gegen unsere Eltern, denen ja sonst alles gehörte, etwas Eigenes gegeben. Bis jetzt hatten wir immer zu hören bekommen: ‚Dafür bist du noch zu jung.' Mit Elvis in den Ohren konnten wir zurückbrüllen: ‚Dafür seid ihr schon zu alt.'"

(Kleßmann, Chr./Wagner, G. [Hg.]: Das gespaltene Land, S. 294)

A1 Erkläre anhand von Bild und Text das Revolutionäre des Rock 'n' Roll.

A2 Sucht eine treffende Überschrift für Lindenbergs Bericht.

Hippies, 1967

Einen entscheidenden Einschnitt für die Jugendkultur brachte die „68er Bewegung". Mit der Studentenbewegung wandelte sich das Verhältnis zwischen den Generationen. Einrichtungen, die früher den Weg in die Zukunft wiesen – Familie, Kirche, Staat – erlitten seit 1968 einen spürbaren Bedeutungsverlust. Insofern bildet die „68er Bewegung" den Ausgangspunkt für spätere Jugendbewegungen. Eine immer mehr individualisierte Gesellschaft entstand. Unübersichtlichkeit wurde zum Kennzeichen von Jugendkulturen, denn es entstand eine Vielfalt von Stilen und Lebensformen, die Jugendbewegungen vielfach unter sich wieder trennten: Punks von Yuppies, Rocker von Friedensbewegten, Skinheads von Kernkraftgegnern. Bei allen Unterschieden im Einzelnen sagen alle diese Jugendbewegungen etwas über die Gesellschaft aus. Sie spiegeln z. B. politische Veränderungen – wie die Entstehung der Friedensbewegung am Anfang der achtziger Jahre. Oder sie drücken die Bewusstseinslage einer Generation aus.

A3 Betrachte die Abbildungen. Worin ist das Besondere dieser Jugendgruppen zu erkennen?

Q2 Ein Punk meldet sich zu Wort, 1994:

„Timo: Hier sind doch alle nur am Abbezahlen ihrer Kredite und erarbeiten sich irgendwelche Statussymbole. Keine Nähe untereinander. Mit Menschlichkeit oder Selbstverwirklichung läuft hier nicht viel. Der normale Weg ist: Elternhaus, Kindergarten, Schule, dann studieren und gleich einen Job lernen. Ich möchte nicht einen Job haben, nur damit ich dem Arbeitsmarkt zur Verfügung stehe und die Kohle ranschaffe, die ich zum Leben brauche, aber nach fünf Jahren unglücklich bin. Und ich das vierzig oder fünfzig Jahre tue, dann ins Rentenalter komme."

(„Die Zeit" vom 19.8.1994, S. 7)

Punker Mitte der 80er Jahre

Westdeutsche Skinheads Anfang der 90er Jahre

A4 Was kritisiert Timo?

A5 Inwiefern drückt sich das Lebensgefühl der Punks in ihrer äußeren Erscheinung aus?

EXPEDITION GESCHICHTE

Starkult in Ost und West

Die Verehrung von Popstars gab es in Ost und West. Daraus entstand eine blühende Industrie, die ganz auf die Bedürfnisse Jugendlicher zugeschnitten war – Schallplatten, später CDs, Kleidung, Bücher usw. Jugendliche aus der DDR hörten häufig Westradio und sahen Westfernsehen. Über die Grenzen hinweg wurden Trends und Stimmungen geteilt. Jede Jugendgeneration hat ihre Idole hervorgebracht. Sie kamen meist aus den USA oder England und wurden in beiden Teilen Deutschlands verehrt. Solche Idole entstanden nie zufällig. Sie repräsentieren ein bestimmtes Zeitgefühl, drücken politische Stimmungen aus, sind Spiegel jugendlicher Befindlichkeit und verkörpern Sehnsüchte. Hier sind einige Idole aus vierzig Jahren deutscher Jugendgeschichte dargestellt.

A1 Versucht, diese Idole bestimmten Jugendgenerationen (50er/60er/70er/80er) zuzuordnen.

A2 Sucht in Gruppenarbeit zusätzliche Informationen über diese oder andere Jugendidole. Wofür stehen sie? Weshalb hatten sie Erfolg? Was wurde später aus ihnen? Vergleicht mit heutigen Stars.

A3 Ihr könnt eure Arbeitsergebnisse z. B. als Bildbericht oder Ausstellung aufbereiten.

Rechts: Elvis Presley
Unten: John Travolta

Oben: Die Schauspielerin Romy Schneider
Links: Jimi Hendrix
Unten: Die Beatles

Oben: Der Schauspieler James Dean
Rechts: Die Popsängerin Madonna

9 Berlin – Doppelstadt im geteilten Deutschland

Die Gründung zweier deutscher Staaten 1949 bedeutete auch die politische und administrative Teilung Berlins. Der Auszug der Sowjetunion aus dem Alliierten Kontrollrat und im Juni 1948 auch aus der gemeinsamen Alliierten Stadtkommandantur, die Berlinblockade (vgl. S. 22) und die Spaltung des Berliner Magistrats (vgl. S. 23) Ende November 1948 waren wichtige Etappen in diesem Prozess. Ostberlin wurde Regierungssitz der DDR und damit das Verwaltungs-, Wirtschafts- und Kulturzentrum des neuen sozialistischen Staates. Westberlin erhielt 1950 eine neue Verfassung. Danach wird in freien, gleichen und geheimen Wahlen ein Abgeordnetenhaus gewählt, das wiederum einen Senat mit dem Regierenden Bürgermeister an der Spitze wählt. Daneben gibt es Vertretungen der einzelnen Stadtbezirke: Bezirksbürgermeister, die Bezirksverordnetenversammlung und eigene Bezirksverwaltungen. Damit bekam Westberlin faktisch den Status eines Bundeslandes der Bundesrepublik. Aus Rücksicht auf den Viermächtestatus Berlins, den die vier Besatzungsmächte offiziell nicht aufgegeben hatten, besaßen aber die Berliner Abgeordneten im Bundesrat der Bundesrepublik nur begrenztes Stimmrecht. Auch Bundesgesetze durften nur nach einem besonderen Übernahmeverfahren in Westberlin angewandt werden. Ähnliches galt zunächst auch für das Verhältnis zwischen Ostberlin und der DDR.

A1 *Skizziere wichtige Schritte auf dem Weg zur Teilung Berlins.*

A2 *Wieso besaß Berlin einen „Sonderstatus"?*

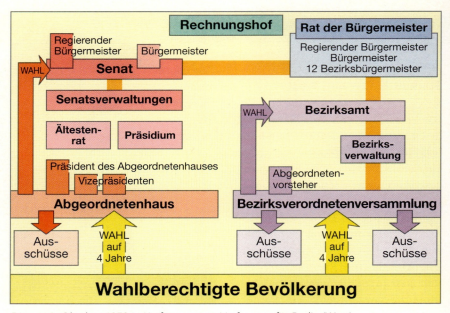

Die am 1. Oktober 1950 in Kraft getretene Verfassung für Berlin (West)

A3 *Erläutere die Verfassung Westberlins.*

Nirgendwo zeigte sich die Teilung zwischen den Machtblöcken so krass wie in Berlin. Als „Hauptstadt des Kalten Krieges" wurde die Stadt Schauplatz spektakulärer Flucht- und Geheimdienstaktionen sowie ständiger ideologischer Kriegführung und propagandistischer Beeinflussung beider Seiten.

1956 wurde ein 300 Meter langer Tunnel entdeckt, der von Westberlin aus unter der Sektorengrenze hindurch nach Alt-Glienicke in Ostberlin gegraben worden war. Er wurde für das Abhören des DDR-Telefonnetzes und sowjetischer Telefonleitungen genutzt. Im Bild Polizisten aus Westberlin, die nach der Entdeckung den Tunnelausgang bewachen. 1964 gelang 57 Ostberlinern die Flucht nach Westen durch einen ähnlichen Tunnel.

A4 *Diskutiert über diese Aktionen.*

Der 1956 in der DDR entdeckte Spionagetunnel

Behinderungen beim Transit (= Durchreise) durch die DDR waren für die Westberliner jahrelang ein Problem. Besuche im Ostteil der Stadt wurden den Westberlinern nur durch sporadische Passierscheinaktionen ermöglicht. Erst nach den Ostverträgen Anfang der 70er Jahre begann sich der Reiseverkehr zu normalisieren.

A1 *Suche eine treffende Überschrift zu diesem Bild.*

Berlin war für beide Seiten vor allem auch ein Prestigeobjekt, ein „Schaufenster", mit dem man die gegnerische Seite beeindrucken wollte, auch architektonisch. Ob das Hochhaus des Springer-Konzerns direkt an der Mauer oder der gigantische Fernsehturm am Alexanderplatz: Die Wirkung auf die andere Seite war nie unwichtig. Aufwendige Großveranstaltungen, wie die Weltfestspiele 1973 in Ostberlin oder die Berlinaden in Westberlin, bedeutende Messen und gewaltige Siedlungsprojekte gehörten zum Wettkampf der Systeme.

Parallel zu einem „Deutschlandtreffen" der FDJ in Ostberlin fand 1950 in Westberlin die nach dem Krieg erste internationale Nachkriegsmesse mit Autoschau statt. Ein Stadtrat aus Westberlin kommentierte:

Westberliner warten bei der ersten Passierscheinaktion 1963 in Charlottenburg auf die Ausstellung ihrer Papiere für die Einreise nach Ostberlin.

Werbeplakat

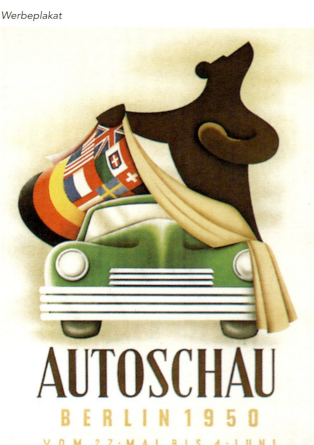

Q1 *„Mit dieser Ausstellung wird im Kalten Krieg eine Schlacht geschlagen und gewonnen. Könnte sie irgendwo und irgendwann besser geschlagen und gewonnen werden als in Berlin und zu Pfingsten 1950?"*
(Korff, G.: Berlin, Berlin. Die Ausstellung zur Geschichte der Stadt, S. 617)

A2 *Erkläre, wieso eine Autoschau als „Schlacht im Kalten Krieg" gewertet werden kann.*

A3 *Und warum wird Berlin diese besondere Rolle zugeschrieben?*

Dieses 1953 entstandene Gemälde von Heinz Löffler zeigt und feiert die Arbeiten an der „ersten sozialistischen Straße Deutschlands", der Stalinallee, die 1961 in Karl-Marx-Allee umbenannt wurde. Mit diesem Großprojekt begann der Ausbau Ostberlins zur repräsentativen Hauptstadt der DDR. Ostberlin blieb bis zum Zusammenbruch der DDR 1989 das privilegierte Zentrum der Bauaktivitäten in der DDR. Viele Baukombinate der DDR-Bezirke mussten mehr Bauleistungen in Ostberlin erbringen als in ihren eigenen Bezirken.

A1 *Beschreibe das Gemälde. Wie würdest du die hier entstehende Architektur charakterisieren?*

A2 *Woran erkennt man, dass in diesem Bild der Sozialismus gefeiert wird?*

Kennedy auf dem Balkon des Rathauses von Berlin-Schöneberg, 1963

Gemälde von Heinz Löffler, 1953

Auch der umjubelte Besuch des amerikanischen Präsidenten J. F. Kennedy 1963 in Berlin zeigte, wie sehr die Stadt „Schaufenster" der gegnerischen Systeme war. Nach dem Besuch der Berliner Mauer sagte Kennedy vor 400 000 Zuschauern am Schöneberger Rathaus:

Q2 *„Alle freien Menschen, wo immer sie leben mögen, sind Bürger dieser Stadt Westberlin und deshalb bin ich stolz darauf sagen zu können: Ich bin ein Berliner."*
(Die Chronik Berlins, S. 518)

A3 *Der von Kennedy auf Deutsch gesprochene letzte Teil des Satzes wurde als „geflügeltes Wort" berühmt. Suche eine Erklärung.*

Die Wohnungsnot in beiden Teilen der Stadt führte zur Errichtung riesiger „Trabantenstädte", z.B. dem Märkischen Viertel im Westen und Marzahn im Osten Berlins. Während sich derartige Massenquartiere im Westen bald zu sozialen Brennpunkten entwickelten, waren die „Plattenbauten" im Osten bis zur Vereinigung 1990 und teils darüber hinaus bei der Bevölkerung beliebt und sozial unproblematisch.

A1 *Diskutiert über derartige Wohnsiedlungen. Bedenkt dabei Wohnungsnot und Platzmangel in der Großstadt, aber auch die Probleme eines so engen Zusammenwohnens von Menschen.*

Nicht zuletzt aufgrund massiver Finanzhilfe aus der Bundesrepublik konnte Westberlin die mit mehr als 300 000 Arbeitslosen noch Anfang der 50er Jahre katastrophale Wirtschaftslage relativ rasch überwinden. Steuerliche Vergünstigungen machten Westberlin trotz der „Insellage" für Betriebe interessant. Parallel zur Bundesrepublik erlebte Westberlin sein „Wirtschaftswunder". Damit einhergehend begann ab den 60er Jahren auch der massive Zuzug von Gastarbeitern. Insbesondere Türken stellen heute einen erheblichen Bevölkerungsanteil. Sie geben mit ihrer Kultur ganzen Stadtteilen, wie z.B. Kreuzberg, ein eigenes, multikulturelles Gesicht und sind auch ein bedeutender Wirtschaftsfaktor für die Stadt.

Zum multikulturellen Gesicht Berlins gehören auch die Berliner Moscheen.

Berlin wurde auch ein Zentrum von Subkulturen, von kulturellen und politischen Gegenbewegungen, die sich in bestimmten Stadtbezirken einrichteten. So hielten Anfang der 80er Jahre zahlreiche Hausbesetzungen von Punkern, alternativen und linken Gruppen Westberlin in Atem. In Ostberlin bildete sich vor allem im Stadtteil Prenzlauer Berg eine dem DDR-Sozialismus kritisch gegenüberstehende „Szene" heraus.

Das ab 1963 erbaute Märkische Viertel in Westberlin. 1970 wurde die 10 000. Wohnung bezugsfertig.

Ein besetztes Haus in Westberlin Anfang der 80er Jahre

A2 *Was sagt diese Wandmalerei über die Motive der Hausbesetzer aus?*

10 Das 41. Jahr der DDR – von der Jubelfeier zum Begräbnis

Am 6. und 7. Oktober 1989 fanden große offizielle Feiern zum 40. Jahrestag der DDR statt. Gleichzeitig demonstrierten Zehntausende für eine Demokratisierung der DDR.

Q1 Erich Honecker zum 40. Jahrestag der DDR:
„Mit Stolz können wir im 40. Jahr des Bestehens der DDR feststellen, dass sich alle Mühen gelohnt haben. Der Sozialismus hat auf deutschem Boden mit der Entwicklung unserer Republik als sozialistischem Staat der Arbeiter und Bauern unwiderruflich festen Fuß gefasst. Dass es so weitergeht, dafür werden wir gemeinsam sorgen, denn wir sind bereit zur Arbeit und zur Verteidigung des Friedens."
(„Einheit", Heft 9/10, 1989)

DDR-Militärparade in Berlin zum 40. Gründungstag am 7. Oktober 1989

Q2 Aus einem offenen Brief des Friedenskreises der Bartholomäus-Gemeinde in Berlin vom 1.7.89:
„Was muss alles noch passieren? Es ist genug. Immer mehr erwachsene, verantwortungsbewusste Menschen verlassen dieses Land. Entmutigt verlassen sie ihre Heimat, ihre Freunde, Verwandten und Kollegen (…) Soll unser politisches System weiter in Stagnation verharren, in der, wie ‚Jahrzehnte schon, immer dieselben ‚99,9 % mit Ja stimmen', in der ‚alles von oben bestimmt wird'? Es muss endlich Schluss sein mit der fortwährenden Abgrenzung der Regierenden gegen die Kritik durch die Bürger (…) Das gesicherte Recht des Bürgers, eine Meinung frei und öffentlich zu äußern, fördert das Verantwortungsbewusstsein des Einzelnen und schafft damit die Grundlage für die notwendige Demokratisierung unserer Gesellschaft."
(Geschichte 4 N, S. 197)

Demonstration am 4. November 1989 auf dem Alexanderplatz in Berlin

In Leipzig begannen die „Montagsdemonstrationen". Am 9. Oktober 1989 waren es 70 000 Menschen, eine Woche später 100 000. Die bereitstehenden militärischen Kräfte griffen entgegen den ursprünglichen Absichten von Honecker und MfS-Chef Mielke nicht ein.

A1 Vergleiche die Quellen und Abbildungen.

A2 Welche politischen Ziele standen hinter der zentralen Losung: „Wir sind das Volk"?

A3 Interpretiert Ziele der Demonstranten anhand der erkennbaren Losungen.

Q3 Aufruf einer Leipziger Kampfgruppe:
„Die Angehörigen der Kampfgruppenhundertschaft ‚Hanns Geiffert' verurteilen, was gewissenlose Elemente seit einiger Zeit in der Stadt Leipzig veranstalten. Wir sind dafür, dass Bürger christlichen Glaubens in der Nikolaikirche ihre Andacht und ihr Gebet verrichten (…) Wir sind dagegen, dass diese kirchliche Veranstaltung missbraucht wird, um staatsfeindliche Provokationen gegen die DDR durchzuführen (…) Wir sind bereit und willens, das von uns mit

EXPEDITION GESCHICHTE

Ein Museumsbesuch im „Haus der Geschichte"

Waren Museen früher Orte, wo Geschichte in verstaubten Vitrinen „bewahrt" wurde, so verstehen moderne Museen sich als Erlebniswelten, in denen die Besucher sich auf vielfältige Weise mit ihrer Geschichte auseinandersetzen können. Film- und Diavorführungen, Computersimulationen, auch „Geschichte zum Anfassen" sind heute keine Ausnahmen mehr. Ein solches Museum ist das „Haus der Geschichte der Bundesrepublik Deutschland" in Bonn. Ein Besuch würde sich lohnen, gerade auch zum Thema der Vereinigung beider deutscher Staaten, das dort breit dokumentiert ist.

Museumsbesuche können vielfältig gestaltet werden: Besichtigung, Führung, Vorträge sind die gebräuchlichsten Formen. Mehr Spass könnte der Museumsbesuch machen, wenn ihr so vorgeht:

1. Teilt euch in Gruppen auf. Jede beschäftigt sich mit einem speziellen Thema, das sie besonders interessiert, z. B. „Alltag der Menschen in der DDR", „Die deutsche Einheit", „Umweltpolitik" usw.

2. Geht nun im Museum auf „Entdeckungsreise" und tragt zusammen, was ihr zu eurem Thema und der von euch gewählten Epoche herausgefunden habt.

3. Ihr könnt, wenn genügend Zeit vorhanden, noch im Museum für die anderen Gruppen eine kurze Führung zusammenstellen, in der ihr, z.B. kombiniert mit Kurzvorträgen, die wichtigsten Ergebnisse vorstellt. Oder ihr bereitet eure Erkenntnisse später für den Unterricht auf (Referat, Info-Mappe etc.). Habt ihr ein zeitgeschichtliches Thema erkundet, könntet ihr euch auch für eine eigene Ausstellung Anregungen holen. Sucht dann bei Freunden und Bekannten nach Exponaten (= Ausstellungsstücken) für eine Ausstellung in eurer Schule.

Dauerausstellung im „Haus der Geschichte" in Bonn zum Thema „Friedliche Revolution in der DDR"

unserer Hände Arbeit Geschaffene wirksam zu schützen, um diese konterrevolutionären Aktionen endgültig und wirksam zu unterbinden. Wenn es sein muss, mit der Waffe in der Hand."
(„Leipziger Volkszeitung" vom 6.10.1989)

Q4 Aufruf eines Bürgerkomitees im Leipziger Stadtfunk:
„Bürger! Prof. Kurt Masur, Pfarrer Dr. Zimmermann, der Kabarettist Bernd-Lutz Lange und die Sekretäre der SED-Bezirksleitung Dr. Kurt Meyer, Jochen Pommert und Dr. Roland Wötzel wenden sich mit folgendem Aufruf an alle Leipziger: Unsere gemeinsame Sorge und Verantwortung haben uns heute zusammengeführt. Wir sind von der Entwicklung in unserer Stadt betroffen und suchen nach einer Lösung. Wir alle brauchen freien Meinungsaustausch über die Weiterführung des Sozialismus in unserem Land. Deshalb versprechen die Genannten allen Bürgern, ihre ganze Kraft und Autorität dafür einzusetzen, dass dieser Dialog nicht nur im Bezirk Leipzig, sondern auch mit unserer Regierung geführt wird. Wir bitten Sie dringend um Besonnenheit, damit der friedliche Dialog möglich wird."
(Neues Forum Leipzig [Hg.]: Jetzt oder nie – Demokratie, S. 82 f.)

A1 Arbeite die gegensätzlichen Standpunkte heraus. Welche Gefahr bestand?

A2 Was zeigt die Zusammensetzung des Leipziger Bürgerkomitees?

A3 Wessen Verdienst ist es, dass es im Herbst 1989 nicht zu blutigen Auseinandersetzungen kam?

Die SED-Führung musste nun reagieren. Honecker und andere Spitzenpolitiker wurden zum Rücktritt gezwungen. Das politische Spektrum entwickelte sich jetzt rasant. Gorbatschow hatte bereits zuvor signalisiert, dass die Sowjetunion in der DDR keinesfalls militärisch eingreifen würde. Neue Parteien und Bürgerbewegungen entstanden. Immer mehr Menschen schlossen sich der Bürgerbewegung „Neues Forum" an. Die SED als Staatspartei begann zu zerfallen. Am 4. November 1989 demonstrierten auf dem Berliner Alexanderplatz eine halbe Million Menschen.

Nun überschlugen sich die Ereignisse. In der Nacht vom 9. zum 10. November 1989 sah sich die neue SED-Führung gezwungen, die Grenze zu öffnen. Hunderttausende besuchten in den nächsten Tagen erstmals den Westen. Die SED befand sich in freiem Fall. Eine Krisensitzung jagte die andere. Im November waren die meisten alten Parteifunktionäre aus ihren Funktionen verdrängt. Die Autorität im Lande musste die neue Regierung unter Modrow, der vielen als Hoffnungsträger für Reformen nach sowjetischem Vorbild galt, mit dem „runden Tisch" unter Leitung der Kirchen teilen. Dieser gewann schnell an Popularität. Am 18. März 1990 fanden die von allen politischen Kräften geforderten ersten freien Wahlen statt. Die von der CDU geführte „Allianz für Deutschland" erreichte fast 50 Prozent der Wählerstimmen. Jetzt drängten die meisten DDR-Bürger auf einen schnellen Beitritt zur Bundesrepublik. Denn die wirtschaftliche Lage der DDR wie auch der anderen osteuropäischen Staaten ließ andere Lösungen wenig Erfolg versprechend erscheinen.

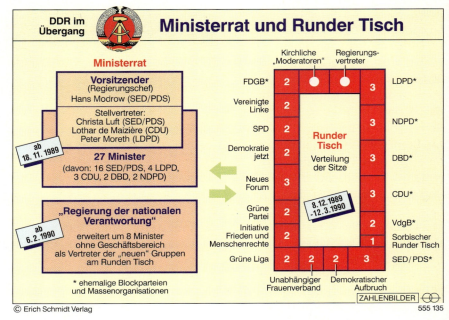

Die Zusammenarbeit zwischen Regierung der DDR und „rundem Tisch"

Jubelnde Menschen feierten am 9. November 1989 am Brandenburger Tor in Berlin die Öffnung der Mauer.

A1 Beschreibe das Bild (links).
A2 Erläutere anhand des Schemas (oben), wie die DDR seit November 1989 regiert wurde.

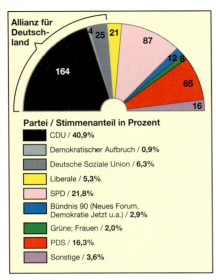

Allianz für Deutschland

Partei / Stimmenanteil in Prozent
CDU / 40,9%
Demokratischer Aufbruch / 0,9%
Deutsche Soziale Union / 6,3%
Liberale / 5,3%
SPD / 21,8%
Bündnis 90 (Neues Forum, Demokratie Jetzt u.a.) / 2,9%
Grüne; Frauen / 2,0%
PDS / 16,3%
Sonstige / 3,6%

Das Ergebnis der ersten demokratischen Wahlen zur Volkskammer der DDR vom 18. März 1990

A1 Interpretiere das Wahlergebnis.

A2 Welche Erwartungen verbanden viele DDR-Bürger mit solchen Losungen (Bild rechts)?

A3 Sprecht über die Ursachen für diesen Stimmungsumschwung.

Der Kurs der letzten DDR-Regierung unter Führung des Vorsitzenden der Ost-CDU, Lothar de Maizière, war auf den Beitritt der DDR zur Bundesrepublik gerichtet. Der wichtigste innenpolitische Schritt dahin war die am 1. Juli 1990 in Kraft tretende Währungs-, Wirtschafts- und Sozialunion mit der Bundesrepublik. Außenpolitisch mussten die Siegermächte des Zweiten Weltkriegs zustimmen. Diese „Zwei-plus-vier"-Gespräche hatten Erfolg, wobei den entscheidenden Durchbruch Bundeskanzler Kohl im Juli 1990 in einem Gespräch mit dem sowjetischen Präsidenten Gorbatschow im Kaukasus erzielte. Danach wurde der Einigungsvertrag ausgearbeitet und von beiden deutschen Parlamenten (Volkskammer und Bundestag) ratifiziert. Der Beitritt der DDR zur Bundesrepublik erfolgte am 3. Oktober 1990 – ein Jahr nach den dramatischen Ereignissen im Herbst 1989.

A4 Nenne die entscheidenden Schritte, die zum Beitritt der DDR zur Bundesrepublik führten.

A5 Befragt in Familie, Freundes- und Bekanntenkreis Menschen danach, wie sie diese Zeit erlebt haben. Sprecht über die unterschiedlichen Erfahrungen und Wertungen.

Links: Wahlkampfveranstaltung mit Bundeskanzler Helmut Kohl im März 1990 in Leipzig

A6 Welche Sicht auf die deutsche Einheit wird in den Karikaturen vermittelt?

A7 Diskutiert diese unterschiedlichen Meinungen.

Karikatur aus „The Spectator", London 24. 2. 1990

Karikatur aus der Stuttgarter Zeitung vom 25. 2. 1990

„Selbstverständlich freue ich mich über unseren Nachwuchs. Warum fragst du?"

GEWUSST WIE!

Gedenkstätten – Orte historischen Lernens

Gedenkstätten sind Denkmale mit besonderen Aufgaben: Dort soll nicht bloß erinnert, sondern gemahnt und für die Zukunft gelernt werden. Wie schwierig das ist, zeigen die Diskussionen um die Gedenkstätten für die Opfer des Nationalsozialismus. Es geht nicht nur darum, wie der Opfer gedacht werden soll, etwa in „versteinertem Gedenken" unvergänglicher Mahnmale oder eher einem „pädagogischen Gedenken" in Museen und Ausstellungen. Auch die Frage, wessen gedacht werden soll, ist nicht unumstritten. Soll das Andenken aller Widerständler und Opfer, unabhängig von ihren Zielen, gewahrt bleiben oder nur das Andenken derer, die demokratische Zielsetzungen verfolgten?

Ein interessantes Beispiel ist die Gedenkstätte Buchenwald bei Weimar. Das KZ Buchenwald erhielt 1958 von der DDR-Regierung ein monumentales Mahnmal. Die Ermordung des KPD-Führers Ernst Thälmann in diesem KZ und der von Kommunisten maßgeblich beeinflusste Widerstand der Häftlinge gaben Buchenwald eine Sonderstellung.

A1 *Schildere deinen Eindruck von dieser Anlage.*

Rechts: Buchenwald, im Hintergrund der monumentale „Turm der Freiheit", davor eine Gruppen-Plastik von Fritz Cremer, deren überlebensgroße Figuren bestimmte Häftlingstypen darstellen sollen.

Nach dem Ende der DDR stellten sich Fragen auch nach den Opfern des in Buchenwald nach dem Krieg von den Sowjets errichteten Speziallagers 2. Dort waren nicht nur NS-Kriegsverbrecher, sondern auch politische Oppositionelle interniert worden. Zwei Stellungnahmen:

Q1 Historiker-Kommission des Landes Thüringen 1991:
„*Es soll sowohl an das NS-Konzentrationslager als auch an das sowjetische Speziallager 2 erinnert werden (...) Die Erinnerungsstätten sollen deutlich voneinander getrennt sein.*"
(Bericht der Historiker-Kommission des Landes Thüringen, 1991, S. 18)

„Die Straße der Nationen" im KZ Buchenwald

Q2 W. Kleinhardt in „Die Zeit" vom 12.9.1991:
„In Buchenwald starben die Opfer zweier mordender Regime, und wir sollten diesen Toten eine gemeinsame Gedenkstätte schaffen mit Bäumen, Hecken, Blumen und Gedenktafeln, das heißt, eine Friedhofsanlage. (...) Wir, die noch lebenden Zeugen früherer Gräuel, könnten den künftigen Generationen ein ermutigendes Vermächtnis mit auf den Weg geben: Grabt nicht mehr in den Trümmern und Aschen dieses Jahrhunderts."
(„Die Zeit" vom 12.9.1991)

Q3 Fred Dellheim, Vorsitzender des Interessenverbandes der Nazi-Verfolgten, zur Frage der Gleichsetzung von Opfern des nationalsozialistischen KZ Buchenwald und des sowjetischen Speziallagers Nr. 2:
„Die Einmaligkeit der Nazi-Verbrechen, der Völkermord an Juden, Sinti und Roma, der Umgang mit Andersdenkenden und Anderslebenden, die Euthanasie-Verbrechen und der brutale Mordterror gegen jede Opposition kann mit anderen Formen der Unterdrückung – auch schlimmster Art – nicht verglichen werden. Bei aller notwendigen wissenschaftlichen Aufarbeitung der Geschichte der Internierungslager steht fest, dass dort Schuldige und Unschuldige saßen und die Internierungslager in ganz Deutschland eine Folge der Nazi-Verbrechen waren."
(Anhörung des Bundesinnenausschusses in Sachsenhausen am 7.3.1994, aus: ANTIFA, Heft 4/1994, S. 3)

A1 *Sprecht über die unterschiedlichen Positionen. Welche Meinung hast du?*

Beim Besuch einer Gedenkstätte beachtet folgende Fragen:

1. Wer hat die Gedenkstätte errichtet? Wann wurde sie geplant, in welcher historischen Situation und mit welcher Absicht?

2. Wessen Andenken wird gewahrt? Sind einzelne Personen oder Gruppen ausgenommen? Wenn ja, warum?

3. Wie ist die Gedenkstätte gestaltet? (Architektonische Merkmale, Wirkung auf die Besucher usw.)

A2 *Vergleiche die verschiedenen Gedenkstätten.*
A3 *Sprecht über die unterschiedlichen Formen des Gedenkens. Welche würdest du bevorzugen?*

In der Gedenkstätte des KZ Dachau zeigt eine 1968 errichtete Skulptur Häftlinge in einem Stacheldrahtzaun.

Gegenstände aus dem Lager erinnern im KZ Natzweiler an Mord und Zwangsarbeit.

GESCHICHTE IM ÜBERBLICK

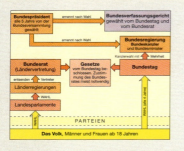

1949   **1950**   **1952**   **1953**   **1955**   **1961**   **1966**

Gründung der Bundesrepublik: 23.5.49

Beginnendes „Wirtschaftswunder". Adenauers Politik der Westintegration. Stalin-Note abgelehnt.

NATO-Beitritt der Bundesrepublik.

Erste Wirtschaftskrise: Große Koalition.

Gründung der DDR: 7.10.49

DDR tritt RGW bei. Anerkennung der Oder-Neiße-Grenze. Gründung des MfS.

Arbeiteraufstand vom 17.6.53 niedergeschlagen.

DDR im Warschauer Pakt.

Bau der Mauer 13.8.61 unterbindet Flucht aus der DDR.

Zusammenfassung:
Die Bundesrepublik Deutschland (1949–1990):
- In den 50er Jahren wird unter der Führung Bundeskanzler Adenauers (CDU) die Politik der Bundesrepublik durch eine enge Westbindung an USA, NATO und EWG geprägt.
- Mit der sozialen Marktwirtschaft (Wirtschaftsminister Erhard) geht ein anhaltender Wirtschaftsboom einher („Wirtschaftswunder").
- Eine erste Wirtschaftskrise 1966/67, die „Große Koalition" und vor allem der gesellschaftliche Protest der „68er Bewegung" leiten eine Reformära (neue Ostpolitik, Bildungsreform, § 218 usw.) unter sozialliberaler Regierung (Brandt Kanzler 1969, ab 1974 Schmidt) ein.
- Wirtschaftsprobleme (Ölkrise, Arbeitslosigkeit) und linksextremistischer Terror (RAF, Schleyer-Entführung 1977) belasten die Politik seit Mitte der 70er Jahre.
- Nach dem Machtwechsel 1982 kann die Regierung Kohl (CDU/CSU/FDP) Wirtschaftserfolge verbuchen und die europäische Integration fördern, jedoch bleiben Massenarbeitslosigkeit und Umweltzerstörung ungelöste Probleme.
- Aus den Protestbewegungen (Anti-Atom, Frauenbewegung etc.) heraus etablieren sich die Grünen seit Ende der 70er Jahre als neue politische Partei.
- In der osteuropäischen Revolution 1989/90 gelingt es der Regierung Kohl, den Beitritt der DDR zur Bundesrepublik gegenüber den Siegermächten des Zweiten Weltkrieges politisch durchzusetzen.

Das geteilte Deutschland 1949–1990

1968/69 1971 1975 1977 1982 1989 1990

1968/69 Proteste der „68er Bewegung". Sozialliberale Koalition: Reformen, neue Ostpolitik.

1971 Honecker löst Ulbricht ab: Reformen (Sozialmaßnahmen, Konsumgüter, Wohnungsbau).

1975 Helsinkiabkommen: Signal für Bürgerrechtsbewegung im Osten.

1977 Höhepunkt des linksextremistischen Terrors (Schleyer-Entführung).

1982 Koalition CDU/CSU/FDP unter Kanzler Kohl.

1989 Wirtschafts- und Versorgungsprobleme, Ausreisewelle.

Im Zuge des Wandels in Osteuropa friedliche Revolution in der DDR: Fluchtwelle, Sturz Honeckers, Maueröffnung (9.11.89).
Erste freie Wahlen (März 90). Wirtschafts-, Sozial- und Währungsunion (1.7.90).

1990 Kohl erreicht internationale Zustimmung für Beitritt der DDR zur Bundesrepublik. Vereinigung am 3.10.90.

Die Deutsche Demokratische Republik (1949–1990):
- Unter Führung der SED (Ulbricht) wird die DDR als sozialistischer Staat nach sowjetischem Muster aufgebaut.
- Trotz Aufbauerfolgen bleibt der Lebensstandard in der DDR weit hinter dem der Bundesrepublik zurück (Ursachen: Planwirtschaft, Reparationen, Fluchtbewegung).
- Ein Arbeiteraufstand am 17. Juni 1953 gegen Erhöhung der Arbeitsnormen und für mehr Demokratie wird mithilfe der sowjetischen Besatzungsmacht niedergeschlagen.
- Um die permanente Fluchtbewegung zu stoppen, wird am 13.8.1961 die Mauer in Berlin errichtet und die DDR gegen den Westen völlig abgeschottet.
- Der Mauerbau bringt eine Stabilisierung der DDR mit zunehmendem Wohlstand (Sozialmaßnahmen, mehr Konsumgüter, Wohnungsbau), vor allem, nachdem Ulbricht 1971 durch Honecker abgelöst wurde. Dialog mit der Bundesrepublik (ab 1971).
- Das Helsinkiabkommen 1975 und der Einfluss des Westens geben in den 70er und 80er Jahren kleineren Gruppen von Bürgerrechtlern Auftrieb. Die Regierung baut den Überwachungsstaat weiter aus („Stasi").
- Versorgungsprobleme, Wahlmanipulationen und die Weigerung der Führung, die Reformen der Führungsmacht UdSSR (Gorbatschow) aufzugreifen, führen zu wachsender Unzufriedenheit der Bevölkerung.
- Im Zuge der Umwälzungen in Osteuropa seit 1989 erzwingt die Bevölkerung der DDR in einer friedlichen Revolution (Massendemonstrationen ab Okt. 89) den Rücktritt der Regierung und die Öffnung der Westgrenze (9.11.89). Die Übergangsregierung ist zunehmend Forderungen nach Vereinigung mit der Bundesrepublik ausgesetzt. Nach dem Sieg der unionsnahen „Allianz für Deutschland" bei den ersten freien Wahlen am 18.3.1990 folgen die Währungs-, Wirtschafts- und Sozialunion (1.7.90) und schließlich der Beitritt zur Bundesrepublik am 3.10.1990.

5 Die Welt seit 1990

Vier Momentaufnahmen aus der „Einen Welt"

Für Deutschland wurde der Beitritt der DDR zur Bundesrepublik am 3. Oktober 1990 zum herausragenden Ereignis der letzten Jahrzehnte. Die Weltpolitik wurde durch die Epochenwende 1990, durch den Zerfall der Sowjetunion und den Aufstieg der USA zur einzig verbliebenen Weltmacht grundlegend verändert. Aber wie leben eigentlich die Menschen an der Schwelle zum 21. Jahrhundert, was bestimmt ihren Alltag, was erwarten sie von der Zukunft? Diese Fragen stellte sich auch eine Gruppe Journalisten und Fotografen. Sie haben eine Bestandsaufnahme gemacht, indem sie Familien in der ganzen Welt befragten – und mit ihrem gesamten Besitz fotografierten. Diese Fotos „erzählen" mehr als Statistiken. Hier sind vier Beispiele von „Durchschnittsfamilien":

- aus Deutschland, einem reichen Industrieland der westlichen Welt
- aus Russland, wenige Jahre nach dem Zerfall der Weltmacht UdSSR
- aus Argentinien, einem „Schwellenland", das in seiner Entwicklung zwischen den Industriestaaten und den Entwicklungsländern steht
- aus Äthiopien, einem der ärmsten Entwicklungsländer Afrikas

A1 Vergleiche anhand Text und Bildern die Situation dieser Familien. Die Abbildung des Hausrats erlaubt Einblicke in den Alltag dieser Menschen.

A2 Welche Schlüsse auf die Situation heute und welche Erwartungen an die künftige Entwicklung kannst du aus diesen Informationen ableiten?

Oben: Eine typische Familie aus dem deutschen Mittelstand in einer westdeutschen Großstadt: Er ist Krankengymnast, sie Hausfrau. Größter Wunsch ist ein eigenes Haus auf dem Land. Auslandsreisen und Hobbys wie Sport und Musizieren bestimmen die Freizeit. Familienplanung und eine gute Ausbildung für die beiden Söhne sind selbstverständlich. Religion bedeutet wenig im Leben. Man ist umweltbewusst und hofft auf eine Welt ohne Kriege.

Rechts: Eine Familie aus dem argentinischen Mittelstand: er Fotograf, sie Kamerafrau. Regelmäßig Arbeit zu haben, ein eigenes Haus und ein professionelles Fotolabor sind die größten Wünsche. Die drei Kinder sollen eine gute Ausbildung bekommen, Familienplanung ist kein Fremdwort. Für die katholische Familie hat Religion keine zentrale, aber eine wichtige Bedeutung.

Links: Diese Lehrerfamilie lebt im sibirischen Teil Russlands, das sich seit 1990 in einem rapiden wirtschaftlichen und sozialen Verfall befindet. So stieg die Sterblichkeitsrate allein von 1989 bis 1993 um 30 Prozent. Auf wachsenden Wohlstand mag diese Familie nicht hoffen, sondern glaubt, dass Russlands Zivilisation zurückfällt. Aber sie setzt auf die Ausbildung der beiden Töchter, die auch die Freizeit bestimmt (Museen, Musik). Religion spielt keine Rolle.

Oben: Eine Bauernfamilie aus Äthiopien, das auf der Entwicklungsrangliste der UNO erst an 161. Stelle rangiert. Ein Ochse und ein Esel sind der wertvollste Besitz. Eine gute Ernte, mehr Tiere und für jeden eine zweite Garnitur Kleidung sind die größten Wünsche. Das Übersiedeln in die Stadt würde man als sozialen Aufstieg sehen. Die fünf Kinder sollen möglichst viel Schulbildung erhalten. Familienplanung praktiziert diese Familie nicht. Regelmäßiger Kirchgang ist selbstverständlich. Das einzige „Hobby" sind Gespräche mit Freunden auf dem Bauernmarkt.

1 Deutschland seit 1990

Schnell vollzog sich 1989/90 der Prozess der deutschen Vereinigung. Es war noch nicht ein Jahr seit dem Fall der Mauer vergangen, da trat die DDR am 3. Oktober 1990 dem Geltungsbereich des Grundgesetzes bei. Die staatliche Einigung war ein Akt, der zunächst vor allem auf dem Papier und in Festveranstaltungen stattfand. Folgen musste die Vereinigung im Alltag: Es galt, die wirtschaftlichen, politischen und Rechtssysteme aufeinander abzustimmen. Auch die Menschen mussten „ankommen" in der neuen, größer gewordenen Bundesrepublik.

Das vereinigte Deutschland seit 1990

A1 Erläutere anhand Text und Karte die Vereinigung.

A2 Sucht in diesem Kapitel nach Hinweisen, warum Helmut Kohl die Bundestagswahl 1998 verlor.

1.1 Die politische Entwicklung

Der Einigungsvertrag legte grundlegende Weichenstellungen fest: Hauptstadt wurde wieder Berlin. Durch den Beitritt nach § 23 des Grundgesetzes wurde das Rechtssystem der Bundesrepublik auf die Gebiete der DDR übertragen. Im Beitrittsgebiet entstanden fünf Länder: Brandenburg, Mecklenburg-Vorpommern, Sachsen, Sachsen-Anhalt und Thüringen. Die Ausarbeitung einer neuen Verfassung, die § 146 des Grundgesetzes ermöglicht hätte, erfolgte nicht.

Die Parteienlandschaft im Osten passte sich derjenigen der alten Bundesrepublik an: Die so genannten Blockparteien gingen in CDU und FDP auf. Die im Oktober 1989 gegründete Ost-SPD schloss sich mit der West-SPD zusammen. Die Partei der „Grünen" vereinigte sich mit der Bürgerbewegung „Bündnis 90". Einzige Besonderheit der ostdeutschen Parteienlandschaft blieb die aus der SED hervorgegangene Partei des Demokratischen Sozialismus (PDS). Sie konnte sich in der bundesdeutschen Parteienlandschaft behaupten, indem sie vom Einigungsprozess Enttäuschte sammelte und sich für die Interessenvertretung von Ostdeutschen besonders engagierte.

Als „Kanzler der Einheit" hatte Helmut Kohl die ersten gesamtdeutschen Wahlen 1990 souverän gewonnen. Die Unterstützung durch die Wähler in Ostdeutschland, ihre Dankbarkeit und Erwartung „blühender Landschaften" hatten dabei eine wichtige Rolle gespielt. Kohls Koalition aus CDU/CSU und FDP konnte auch die Wahlen 1994 klar für sich entscheiden, obwohl sich der Vereinigungsprozess viel schwieriger als erwartet gestaltete. Wirtschaftliche Probleme, insbesondere die anhaltend hohe Arbeitslosigkeit, ein Reformstau, der auch aus der fehlenden Bundesratsmehrheit der Regierung resultierte, und nicht zuletzt die Enttäuschung vieler ostdeutscher Wähler führten bei der Bundestagswahl 1998 zu einem deutlichen Sieg der SPD. Sie begann unter Kanzler Gerhard Schröder in einer Koalition mit Bündnis 90/Die Grünen innenpolitisch mit einer umstrittenen Reformpolitik. Außenpolitisch stellte der Kosovo-Konflikt die erste große Herausforderung dar (vgl. S. 143).

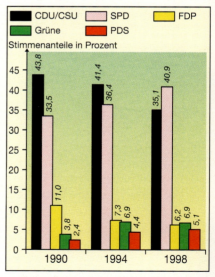

Die Ergebnisse der Bundestagswahlen 1990–98

A3 Formuliere für jede dieser Parteien eine „Trendanalyse" seit 1990.

1.2 Wirtschaftliche Probleme

Das Projekt „Aufbau Ost" forderte eine ungeheure ökonomische Kraftanstrengung. Bis 1995 flossen fast eine Billion DM in die neuen Bundesländer. Zur Finanzierung erhöhte die Bundesregierung die Staatsschulden und erhob eine Sondersteuer, den „Solidaritätszuschlag".

Diese Anstrengungen fielen in eine Zeit der ökonomischen Krise. Unter dem Druck zunehmender „Globalisierung", der weltweiten Konkurrenz billigerer Anbieter, bauten viele Unternehmen Arbeitsplätze ab. Die Gesamtzahl der Arbeitslosen in der Bundesrepublik stieg auf über 4 Millionen.

Zur Privatisierung und Reorganisierung der Volkseigenen Betriebe hatte noch die DDR-Regierung die Treuhandanstalt gegründet. Mit dem Einigungsvertrag wurde die Treuhand eine Bundesanstalt, die bis Ende 1994 bestand. Sie übernahm mehr als 12 000 Betriebe und etwa 57 Prozent der Fläche der DDR. Die Privatisierung war schwieriger als zunächst angenommen, da die Betriebe nicht westlichen Produktivitätsstandards entsprachen. Außerdem verloren mit dem Zusammenbruch der Wirtschaft in Osteuropa die meisten Ostbetriebe ihre traditionellen Absatzmärkte.

Da ostdeutsche Betriebe vielfach nicht konkurrenzfähig waren, kam es manchmal „billiger", sie zu schließen („abzuwickeln"), als sie weiter zu betreiben oder zu modernisieren. Immer wieder wurde auch der Verdacht laut, westdeutsche Firmen kauften gut gehende ostdeutsche Betriebe auf und führten diese dann in den Ruin, um unliebsame Konkurrenz loszuwerden. Für Unmut sorgte außerdem, dass die Investoren meist westdeutsche Unternehmer waren.

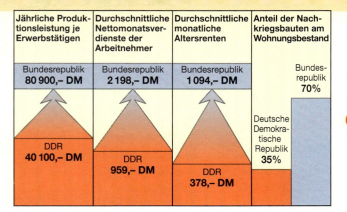

Der Abstand zwischen der Wirtschaft der Bundesrepublik und der DDR 1989

A1 Interpretiere diese Grafik.

A2 Erfinde zu beiden Abbildungen einen kurzen Zeitungsbericht.

Ein Beispiel für das Schicksal einst begehrter DDR-Produkte

Umweltprobleme in Bitterfeld. Die Anlagen der Chemiewerke sind verrottet, Gase strömen unkontrolliert aus, 1990.

Q1 Minister Wolfgang Ullmann (Bündnis 90) zur Gründung der Treuhand am 15. 3. 1990:
„In der Bildung der Treuhandanstalt sieht Ullmann einen wichtigen Schritt zur Sicherung der Rechte und des Eigentums der Bürger. Auf eine Enteignung der Bürger würde es hinauslaufen, wenn das von ihnen erarbeitete und eigentlich auch ihnen gehörende Volkseigentum als Staatseigentum behandelt würde. (...) Das volkseigene Industrievermögen der DDR wird auf 650 Milliarden Mark geschätzt. Damit entfielen auf jeden Bürger der DDR etwa 40 000 Mark. Erwogen wird, etwa 25 bis 30 Prozent des Industrievermögens den Bürgern in Form von Anteilscheinen oder Anrechten zur Verfügung zu stellen. Diese Vermögensurkunden könnten sie später zum Beispiel für den Erwerb von Wohnungen oder Gewerberäumen ausgeben."
(„Frankfurter Allgemeine Zeitung" vom 16. 3. 1990)

A3 Mit welchem Ziel wurde die Treuhandanstalt ursprünglich gegründet? Welche Aufgabe nahm sie schließlich wahr?

A4 Der für die Privatisierung der volkseigenen Betriebe verwendete Begriff „Abwicklung" wurde z. T. auf den Einigungsprozess insgesamt übertragen: Die DDR werde abgewickelt, hieß es. Informiere dich im Lexikon: Was bedeutet dieser Begriff? Kommentiere seine Anwendung auf den Einigungsprozess.

Der Einigungsvertrag sah für zwischen 1949 und 1989 vorgenommene Enteignungen den Grundsatz „Rückgabe vor Entschädigung" vor. Ausnahmen konnten u. a. gemacht werden, wenn die Rückgabe die Schaffung von Arbeitsplätzen behinderte. Über zwei Millionen Rückübertragungsansprüche wurden geltend gemacht. Durch die unsichere Eigentumsfrage wurden Investitionen z. T. stark verzögert.

Q2 Gregor Gysi (PDS) im deutschen Bundestag am 26.11.1997:
„Die Geldvermögen pro Haushalt sind in den letzten Jahren in Ost und West immer weiter auseinander gedriftet. 51 Prozent der Westhaushalte haben Grundbesitz, aber nur 28 Prozent der Osthaushalte. Dazu haben Sie [Bundeskanzler Helmut Kohl] durch Ihr Prinzip ‚Rückgabe vor Entschädigung' einen direkten Beitrag geleistet; denn das war ein Entzug von Eigentum an Grundstücken, Eigenheimen und Wochenendgrundstücken."
(Protokoll des Bundestags 13/206, TOP 1, S. 18654–18658; 18685–18686)

Q3 Dr. Kayser, Herausgeber der Zeitschrift für offene Vermögensfragen:
„Unzählige Bewohner der DDR, die wegen der ihnen angetanen Verfolgung und wegen Gefahr für Leib und Leben geflüchtet sind, sollen heute zusehen, wie die alten Seilschaften mit ihren inzwischen oft aus ungeklärten Kassen finanzierten Nobelkarossen vorfahren, Grundstücke, die mit den ersparten Groschen der Flüchtlinge oder ihrer Eltern erworben waren, nach der Vereinigung im Wert gestiegen sind und oft die einzige Grundlage für eine Existenzsicherung sein könnten, für 15 Pfennige pro Quadratmeter und Jahr nutzen und nach den Vorstellungen der Bonner Ministerien im nächsten Jahr vielleicht 30 Pfennige zahlen sollten." (Hier geht es um die schrittweise Anhebung von Pachtmieten auf das Niveau der Bundesrepublik)
(ZOV Zeitschrift für offene Vermögensfragen 3. Jg. 4/1993 Juli/August, S. 206)

A1 Wäge die Argumente für und wider den Grundsatz „Rückgabe vor Entschädigung" ab.

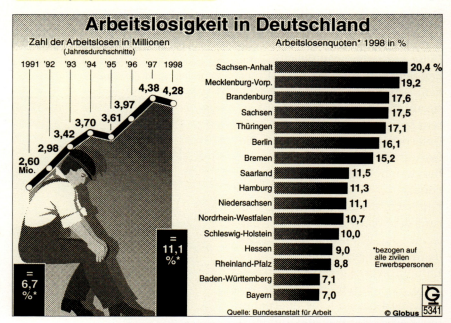

A2 Kommentiere diese Abbildung.

A3 Welche wirtschaftlichen Schwierigkeiten gingen mit der Vereinigung einher?

A4 Welche positiven, welche negativen Entwicklungen waren 10 Jahre nach der Vereinigung zu erkennen?

Beginn der Innenstadtsanierung in Cottbus, 1991

1.3 Eine neue Gesellschaft?

Die Meinungen über die Erfolge des Einigungsprozesses gehen nach wie vor auseinander. Unverkennbar gleicht sich der Lebensstandard in Ostdeutschland dem westdeutschen Niveau weiter an. Unbestritten ist jedoch auch, dass die Arbeitslosenquoten im Osten immer noch viel höher und die Einkommen immer noch niedriger sind als im Westen.

Q1 Die ostdeutsche Bürgerrechtlerin und Schriftstellerin Daniela Dahn:
„Die DDR ging unter, als sie gerade anfing, Spaß zu machen. Und zwar nicht nur für ein paar Dutzend Bürgerrechtler, sondern für Millionen Menschen, die endlich ihr Schicksal in die Hand genommen hatten: demonstrieren gingen, auf Versammlungen sprachen, (...) die alten Chefs absetzten, in Städten und Dörfern runde Tische einrichteten. So viel Selbstbestimmung war nie. Und damit so viel neues Selbstbewusstsein. (...) Doch das Reich der Freiheit, in dem die bürgerlichen und die sozialen Menschenrechte garantiert waren, währte nur ein halbes Jahr. Dann brach für die besitzlosen Ostdeutschen das Reich der Besitzenden aus. Eine Mehrheit, voll ungestilltem Verlangen, diesmal den Versprechungen der Obrigkeit glauben zu können, hatte es gewählt. Die Folgen sind bekannt: Millionen Ostdeutsche gerieten in fatale Abhängigkeiten von Alteigentümern, drei von vier Industriebeschäftigten wurden aus ihren Betrieben, neun von zehn Bauern von ihren Äckern vertrieben."
(Dahn, D.: Westwärts und nicht vergessen, S. 11 f.)

Q2 Klaus von Dohnanyi (SPD):
„Die Wiedervereinigung ist ein Glück und Risiko zugleich. (...) Der Wunsch der Ostdeutschen nach schneller Vereinigung und der außenpolitische Zwang zu raschem Handeln waren das Ergebnis der inneren politischen, wirtschaftlichen und sozialen Zerstörung der DDR. Gemessen an dieser Ausgangsposition ist der heutige Stand der Wiedervereinigung erstaunlich – gemessen an den noch bestehenden Unterschieden bleibt die Lage kritisch, dramatisch und gefährlich. Denn ein wirtschaftlich nicht geeintes Deutschland bleibt sich selbst und seinen europäischen Aufgaben im Wege stehen."
(Dohnanyi, K. v.: Kein Grund für schlechte Laune, in: ZEIT-Punkte 5/1995, S. 79)

A1 Stelle Glück, Risiko und Probleme des Vereinigungsprozesses dar.

A2 Interpretiere diese Statistiken.

A3 Politische Kommentatoren machen auch die „Mauer in den Köpfen" für die Schwierigkeiten verantwortlich, die Ost- und Westdeutsche miteinander haben. Was meint dieser Ausdruck?

A4 Belegen die Statistiken diese Ansicht?

Jugendliche zwischen 15 und 30 Jahren wurden 1993/94 gefragt, über welche Zustände und Ereignisse sie in Wut geraten.

	West (in %)	Ost (in %)
Kriminalität	69	80
Besserwisser aus dem Westen	18	78
Betriebsschließungen	48	74
Dass zu wenig für die Jugend getan wird. Junge Leute bleiben sich selbst überlassen	48	69
Westliche Firmen, die hier billig Betriebe kaufen und dann die Konkurrenz ausschalten	27	69
Arbeit der Treuhand	23	64
Schlechte Berufsaussichten für junge Leute	52	62
Dass in Mauerschützenprozessen junge Leute verurteilt werden	31	61
Alte SED-Leute, die jetzt wieder oben sind	54	60
Die Wendehälse aus dem Osten	32	58
Das Auftreten von Sekten	38	47
Asylantenzustrom	41	38
Schwule	11	13
Lesben	9	12

Umfrage unter ostdeutschen Jugendlichen: Was hat sich seit der Wende positiv entwickelt?

	1993/94	1995
Dass ich reisen kann, wohin ich will	90	92
Ich kann mich besser kleiden	72	75
Ich konnte mir schon ein Auto kaufen, ohne lange Wartezeit	60	61
Die Ernährung ist besser	51	57
Politische Meinungsfreiheit	49	54
Ich lebe freier, interessanter, nach eigenen Plänen	45	54
Freizeitgestaltung	36	45
Ich kann im Haus etwas reparieren, erneuern	29	31
Freiheit der Berufswahl	26	33
Ich lebe gesünder als früher	24	27
Dass ich den Wohnort leichter wechseln kann	19	28
Soziale Sicherheit	1	4

Quelle: Gerhard Schmidtchen. Wie weit ist der Weg nach Deutschland. Sozialpsychologie der Jugend in der postsozialistischen Welt. 1997, S. 82 und 84.

Immer mehr Menschen, meist männliche Jugendliche, wählen rechtsextreme Parteien. In Ostdeutschland ist dieser Trend noch stärker ausgeprägt als im Westen: 1998 zog mit der DVU (12,9 %) in Sachsen-Anhalt erstmals eine rechtsextreme Partei in einen ostdeutschen Landtag ein. Ausländerfeindliche Übergriffe häuften sich gerade auch in den neuen Bundesländern.

Q3 Der Wahlforscher Bernd Wagner über die Attraktivität des Rechtsradikalismus für ostdeutsche Jugendliche:
„Viele junge Ostdeutsche haben nie Vertrauen in die Demokratie gefasst. Sie sagen: Es ändert sich sowieso nichts. Etliche Jugendliche fühlen sich als Verlierer (...) der Einheit. Sie erleben den Westen heute als eine Art Besatzungsmacht und flüchten in DDR-Erinnerungen oder noch weiter zurück – in die Geschichte des ‚Dritten Reiches'. Besonders die NPD nutzt diese Gemütslage aus. Ihr radikal antidemokratisches und ihr antikapitalistisches Gehabe kommt an. Sie lässt DDR-Mythen wie Vollbeschäftigung, soziale Sicherheit und Geborgenheit für junge Leute weiterleben."
(DIE ZEIT 1998 Nr. 41)

A1 Sprecht über Gefahren und Ursachen des Rechtsradikalismus.
A2 Diskutiert, was das Bild (unten) mit diesem Problem zu tun haben könnte.

Eine Demonstrantin, 1991

2 Die „neue Weltordnung"

Mit der Auflösung der UdSSR und dem Niedergang des Kommunismus änderte sich die weltpolitische Lage grundlegend. Der Ost-West-Konflikt, der die Nachkriegszeit bestimmt hatte, löste sich auf. Eine neue Weltordnung gewann nur langsam Gestalt. Die USA gingen als Sieger aus dem Wettkampf der Systeme hervor. Sie sind nun die einzig verbliebene Weltmacht und verfügen über das größte wirtschaftliche und militärische Potenzial.

2.1 Die Situation der GUS

Die UdSSR löste sich Ende 1991 in 15 unabhängige Staaten auf. Mit Ausnahme der drei baltischen Republiken schlossen sie sich zur Gemeinschaft Unabhängiger Staaten (GUS) zusammen. Die Russische Föderation ist mit 89 verschiedenen territorialen Einheiten bei weitem der größte Nachfolgestaat der UdSSR. Sie ringt noch um ihre Rolle im neuen Weltsystem und ist durch innere Krisen geschwächt. Ein Brennpunkt ist die chronische Wirtschafts- und Finanzkrise, die zur Verelendung weiter Bevölkerungskreise führte. Dem nur noch bedingt handlungsfähigen Präsidenten Boris Jelzin stand Ende der 90er Jahre im russischen Parlament, der Duma, eine oppositionelle Mehrheit aus zum Teil demokratiefeindlichen Kräften (Teile der Altkommunisten, Rechtsradikale) entgegen. Einen Putschversuch hatte er 1993 militärisch niedergeschlagen. Nationalitätenkonflikte, die im Krieg gegen die nach Unabhängigkeit strebende Republik Tschetschenien (1994–1996) ihren vorläufigen Höhepunkt fanden, sind eine ständige Bedrohung. Auch in den übrigen Nachfolgestaaten waren ethnische Konflikte an der Tagesordnung, besonders in der Kaukasusregion (Armenien, Aserbeidschan, Georgien).

A3 Interpretiere diese Abbildungen.
A4 Fasse zusammen, vor welchen Problemen die GUS steht.

Rechts: Verhaftung eines Mitglieds der russischen Mafia

Mitte: Obdachlose Bettlerin in Moskau 1994

Unten: Kinder 1992 beim Schrottsammeln am Rand der Großstadt

2.2 Das Ende des Kalten Krieges – das Ende aller Kriege?

Seit 1945 gab es etwa 250 größere militärische Auseinandersetzungen mit geschätzten 25 Millionen Toten und über 100 Millionen Flüchtlingen. Mit dem Ende des Kalten Krieges verringerte sich die Gefahr eines atomaren Weltkrieges. Viele erwarteten, dass nun auch konventionelle Kriege seltener würden. 1992 wurden tatsächlich 52 Kriege gezählt und 1997 „nur" noch 25. Ist damit die Welt friedlicher geworden?

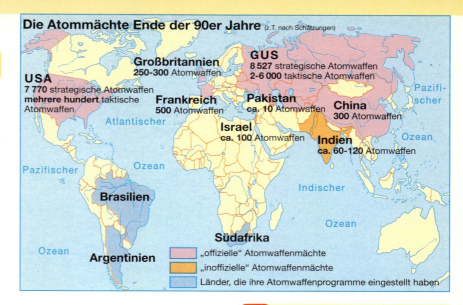

Die Atommächte Ende der 90er Jahre (z.T. nach Schätzungen)

- USA: 7 770 strategische Atomwaffen, mehrere hundert taktische Atomwaffen
- Großbritannien: 250–300 Atomwaffen
- GUS: 8 527 strategische Atomwaffen, 2–6 000 taktische Atomwaffen
- Frankreich: 500 Atomwaffen
- Pakistan: ca. 10 Atomwaffen
- China: 300 Atomwaffen
- Israel: ca. 100 Atomwaffen
- Indien: ca. 60–120 Atomwaffen

„offizielle" Atomwaffenmächte
„inoffizielle" Atomwaffenmächte
Länder, die ihre Atomwaffenprogramme eingestellt haben

Nach dem START-II-Vertrag wollen die USA bis 2003 ihre Atomwaffen auf 3 500 und die GUS auf 3 000 reduzieren.

A1 Analysiere diese Zahlen (oben). Werte das noch vorhandene atomare Potenzial.

A2 Welche Gefahren gehen von den „kleinen" Atommächten aus?

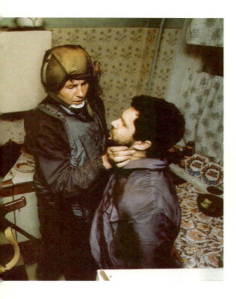

Der internationale Waffenhandel mit konventionellen Großwaffen 1993–1997 in Mrd. Dollar

Ausfuhr:
- USA 53,1 Mrd. $
- Russland 15,2
- Großbritannien 9,4
- Frankreich 7,8
- Deutschland 7,2
- China 3,5
- Niederlande 2,2
- Italien 1,8
- Kanada 1,3
- Spanien 1,2
- Israel 1,2
- Ukraine 1,1

Einfuhr:
- Saudi-Arabien 9,8
- Taiwan 8,2
- Türkei 7,0
- Ägypten 6,7
- Südkorea 5,3
- China 5,1
- Japan 4,6
- Indien 4,4
- Griechenland 3,9
- Kuwait 3,4
- Vereinigte Arabische Emirate 3,4
- Thailand 3,2

Quelle: SIPRI

A3 Diskutiert das Für und Wider von Waffenexporten als Handelsware.

A4 Wozu benötigen gerade die genannten Hauptimporteure diese vielen Waffen?

Auch die ärmsten Länder der Dritten Welt importieren viele Waffen. Nach Berechnungen der „Nord-Süd-Kommission" könnte z. B. für nur einen einzigen Panzer der Jahresbedarf an Reis für eine halbe Million Menschen gedeckt werden.

„Papa, hast du uns was mitgebracht?", Karikatur 1975

A5 Was klagt die Karikatur an? Worin bestehen die Hintergründe dieser Entwicklung?

Eine zentrale Rolle bei der Konfliktlösung spielen seit dem Ende des Ost-West-Konflikts die Vereinten Nationen (UNO). Ihre Vermittlung konnte zahlreiche Kriege und Bürgerkriege beenden, in Angola, Namibia, Mosambik, auch den 1. Golfkrieg zwischen dem Irak und Iran.

Im 2. Golfkrieg gegen den Irak sowie im Jugoslawienkrieg sicherten bis Mitte der 90er Jahre UNO-Beschlüsse den Einsatz multinationaler Streitkräfte ab. Führungsmacht der Truppen waren jeweils die USA, die durch ihr massives Auftreten die Kriege entschieden bzw. die Konfliktparteien an den Verhandlungstisch zwangen.

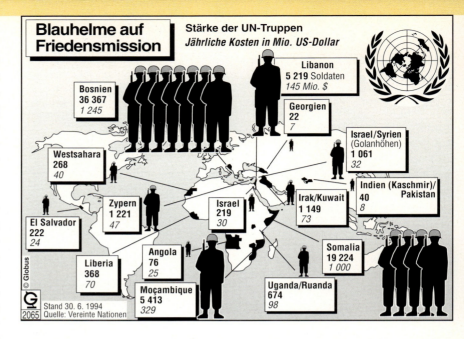

A1 *Erläutere anhand der Karte, wo die UNO friedensstiftend tätig wurde.*

2.3 Krieg am Golf (1990/91)

Mit dem Ende des Ost-West-Konflikts keimten Hoffnungen auf ein friedliches Miteinander in der Welt auf. Sie wurden jedoch schnell enttäuscht. Am 2. August 1990 besetzten irakische Truppen Kuwait, um die Ölquellen des Nachbarlandes unter ihre Kontrolle zu bringen. Nicht einmal eine Woche später kündigte US-Präsident George Bush die Entsendung von Truppen an den Golf an. Der Weltsicherheitsrat und die UNO unterstützten die USA in ihrem Bemühen, die irakische Aggression zurückzuweisen. Nachdem der Irak ein Ultimatum der UNO hatte verstreichen lassen, begann unter Führung der USA im Januar 1991 der erste „große" Krieg mit US-Beteiligung seit dem Vietnamkrieg. Er bot den USA Gelegenheit, modernste Waffen zu testen. „Intelligente" Waffensysteme nutzten die Errungenschaften der Kommunikations- und Computertechnologie. Nach fünfwöchigen Luftangriffen der multinationalen Streitkräfte dauerte der Landkrieg nur vier Tage. Dann kapitulierte der Irak und akzeptierte alle UNO-Resolutionen.

Doch Iraks Diktator Saddam Hussein konnte sich wider Erwarten an der Macht halten. Nachdem der Irak die Arbeit der Waffeninspektoren, die die vereinbarte Abrüstung des Irak kontrollieren sollten, wiederholt behindert hatte, flogen die USA 1998/99 wieder Angriffe auf irakische Ziele.

Auf ihrem Rückzug haben irakische Truppen 1991 die Ölquellen Kuwaits in Brand gesteckt.

A2 *Sprecht über die Folgen dieser Art der Kriegsführung.*

2.4 Der Jugoslawienkrieg

In Europa hatte der Kalte Krieg die Eskalation regionaler Konflikte weitgehend verhindert. Mit Beendigung des Ost-West-Konfliktes brach jedoch 1991 in Jugoslawien ein Krieg aus. Schon früher galt diese Region als „Pulverfass Europas", denn hier stoßen drei große Kulturen aufeinander, die in einer langen leid- und wechselvollen Geschichte verbunden sind: die zur orthodoxen Glaubensgemeinschaft gehörenden und daher traditionell mit Russland „verbrüderten" Serben, die zum römisch-katholischen Kulturkreis zählenden Kroaten und die dem Islam angehörenden Bosniaken und Kosovo-Albaner. Zuletzt hatten diese Gruppen sich im Zweiten Weltkrieg gegenseitig bekämpft, wobei sich die von Hitler unterstützten kroatischen Faschisten der Ustača-Bewegung durch besondere Gräueltaten gegenüber den Serben hervorgetan hatten.

Nach dem Sieg seiner kommunistischen Partisanen 1944/45 hielt der Präsident Tito, ein gebürtiger Kroate, das neue, sozialistische Jugoslawien mit strenger Hand zusammen. Formal waren alle Bevölkerungsgruppen gleichgestellt, faktisch aber beherrschten die Serben den Staatsapparat.

A1 *Betrachte die Karte und vergegenwärtige dir die Bevölkerungszusammensetzung in den Regionen. Was fällt auf?*

Nach dem Tod Titos (1980) brachen 1981 in der autonomen serbischen Provinz Kosovo Unruhen aus: Die Kosovo-Albaner forderten bessere Lebensbedingungen und eine eigene Teilrepublik. Die Aufstände wurden militärisch unterdrückt. Serbischer und albanischer Nationalismus schaukelten sich gegenseitig auf. Immer mehr Serben verließen das Kosovo, in dem Albaner 1990 mehr als 80 Prozent der Bevölkerung stellten. 1989 hob die serbische Regierung das Selbstbestimmungsrecht des Kosovo auf. Führer des serbischen Nationalismus wurde Slobodan Milošević, seit 1986 Vorsitzender der Kommunistischen Partei Serbiens, seit 1989 Präsident Serbiens und seit 1992 auch von Rest-Jugoslawien.

Der Zerfall Jugoslawiens begann 1990 mit dem Austritt der slowenischen Vertreter aus dem Bund der Kommunisten. Bei den ersten freien Wahlen im gleichen Jahr setzten sich in den meisten Teilrepubliken bürgerliche Parteien durch. Nur in Serbien und Montenegro behaupteten sich die regierenden Kommunisten. Die Unabhängigkeitserklärungen Sloweniens und Kroatiens im Juni 1991 gaben das Signal zum Krieg: Die Jugoslawische Volksarmee (JNA) sollte die Abtrennung verhindern. Nach kurzem Kampf zog sie durch Vermittlung der EG im Juli 1991 aus Slowenien ab.

In Kroatien eroberte die JNA vor allem Regionen, in denen Serben die Bevölkerungsmehrheit stellten (Krajina, Westslawonien). Auch hier wurde im Januar 1992 durch Vermittlung der UNO ein Waffenstillstand vereinbart. Die Europäische Gemeinschaft erkannte die Souveränität Kroatiens und Sloweniens an. In der zweiten Kriegsphase eroberte Kroatien 1995 Westslawonien und die Krajina zurück. Mehr als 120 000 Serben wurden von den Eroberern nach Bosnien vertrieben oder flohen.

A2 *Betrachte die Karte: Warum konnte der Krieg in Slowenien rasch beendet werden, während er sich in Kroatien und Bosnien-Herzegowina über Jahre hinzog?*

Der Zerfall Jugoslawiens

2.4.1 Bosnien-Herzegowina

Am längsten und grausamsten tobte der Krieg in Bosnien-Herzegowina. Hier sprach sich 1992 in einer Volksabstimmung die überwiegende Mehrheit der Kroaten und Muslime für die Loslösung von Jugoslawien aus. Im April 1992 erkannte die EG die Souveränität Bosnien-Herzegowinas an. Am gleichen Tag begannen die Kämpfe in Sarajevo.

Rasch eroberten die Serben mehr als zwei Drittel des Territoriums. Sarajevo wurde eingeschlossen und belagert. Die Stadt musste von der internationalen Gemeinschaft über eine Luftbrücke versorgt werden. „Ethnische Säuberungen" mit Massenexekutionen, systematischen Vergewaltigungen, Vertreibungen und Gefangenenlagern für Zivilisten gehörten zum Alltag. Oft brachten Menschen einander um, die kurz zuvor noch Nachbarn gewesen waren.

Die internationale Gemeinschaft beschränkte sich anfangs auf Diplomatie und humanitäre Hilfe. Seit November 1992 wurden UNO-Blauhelme zum Schutz der Zivilbevölkerung entsandt. Seit 1994 flog die NATO Luftangriffe, um die Einhaltung von Waffenstillständen zu erzwingen. Erst im November 1995, nach NATO-Luftangriffen gegen die Serben, erzwang die internationale Gemeinschaft den Friedensschluss von Dayton (USA). In Paris einigten sich die Präsidenten von Bosnien-Herzegowina, Kroatien und Serbien im Dezember 1995 auf die Bildung zweier Gebietseinheiten: der Bosnisch-kroatischen Föderation und der Serbischen Republik. Gemeinsame Hauptstadt ist Sarajevo.

Karikatur von Horst Haitzinger, 1992

A3 Was kritisiert diese Karikatur?

A1 Mehr als 70 Waffenstillstände vermittelten Diplomaten von EG/EU und UNO, bevor nach dem Frieden von Dayton 1995 endlich die Waffen schwiegen. In welchem Licht erscheint die internationale Gemeinschaft in der Karikatur?

A2 Der Begriff „ethnische Säuberungen" ging mit dem Jugoslawienkrieg in den allgemeinen Sprachgebrauch ein. Was bedeutet er?

Vor dem Krieg galt Mostar, die Hauptstadt der Herzegowina, als Paradebeispiel für multikulturelles Zusammenleben: Kroaten, Muslime und Serben lebten friedlich als Nachbarn. Als im April 1992 der Krieg ausbrach, vertrieben Kroaten und Muslime zunächst gemeinsam die serbischen Truppen. Dann brach im Oktober der Konflikt zwischen Kroaten und Muslimen aus.

Links: Bosnischer Soldat erwidert das Feuer eines serbischen Heckenschützen, Sarajevo 1992
Unten: Vertriebene Krajina-Serben auf der Flucht im August 1995

A4 Kommentiere die Abbildungen.

Der Krieg spaltete Mostar in einen kroatischen West- und einen muslimischen Ostteil. 1994 wurde die Stadt unter EU-Verwaltung gestellt.

Q1 Ein Journalist berichtet über die Stimmung nach dem Krieg:
„In den Köpfen auf beiden Seiten droht sich das Feindbild zu verfestigen. ,Wir werden nie vergessen, was die uns angetan haben!', hört man jetzt im Osten oft (...) Es wird erzählt, dass einige schon Listen aufgestellt haben, wen sie auf der Westseite zuerst umbringen wollen, um Rache zu üben. (...) Gewiss ist, dass die Überlebenden meist genau wissen, wer ihre Familien vertrieben hat, wer die Tochter vergewaltigt hat, wer den Bruder getötet hat. Die Täter waren häufig früher Bekannte und manchmal Nachbarn. Auch bei Kroaten verbindet sich schreckliche Erfahrung mit Misstrauen und Gelüsten einiger, die Bosniaken zu vertreiben. Nicht vergessen wollen – oft heißt das nur, dass man meint, dem früheren Nachbarn nie wieder trauen zu können, und sich immer vor ihm in Acht nehmen will"
(Koschnik, H./Schneider, J.: Brücke über die Neretva, S. 80 f.)

A1 Welche Belastungen auch für einen künftigen Frieden lässt dieser Bericht erwarten?

2.4.2 Der Kosovo

1997 eskalierten die Spannungen dort, wo die Krise Jugoslawiens 1981 zuerst offen zu Tage getreten war: im Kosovo. Serbische Polizei löste eine Demonstration in der Kosovo-Hauptstadt Priština gewaltsam auf und verschärfte so den schwelenden Konflikt.

Bereits 1992 hatten die Kosovo-Albaner die von Belgrad nicht anerkannte „Republik Kosovo" gegründet. Nun rief die „Befreiungsarmee des Kosovo" (UÇK) zum offenen Kampf gegen die serbische Herrschaft auf. Der Konflikt eskalierte zum Krieg: Die UÇK brachte mit Waffenhilfe aus Albanien Teile des Kosovo unter ihre Kontrolle, wurde jedoch von der serbischen Armee zurückgeschlagen.

Wieder gingen Bilder von zerstörten Dörfern und Flüchtlingstrecks um die Welt. Wieder zwang nur die militärische Drohung der NATO die Gegner an den Verhandlungstisch. Friedensverhandlungen in Rambouillet bei Paris scheiterten jedoch an der Weigerung der Serben, eine bewaffnete NATO-Schutztruppe im Kosovo zuzulassen. Daraufhin eröffnete die NATO am 24. März 1999 einen massiven Luftkrieg gegen Serbien, bei dem erstmals seit dem Zweiten Weltkrieg auch deutsche Soldaten an Kampfeinsätzen teilnahmen. Die Luftschläge konnten jedoch die „ethnische Säuberung" des Kosovo, d.h. Massaker und die Vertreibung Hunderttausender Kosovo-Albaner, nicht verhindern. Und die internationale Politik wurde dadurch belastet, dass die NATO, weil Russland und China ihre Zustimmung im Weltsicherheitsrat verweigerten, erstmals ohne UNO-Beschluss Krieg führte. Dieser Krieg erschien zwar den meisten Menschen moralisch gerechtfertigt, war aber völkerrechtlich nicht abgesichert und wurde daher von manchen Kritikern als Ausdruck eines neuen US-Imperialismus gedeutet.

A2 Diskutiert, ob es Alternativen zum Schutz der Kosovo-Albaner gegeben hätte.

3 Neue „Supermacht" Europa?

Die Europäische Union versucht, durch den engeren Zusammenschluss ihrer Mitgliedsländer zu einer zweiten weltweiten Führungsmacht aufzusteigen. Dabei wuchs Deutschland mit der Einigung eine neue Rolle in der internationalen Politik zu. Erstmals seit 1945 ist das Land auch außenpolitisch souverän. Als nun größte Nation innerhalb der Europäischen Union fällt Deutschland auch eine größere Rolle in der Außenpolitik der Union zu.

In der Europapolitik wurden in den neunziger Jahren entscheidende Weichen gestellt, um die beiden Großprojekte – Vertiefung und Erweiterung der Union – voranzutreiben. Gleichzeitig sank nach dem Wegfall des östlichen Konkurrenten mit der Auflösung des Rats für Gegenseitige Wirtschaftshilfe (RGW, Comecon) in den Kernstaaten der Gemeinschaft die Akzeptanz der EU.

3.1 Die Wirtschaftsunion

In Maastricht beschlossen die zwölf EG-Mitglieder 1992 die Gründung einer Europäischen Union (EU), deren Hauptpfeiler die Verwirklichung einer Wirtschafts- und Währungsunion der Mitgliedsstaaten sein soll.

Im Januar 1999 trat die Währungsunion in Kraft: Zunächst nahmen nur 11 der 15 EU-Mitglieder teil: Dänemark, Großbritannien und Schweden verzichteten auf die Teilnahme, Griechenland erfüllte die Aufnahmekriterien nicht. Die Wechselkurse der beteiligten Länder wurden in ein festes Verhältnis gesetzt und der Euro gemeinsame Währung für den bargeldlosen Zahlungsverkehr. Im Jahr 2002 sollen alle Währungen zugunsten des Euro

A1 *Diskutiert über die Befürchtungen, die sich in dieser Karikatur von 1991 ausdrücken. Haben sie sich bewahrheitet?*

Karikatur aus der Esslinger Zeitung vom 10.12.91

abgeschafft werden. Die 1998 gegründete Europäische Zentralbank (EZB) übernahm die Koordination der Geldpolitik der Union. Vorrangiges Ziel ist die Preisstabilität.

Q1 Aus dem Vertrag von Maastricht (7.2.1992):
„Die Union setzt sich folgende Ziele:
- Die Förderung eines ausgewogenen und dauerhaften wirtschaftlichen und sozialen Fortschritts, insbesondere durch Schaffung eines Raumes ohne Binnengrenzen, durch Stärkung des wirtschaftlichen und sozialen Zusammenhalts und durch Errichtung einer Wirtschafts- und Währungsunion, die auf längere Sicht auch eine einheitliche Währung nach Maßgabe dieses Vertrags umfasst;
- Behauptung ihrer Identität auf internationaler Ebene, insbesondere durch eine gemeinsame Außen- und Sicherheitspolitik, wozu auf längere Sicht auch die Festlegung einer gemeinsamen Verteidigungspolitik gehört (...);
- die Stärkung des Schutzes der Rechte und Interessen der Angehörigen ihrer Mitgliedstaaten durch Einführung einer Unionsbürgerschaft;
- die Entwicklung einer engeren Zusammenarbeit in den Bereichen Justiz und Inneres (...)"
(Europäische Union/Europäische Gemeinschaft. Die Vertragstexte von Maastricht, S. 20 f.)

A2 *In welchen Politikbereichen strebt die EU eine engere Zusammenarbeit an?*
A3 *Was bedeutet der engere Zusammenschluss für die nationalen Regierungen?*

3.2 Neue Mitglieder

Mit der deutschen Vereinigung 1990 war die Bundesrepublik zum mit Abstand bevölkerungsreichsten und wirtschaftlich stärksten Staat in der EG geworden. Diesem ersten Akt der Erweiterung der Europäischen Union folgte 1995 der Beitritt Finnlands, Österreichs und Schwedens. Die Bürger Norwegens und der Schweiz sprachen sich gegen einen Beitritt aus.

Nach der Auflösung des kommunistischen Macht- und Wirtschaftsblocks streben auch die Länder Ost- und Ostmitteleuropas in die Europäische Union. Auch ältere Beitrittswünsche sind noch offen (Türkei, Zypern, Malta). Beitrittsverhandlungen nahm die EU 1998 zunächst mit Estland, Polen, Slowenien, Tschechien, Ungarn und Zypern auf. Diese Staaten erfüllten am ehesten die Bedingungen für eine Aufnahme: demokratischer Rechtsstaat, nationale Minderheitenrechte, Mindestanforderungen an wirtschaftliche Stabilität, Sozialgesetzgebung und Umweltschutz. Verhandlungen mit anderen Beitrittskandidaten sollen folgen.

Mit der „Agenda 2000" will die EU die Voraussetzungen für die Osterweiterung schaffen. Zentrale Aufgabe ist die Reduzierung der Agrarsubventionen um bis zu 30 Prozent. Für den Agrarsektor wendet die EU bisher fast die Hälfte ihres Haushalts auf (vgl. Kap. 2, S. 43). Dieser Anteil würde steigen, wenn die bisherige Politik auf die strukturschwächeren Regionen Ost- und Ostmitteleuropas angewandt würde.

A4 *Erläutere diese Karikatur.*
A5 *Suche eine treffende Überschrift.*

Q1 Europäisches Gleichgewicht nach der deutschen Vereinigung:
„Deutschland wird wieder ein Land mit 80 Millionen Menschen werden, bei weitem das leistungsfähigste und stärkste in Europa. Es wird der Hauptpartner Russlands werden. (...) Das Gleichgewicht zwischen Frankreich und Deutschland, das zu Beginn des europäischen Aufbaus geschaffen und das recht und schlecht beibehalten wurde, wird zerbrechen. Man wird ein anderes finden müssen."
(„Le Figaro" vom 10.11.1989)

A1 Diskutiert vor dem Hintergrund dieses französischen Kommentars über die Motive der Erweiterung und Vertiefung der EU.

Q2 Polens damaliger Präsident Lech Walesa 1992 über die Perspektiven der EU-Integration:
„Wir können unseren zivilisatorischen Rückstand nur überwinden und gleichrangiger Partner der entwickelten Staaten werden durch die schnelle und wirksame Einbeziehung Polens in den Prozess der westeuropäischen wirtschaftlichen und politischen Integration. Freiwillige Isolation und das Nichtnutzen der Chance einer schnellen Entwicklung würden mit der Zeit unvermeidlich zur Zweitrangigkeit der polnischen Wirtschaft und zur Verarmung der Gesellschaft führen und darüber hinaus den Verlust der Freiheit und Souveränität bedeuten."
(Walesa, L.: Die Prinzipien der polnischen Sicherheitspolitik, in: Osteuropa-Archiv 1993, S. A445)

A2 Analysiere die Motive für die westeuropäische Orientierung Walesas.

3.3 Zukünftige Aufgaben der EU

Q1 1995 beschrieb eine Arbeitsgruppe des Europäischen Rats die künftigen Aufgaben der Union:
„Wir müssen (..) unseren Bürgern deutlich vor Augen führen, weshalb die Union, die auf andere in Europa eine solche Anziehungskraft ausübt, auch für uns notwendig bleibt. Einer der Gründe ist, dass auch die Welt außerhalb Europas sich verändert hat. Waren, Kapital und Dienstleistungen verkehren heute weltweit auf einem immer stärker durch den Wettbewerb geprägten Markt. Preise werden nach weltweiten Maßstäben festgesetzt. Der Wohlstand Europas von heute und von morgen hängt von seiner Fähigkeit ab, sich auf dem Weltmarkt zu behaupten. Mit dem Ende des Kalten Krieges ist die globale Sicherheit Europas vielleicht erhöht worden, doch dies führte auch zu größerer Instabilität in Europa. Hohe Arbeitslosigkeit, Wanderungsdruck von außen, zunehmende ökonomische Ungleichgewichte und die Zunahme des internationalen organisierten Verbrechens haben in der Öffentlichkeit ein Bedürfnis nach mehr Sicherheit geweckt, dem die Mitgliedstaaten allein nicht gerecht werden können."
(Europäische Union/Europäische Gemeinschaft. Die Vertragstexte von Maastricht, S. 358 f.)

A3 Innerhalb der langjährigen Mitgliedsstaaten sinkt die Akzeptanz für die EU. Welche Ursachen vermutest du?

A4 Welche künftigen Aufgabenfelder sieht die Arbeitsgruppe auf die EU zukommen?

A5 Diskutiert, vor welche Probleme Flüchtlingswellen wie diese die Länder der EU stellen. Welche Lösungsmöglichkeiten seht ihr?

Ein Flüchtlingsschiff aus Albanien wird 1997 in einem italienischen Hafen von Polizisten bewacht.

4 Weltweite Herausforderungen an der Schwelle des 21. Jahrhunderts

4.1 Arm und Reich – die Kluft wächst

In vielen Ländern dieser Erde wächst die Zahl armer Menschen, vor allem in der „Dritten Welt". Zu den armen Ländern zählt man die, in denen im Durchschnitt auf jeden Einwohner weniger als 1 US-$ am Tage kommt. 1,3 Mrd. Menschen gehören dieser Gruppe an, das ist jeder vierte auf der Welt. Zu ihnen zählen die 800 Mio., die so gut wie keine Geldeinnahmen haben, ständig Hunger leiden und um das nackte Überleben bangen. Täglich verhungern Tausende von ihnen. Aber es gibt auch immer mehr „Schwellenländer", die in manchen Bereichen noch Merkmale der unterentwickelten Länder aufweisen, in anderen aber bereits an moderne Industrienationen herankommen.

A1 *Beschreibe die Mutter und das Kind.*
A2 *Was erzählt dieses Bild?*
A3 *Formuliere anhand der Tabelle wichtige Unterschiede zwischen Industrie-, „Schwellen"- und Entwicklungsländern.*

Mutter und Kind in einem Flüchtlingslager im Sudan 1998

Vor allem die ärmsten Länder machen eine „Bevölkerungsexplosion" durch. Unterentwicklung infolge von Imperialismus und Kolonialisierung ist eine wesentliche Ursache. Diesen Ländern wurde oft eine einseitige Wirtschaftsstruktur aufgezwungen. Investitionen in Ausbildung und Infrastruktur waren zu gering, um den Rückstand aufzuholen. Finanzielle und wirtschaftliche Abhängigkeiten von den Industrieländern, manchmal auch von einzelnen großen Konzernen, blieben auch nach Abzug der Kolonialherren meist bestehen. Die Oberschichten haben oft kein Interesse an durchgreifendem Wandel, fürchten nicht selten Reformen und die damit verbundene Emanzipation der Bevölkerung. Vielfach konservierten auch Militärdiktatoren die bestehenden Verhältnisse. So gehören Armut und die „Bevölkerungsexplosion" unmittelbar zusammen.

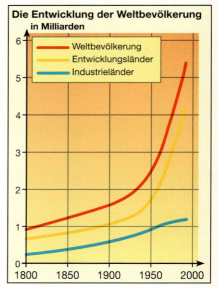

A4 *Analysiere die einzelnen Kurven. Wo findet die „Bevölkerungsexplosion" statt?*
A5 *Der Zuwachs erfolgt zu 90 Prozent in Ländern mit Armut und Hunger. Wie passt das zusammen?*

Vergleich zwischen Industrieländern, „Schwellenländern" und Entwicklungsländern (Daten von 1996)						
	Länderbeispiel	Bruttosozialprodukt pro Kopf (US-$)	Lebenserwartung in Jahren	Analphabeten in %	Geburtenrate in %	Kindersterblichkeit in %
Industrieländer	Deutschland	ca. 28 000	76	ca. 2 %	1 %	0,6 %
„Schwellenländer"	Brasilien	ca. 4 500	67	ca. 17 %	2,4 %	5,2 %
Entwicklungsländer	Äthiopien	ca. 100	49	ca. 65 %	4,7 %	17,7 %

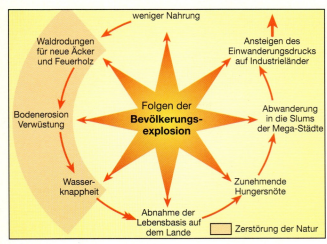

Die Folgen der Bevölkerungsexplosion

	1987	1997
Schuldensumme	1 451 Mrd. US-$	2 211 Mrd. US-$
Schuldendienst (= jährlich zu zahlende Zinsen)	166 Mrd. US-$	262 Mrd. US-$

Die Verschuldung der Länder der Dritten Welt

A1 *Erkläre den Zusammenhang zwischen den einzelnen Aspekten.*

A2 *Warum kann auch uns diese Bevölkerungsexplosion nicht unberührt lassen?*

Gezielte Familienplanung könnte das Problem lösen. Aber oft ist der Bildungsgrad der Menschen dafür zu gering. Zudem sind Kinder meist die einzige Altersversorgung. Zwangsmaßnahmen, wie z.B. die von China lange praktizierte Benachteiligung von Familien mit mehr als einem Kind, sind mit Menschen- und Bürgerrechten nicht vereinbar. Gezielte Entwicklungspolitik zur Anhebung des Lebensstandards soll das Problem lösen. Hinzu kommt das Bemühen, die Rolle der Frauen zu stärken und gerade ihren Bildungsgrad zu erhöhen.

A3 *Welche Hinweise gibt die Tabelle (links), dass Entwicklungspolitik Bevölkerungsprobleme mindern kann?*

A4 *Führt ein Streitgespräch. Worin könnten Lösungen für diese wichtige Frage bestehen? Bedenkt dabei, dass unsere westlichen Maßstäbe nicht überall in der Welt Geltung haben.*

4.2 Entwicklungshilfe – bloß eine Frage der Menschlichkeit?

Die Länder der Dritten Welt benötigen die Hilfe der Industrienationen. Früher war Entwicklungshilfe vorrangig Wirtschaftshilfe für oft ökonomisch und ökologisch fragwürdige Großprojekte, die mehr dem Prestigebedürfnis der Regierungen als der Entwicklung der Länder dienten. Durch den Rückfluss von Industrieaufträgen profitierten davon letztlich wieder vor allem die Geberländer. Seit den 80er Jahren wird daher stärker auf „Hilfe zur Selbsthilfe" gesetzt, um sich zunehmend an den tatsächlichen Bedürfnissen in den Entwicklungsländern zu orientieren. Ein Hauptproblem ist die bislang fehlende Durchsetzung fairer Handelsbedingungen. Denn die Tendenz der reichen Wirtschaftsräume (USA, EU, Japan), sich durch Handelshemmnisse gegen Importe aus der Dritten Welt abzuschirmen, lässt diesen Ländern kaum eine Chance auf gleichberechtigte Teilhabe am Welthandel. In eine regelrechte Falle sind jene Länder geraten, die bei den Banken der Industrieländer z.T. gigantische Schulden gemacht haben, die in rasantem Tempo wachsen.

A5 *Berechne den Anstieg innerhalb von nur 10 Jahren. Was bedeutet das?*

Aber nicht nur die ärmsten Länder sind tief verschuldet. So standen 1997 „Schwellenländer" wie Mexiko, China und Brasilien an der Spitze der Schuldner. Den meisten Ländern ist die Rückzahlung der Schulden nicht möglich: Es geht nur noch um die Bewältigung des Schuldendienstes. So hat Sambia mit seinen ca. 9 Millionen Einwohnern Schulden in Höhe von 6,5 Milliarden US-$. Das jährliche Bruttosozialprodukt liegt aber bei nur 1,5 Milliarden US-$. Seit Mitte der 80er Jahre fließt aus diesen Ländern mehr Geld in die reichen Länder als umgekehrt. Weltbank und Internationaler Währungsfonds haben mehreren Ländern Schuldenerleichterung zugesagt. Hilfsorganisationen fordern auch einen völligen Schuldenerlass.

1970 gab eine UN-Konferenz ein Signal: Alle Industrieländer sollten bis zum Jahr 2002 mindestens 0,7 Prozent ihres Bruttosozialprodukts als staatliche Entwicklungshilfe bereitstellen. Bis jetzt haben nur die skandinavischen Länder und die Niederlande das Ziel erreicht. Die USA stehen mit 0,15 Prozent an letzter Stelle (1995).

	1970	1995
Gesamtdurchschnitt	0,35 %	0,27 %
Deutschland (= 13. Stelle)	0,32 %	0,31 %

A6 *Analysiere die Zahlen. Suche nach Ursachen für diese Unterschiede.*

A7 *Warum ist Entwicklungshilfe in unser aller Interesse?*

4.3 Die Zerstörung der Umwelt

Ein weltweites Problem ist die ständig wachsende Umweltbedrohung: die Verschmutzung der Luft, der Böden und Gewässer und der Raubbau an natürlichen Ressourcen. Schon sind die tropischen Regenwälder, die großen „Lungen" der Erde, zu ca. 50 Prozent abgeholzt. Wenn dieser Prozess anhält, wird es sie in etwa 40 Jahren nicht mehr geben.

A1 Was kritisiert die Karikatur?
A2 Welche Ursachen hat die Abholzung von Urwäldern?

Tropischer Regenwald in Indonesien nach der Brandrodung, 1995

Karikatur aus der San José Mercury News

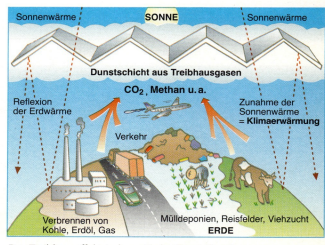

Der Treibhauseffekt (schematische Darstellung)

1995 war das bisher wärmste Jahr. Eine Erwärmung des Klimas mit weit reichenden Folgen wird befürchtet. Die Schuldigen dafür sind so gut wie ausgemacht: Es sind vom Menschen verursachte Spurengase, die hoch über der Erde eine Dunstglocke bilden und zur Erwärmung der Erde führen. Den größten Anteil mit 50 Prozent daran hat Kohlendioxid (CO_2), gefolgt von Methan (CH_4).

A3 Kläre den Begriff „Treibhauseffekt".
A4 Wodurch wird er verursacht? Was für Folgen hat das für die Menschen?
A5 Der englische Umweltforscher Lovelock benannte als Ursachen die 3-C-Regel: „cars (= Autos), cattle (= Vieh), chainsaws (= Kettensägen)". Was meint er damit? Hat er Recht?
A6 Diskutiert über notwendige Schlussfolgerungen daraus.

Der FCKW-Ausstoß der Industrieländer ist gestoppt, aber er nimmt zu in „Schwellenländern" wie China, Indien oder Brasilien. Die USA stellen 4 Prozent der Weltbevölkerung, aber 20 Prozent der Umweltbelastung durch Treibhausgase. Und der Ausstoß wächst sogar weiter an. In den Entwicklungsländern kommt derzeit jährlich eine halbe Tonne CO_2 pro Kopf, in den Industrieländern im Schnitt fünf- bis sechsmal so viel.

A7 Diskutiert über Konsequenzen dieser Entwicklung.

Solche und andere Fakten brachten in der öffentlichen Diskussion einen Durchbruch und führten 1992 zur ersten Welt-Umweltkonferenz in Rio de Janeiro. Führende Vertreter von 155 Staaten erklärten feierlich, den Ausstoß dieser gefährlichen Gase auf dem Stand von 1990 stabilisieren und Maßnahmen gegen die Abholzung der Regenwälder unterstützen zu wollen. Spätere Konferenzen mussten feststellen, dass tatsächlich aber kein Rückgang erfolgte. Der Klimagipfel von Kyoto 1998 endete nach einem Tauziehen damit, dass die Industriestaaten bis 2012 den Ausstoß von CO_2 und CH_4 um 5,2 Prozent (USA 7 Prozent und die EU 8 Prozent) reduzieren wollen.

A1 *Vergleiche die Ergebnisse von Rio und Kyoto. Wo stehen wir?*

A2 *Wer hat zu verantworten, dass die Absichtserklärungen der Regierungen nicht realisiert wurden?*

Q1 José Lutzenberger, ehemaliger brasilianischer Umweltminister: *„20% der Menschheit (praktizieren) einen Lebensstil der Verschwendung und des Konsumverhaltens (...), der die Schöpfung ruiniert und der sehr bald zusammenbrechen wird (...). Die weltweit vorherrschende Meinung geht davon aus, dass dieser Lebensstil auf die ganze Welt ausgedehnt werden muss. (...) Die wirkliche Ursache unserer Schwierigkeiten ist philosophischer, ethischer, ja religiöser Natur im wahrsten Sinne des Wortes (...) Unsere Ethik schließt die Schöpfung weitestgehend aus. Wenn wir uns auch immer noch gläubige Christen, Juden oder Moslems nennen, dann bezieht sich die Ethik nahezu ausschließlich auf das Verhältnis von uns Menschen zueinander und zu Gott. Es gibt aber keine Ehrfurcht und Heiligkeit im Verhältnis zur unbelebten Natur (...)"*
("Neues Deutschland" vom 30.5.1997, S. 14)

A3 *Diskutiert über diese Sicht.*

4.4 Woher kommen Energie und Rohstoffe in der Zukunft?

Mit dem Bevölkerungswachstum und zunehmender Technisierung steigt der Verbrauch von Naturressourcen rapide an. Sie sind aber nicht unbegrenzt vorhanden.
In Afrika gibt es schon heute Gebiete, in denen die Menschen 10 km und mehr laufen müssen, um einen Kanister Wasser heranzuholen. Der Grundwasserspiegel sinkt. Schon hat etwa ein Viertel aller Erdbewohner kein sauberes Trinkwasser mehr. Wenn die Bevölkerungsexplosion anhält, wird Grundwasser der erste Naturreichtum sein, der nicht mehr ausreichend vorhanden ist. Umweltexperten sagen voraus, dass in 25 Jahren ein Drittel der Weltbevölkerung von Trinkwasserknappheit bedroht ist. Kriege um den Zugang zu Trinkwasser werden zu einer neuen schrecklichen Vision.

A4 *Was wird Wassermangel konkret für die betroffenen Menschen bedeuten?*

A5 *Welche Gegenmaßnahmen sind denkbar?*

Frauen auf Trinkwassersuche in einem Dürregebiet Indiens, 1997

Die Zerstörung der Landwirtschaft löst seit Jahrzehnten eine große Landflucht aus. Riesige Mega-Städte entstehen überall in der Dritten Welt.

A6 *Welche Lebensverhältnisse in den Slums werden sichtbar?*

Slum in Haiti 1994

Die Slums (Favelas) von Rio de Janeiro, Brasilien, 1997

In den 60er Jahren bauten die USA und auch die UdSSR die ersten Atomkraftwerke (AKW). Atomstrom war zuerst sehr teuer. Dann kam die Ölkrise 1972. In wenigen Jahren kletterten die Ölpreise gewaltig an. Jetzt entstanden viele AKW, denn nun war ihr Strom konkurrenzfähig. 1998 gab es 430 AKW auf der Erde (= 17 Prozent der Weltstromproduktion). Aber von Anfang an gab es Störfälle mit radioaktiven Verstrahlungen und seit den 70er Jahren vor allem in den westlichen Industriestaaten zunehmend Bürgerproteste gegen die Kernenergie. Am 26. April 1986 kam es zur Katastrophe. Im ukrainischen Tschernobyl explodierte durch menschliches Versagen ein Kernreaktor und verstrahlte weite Gebiete.

Dutzende Menschen starben an akuter Strahlenkrankheit. Hunderttausende trugen ernsthafte Verstrahlungen davon, Krebserkrankungen stiegen sprunghaft an, Kinder mit Missbildungen werden gehäuft geboren. Etwa eine Viertelmillion Menschen musste evakuiert werden, die unmittelbar betroffene Fläche von 1000 km² (= etwa die Fläche Berlins) wird für 300 bis 400 Jahre unbewohnbar sein. Das war für die ganze Welt eine Tragödie, die bis heute die kontroverse Diskussion um die AKW bestimmt. Gibt es Alternativen?

• Sofortiger bzw. schrittweiser Ausstieg aus der Kernergie
• Weiterer Ausbau der Kernenergie, aber weltweite Realisierung von höchstmöglichem Sicherheitsstandard für alle existierenden AKW
• Förderung alternativer Energien (Wasser, Wind, Sonne, Biomasse)
• Verstärkte Rückkehr zur Verbrennung von Kohle und Erdöl (was der lebensnotwendigen Eindämmung der CO_2-Belastung entgegenstehen würde) und Erdgas
• Wesentliche Reduzierung des Energieverbrauchs durch technischen Fortschritt (z. B. 3-Liter-Auto, Niedrigenergiehäuser etc.)
• Individueller Verzicht auf Teile des technischen Fortschritts

A1 *Diskutiert in Gruppen das Für und Wider der einzelnen Alternativen.*

4.5 Globalisierung und die Zukunft der Arbeit

Noch Ende der 60er Jahre in der Bundesrepublik und bis zum Ende der DDR war es unvorstellbar, keinen Arbeitsplatz zu finden. Ein bekanntes DGB-Plakat, das Kinder trugen, lautete: „Samstags gehört Vati mir." Heute leben wir auch in den meisten Industrieländern mit Millionen Dauerarbeitslosen. Und mit der Globalisierung von Wirtschaft und Finanzen sowie der damit verbundenen Produktionsverlagerung in Billiglohnländer wächst die Gefahr noch größerer Arbeitslosigkeit.

Der ausgebrannte Reaktorblock in Tschernobyl nach der Explosion, Foto vom Mai 1986

Wie ein Arbeiter die Globalisierung erlebt

Karikatur von K. Syam Mohan, 1997

A1 Aus welchen Perspektiven wird die Globalisierung in diesen Karikaturen jeweils dargestellt?

A2 Versuche eine „Gegendarstellung", in der du die positiven Aspekte der Globalisierung herausstellst.

Man spricht von einer zweiten industriellen Revolution, in der wir uns befinden. In der ersten wurde Muskelkraft durch Maschinenkraft ersetzt, dabei wurden aber Arbeitskräfte im riesigen Umfang benötigt. Jetzt, im Zeitalter der Computer, Automaten und Roboter, werden immer mehr Menschen von hoch entwickelter Technik abgelöst. Immer mehr wird durch immer weniger Menschen produziert. Im Zuge der Globalisierung kann Arbeit zunehmend dahin verlagert werden, wo sie am billigsten zu leisten ist. Datenübertragung, günstige Transportmöglichkeiten und die weltweite Vernetzung von immer mehr und immer größeren Unternehmen („global players") machen das möglich. Einerseits können davon Schwellen- und Entwicklungsländer profitieren, andererseits können in den Industriestaaten mühsam erkämpfte soziale Leistungen so „ausgehebelt" werden. Der weltweite Konkurrenzdruck lässt aber selbst großen Unternehmen nur begrenzt Entscheidungsspielraum. Arbeit zu haben wird zunehmend ein Privileg. In wachsender Zahl müssen Menschen, die arbeiten wollen und können, von Sozialleistungen leben. Sie fühlen sich sozial deklassiert und haben große Einbußen in ihrem Lebensstandard. Gleichzeitig wächst die Zahl der Millionäre und Milliardäre. So verfügten nach einem „UNO-Bericht über die menschliche Entwicklung 1996" 358 Dollar-Milliardäre über so viel Einkommen wie 45 Prozent der Weltbevölkerung.

Gibt es überhaupt Lösungen? Senkung der Arbeitszeit, um Arbeit zu teilen, Schaffung von bezahlter „Bürgerarbeit", um Sozialleistungen zu erbringen, Schaffung von Arbeitsplätzen zur Erhaltung und Pflege der Umwelt, Flexibilität und Bereitschaft der Arbeitnehmer, sich ständig auf neue berufliche Erfordernisse einzustellen – könnten das Beiträge zur Lösung dieser Frage sein?

A3 Erörtert das Für und Wider solcher Überlegungen.

A4 Sucht nach weiteren Alternativen.

4.6 Das Anwachsen des Fundamentalismus

In der Krisensituation des ausgehenden 20. Jahrhunderts verschärfen fundamentalistische Bewegungen an vielen Stellen der Welt die bestehenden Probleme noch weiter. Als Fundamentalisten gelten radikale Strömungen innerhalb der großen Weltreligionen (Islam, Christentum, Judentum, Buddhismus und Hinduismus), die ihre Weltsicht zur einzig wahren erklären und damit alle anderen zu Feinden abstempeln. Der Fundamentalismus wurde allgemeiner bekannt seit der islamischen Revolution im Iran unter Ayatollah Khomeini 1979, die einen streng islamischen Gottesstaat errichtete. Den chronischen Nahostkonflikt heizen islamische wie jüdische Fundamentalisten immer wieder an. Ähnlich gehen in Indien hinduistische Fundamentalisten gegen Muslime vor und scheuen auch vor Gewalt nicht zurück.

A5 Diskutiert, welche Bedeutung Toleranz gegenüber Andersgläubigen für die Lösung von Konflikten hat.

A6 Wie könnten gewaltfreie Konfliktlösungen aussehen?

A7 Nimm Stellung zu dieser Abbildung.

Zu einer Massenhysterie mit Toten und Verletzten kam es bei der Beerdigung des iranischen Religionsführers Khomeini im Juni 1989

5 Berlin und Brandenburg: zwei Länder – eine Region

Berlin und Brandenburg stellen eine gemeinsame Region dar und haben eine gemeinsame Geschichte. Die Entwicklung Berlins vom Fischerdorf über die Stadtwerdung als Berlin (1244) und Coelln (1237) zur Residenzstadt (1486) des Kurfürsten und später des Königreichs Preußen (1709), schließlich zur Hauptstadt des Kaiserreichs (1871) vollzog sich immer als Teil Brandenburgs. Unter den Bedingungen der Industrialisierung und in seiner Funktion als Hauptstadt entwickelte sich Berlin Ende des 19. Jahrhunderts zur Millionenstadt.

Die Entstehung Groß-Berlins durch die Eingemeindungen von 1920

Die Bevölkerungsentwicklung Berlins

1640	7 500	1900	rd. 1 900 000
1709	56 000	1920	rd. 1 800 000
1800	172 000	1943	rd. 4 500 000
1871	825 000	1945	rd. 2 800 000
		1989 Berlin-West	2 134 000
		Berlin-Ost	1 279 812
		1997	3 426 000

A1 *Stelle eine Verbindung der Zahlen mit dir bekannten Ereignissen her.*

Bis 1900 war Berlin auch zur größten Industriestadt Deutschlands geworden. Schwerpunkt war die Elektroindustrie. 1925 hatten 51,8 Prozent aller in Deutschland in dieser Branche Beschäftigten in Berlin ihren Arbeitsplatz. Berlin quoll über das eigentliche Stadtgebiet hinaus (1915: 65,7 km²). Besonders seit 1900 begann die „Randwanderung" der Industrie in das Umland. Um Berlin herum entstanden größere und mittlere Städte und Ortschaften, deren Bewohner zumeist in Berlin ihre Arbeit hatten. 1920 erfolgte deren Eingemeindung zu „Groß-Berlin". Das Stadtgebiet umfasste nun 878 km².

A2 *Welche Städte wurden eingemeindet?*

A3 *Wie viele Landgemeinden und Gutsbezirke kamen zu Berlin?*

Höhepunkt und Glanz als drittgrößte Stadt in der damaligen Welt erreichte Berlin Mitte der 20er Jahre. Seinem Ruf als „Spree-Athen" – wegen der vielen klassizistischen Bauten aus dem 18./19. Jahrhundert – folgte nun der einer Weltmetropole als Bankenzentrum und Hochburg von Wissenschaft und Kultur, u. a. als bedeutendste deutsche Theaterstadt. Alles das vollzog sich in enger Wechselwirkung mit dem natürlichen Umfeld, der „Mark Brandenburg". Berlin strahlte auf die Region aus. Viele der Einwohner wurden von Berlin angezogen. Aus Brandenburg kam die Versorgung mit Agrarerzeugnissen. Lausitzer Braunkohlenbriketts sorgten für Heizung und Energieversorgung.

A4 *Stelle die N-S- und O-W-Ausdehnung fest. Vergleiche mit dem Ruhrgebiet.*

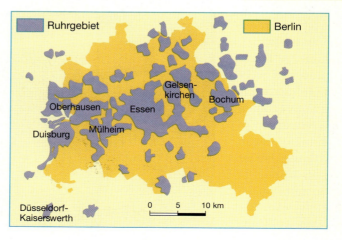

Größenvergleich zwischen Berlin und dem Ruhrgebiet.

Mit der Spaltung Deutschlands und Berlins 1949 brachen für Westberlin die Beziehungen zum natürlichen Umfeld schrittweise, nach dem Mauerbau 1961 abrupt ab. Dafür sprang die Bundesrepublik ein und zahlte jährlich 12,5 Mrd. DM Berlin-Hilfe. Westberliner Kurzurlauber und Wochenendfahrer mussten sich ein neues „Umfeld" erschließen, das in 2–300 km Entfernung jenseits der Grenzübergänge lag.

Ostberlin wurde als Hauptstadt der DDR zum sozialistischen Aushängeschild mit vielen Privilegien: Berlin-Zulage bei den Gehältern, bevorzugte Versorgung, Schwerpunkt des Wohnungsbaus. Die Beziehungen zum Umland wurden intensiviert – nicht selten auf Kosten der Bezirke. Die Losung „Die Republik baut für Berlin" bedeutete, dass viele Bezirke ihre Baukapazität vor allem in Berlin einsetzen mussten.

Nach dem Beitritt der DDR zur Bundesrepublik wurden Berlin und Brandenburg Bundesländer. In Brandenburg begann sich schnell eine eigene Identität herauszubilden.

Das neue Umland von Westberlin 1961–1990

A1 *Versetze dich in die Lage einer Familie aus Westberlin und beschreibe, wie du einen Kurzurlaub gestaltet hättest.*

Wappen des Landes Brandenburg

Q1 Die Brandenburger Hymne:
*„Märkische Heide, märkischer Sand sind des Märkers Freude, sind sein Heimatland.
Steige hoch, du roter Adler, hoch über Sumpf und Land,
hoch über dunkle Kiefernwälder. Heil dir, mein Heimatland."*

A2 *Suche nach weiteren Beispielen Brandenburger Identität.*

Der Prozess des Zusammenwachsens erfolgte unmittelbar nach der Maueröffnung. Die Westberliner entdeckten schnell wieder die vielen Schönheiten Brandenburgs. Brandenburger strömten zum Einkauf und touristischen Bummel nach Berlin. Viele fanden auch Arbeit in Westberlin. Gleichzeitig wurde dieser Prozess dadurch behindert, dass in der Eigentumsfrage Rückgabeanträge von Alteigentümern viele ehemalige DDR-Bürger verunsicherten. Hinzu kamen nicht wenige Glücksritter und Schwindler, die unter dem Vorwand der Aufbauhilfe unsaubere Geschäfte und Betrügereien betrieben. Doch insgesamt nahm die gegenseitige Akzeptanz und die Zusammenarbeit beider Länder zu. Von vielen Politikern wurde daher der Zusammenschluss der beiden Länder gefordert. Heftige Diskussionen entbrannten.

Diskussion um die Länderfusion Berlin/Brandenburg	
Argumente der Befürworter	Argumente der Fusionsgegner
• Ein größeres Land = höhere Effizienz – dann an 5. Stelle • Höhere Sparsamkeit durch Abbau der Verwaltung • Vereinheitlichung der Rahmenbedingungen = bessere Basis für Lösung von Aufgaben und Problemen • Garant für wirtschaftliche Entwicklung und mehr Arbeitsplätze • Gemeinsame Raum- und Entwicklungsplanung	• Bevormundung des „Ostens" durch den Westen • „Verostung" Westberlins/weitere Umverteilung zu Lasten Westberlins • Dominanz Berlins über Brandenburg/Verlust der neu gewonnenen Identität • Alle Probleme durch Kooperationsverträge zwischen den Ländern zu lösen (s. Stadtstaat Hamburg und Umland) • Verlust der „besseren" Brandenburger Verfassung (u. a. plebiszitäre Möglichkeiten/in Br. für einen Volksentscheid 80 000, in B. 300 000 nötig), erst Vorlage einer gemeinsamen Verfassung

A1 Versuche, den Inhalt der einzelnen Aussagen zu erläutern.
A2 Welchen Argumenten stimmst du zu, welchen widersprichst du?

Auch mit zahlreichen Problemen ist die gemeinsame Region konfrontiert: hohe Arbeitslosigkeit, anwachsendes Verkehrschaos, attraktive Einkaufszentren um Berlin herum mit der Gefahr der Vernichtung des Einzelhandels und damit der Verödung der Berliner Innenstadt.

Seit Entwicklung des Eisenbahnnetzes von und nach Berlin im 19. Jahrhundert und der Elektrifizierung des Nahverkehrs (Berliner S-Bahn seit 1924) war der Verkehr immer ein gewaltiger Motor für das Zusammenwachsen von Berlin und Brandenburg. Daran anknüpfend entwickelte sich der Verkehrsverbund Berlin-Brandenburg (VBB, Gründung 1996) zum größten europäischen Verkehrsverbund, in dem ca. 1 200 öffentliche Verkehrslinien vereint sind. Damit ist der VBB ein wichtiger Wirtschaftsfaktor geworden, der zur Entwicklung und Vernetzung der Region beiträgt. Ein wichtiges Ziel besteht darin, die Ak-

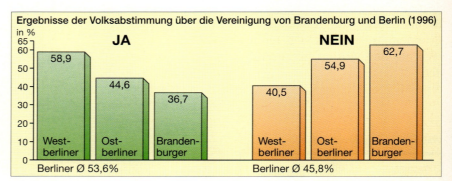

A3 Inwiefern war das Ergebnis ein Zeichen für eine noch bestehende „innere Spaltung"?

Ungeachtet der Volksabstimmung wächst die Region Berlin-Brandenburg weiter zusammen.

A4 Erläutere die einzelnen Faktoren und ihre Wechselwirkung.

zeptanz des öffentlichen Personennahverkehrs (ÖPNV) zu erhöhen und den individuellen Pkw-Verkehr mit seinen Verkehrsstaus und Umweltbelastungen zurückzudrängen. 1998 betrug der Anteil des ÖPNV in Berlin ca. 27 Prozent, in Brandenburg ca. 14 Prozent.

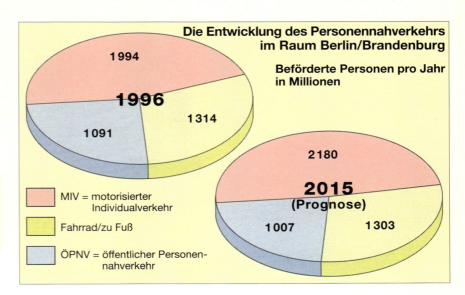

A1 *Interpretiere das Diagramm.*
A2 *Entwickle Gedanken, warum diese Situation unbefriedigend ist und wie sie zu Gunsten des ÖPNV in der Region verändert werden könnte.*

Im „Speckgürtel" rund um Berlin (= Umkreis von etwa 20 km bzw. innerhalb des Autobahnrings) entstanden zahlreiche „Gewerbeparks" und Einkaufszentren auf der „grünen Wiese". Schon haben viele Berliner Betriebe wegen günstiger Miet- und Bodenpreise und bequemer Parkmöglichkeiten ihren Produktionsstandort dorthin verlagert. Für Berlin bedeutet das weniger, für Brandenburg mehr Steuereinnahmen.

A3 *Stelle Vorteile dieser „Parks" heraus. Von welchen Nachteilen weißt du? Gibt es Lösungen?*

Im Umland werden zahlreiche Siedlungen mit Einfamilienhäusern errichtet. Sie ziehen zu Tausenden junge Berliner Familien an. Es gibt Berechnungen, die bis 2010 dort 300 000 Berliner wohnen sehen. Auch das bedeutet mehr Steuern für Brandenburg und weniger für Berlin. Wachsende Pendlerströme bewegen sich von Berlin nach Brandenburg und umgekehrt: Umlandbewohner mit Arbeitsplatz in Berlin und Berliner mit Brandenburger Arbeitsplatz (Ende 1997 – 105 000 bzw. 48 000), Besucher der Einkaufszentren sowie Touristenströme in beide Richtungen.

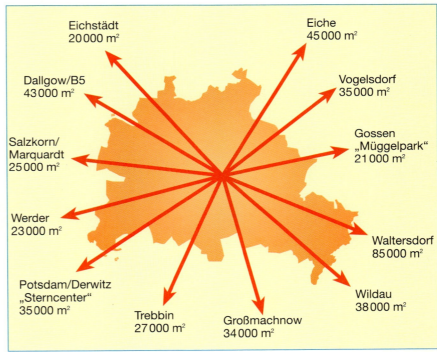

Neue Einkaufszentren im Umland Berlins

Großflughafen Schönefeld – eine Geschichte ohne Ende?

Nach der Hauptstadt-Entscheidung des Bundestages beschlossen der Bund und die Länder Berlin und Brandenburg den Bau eines Großflughafens. Zuerst ging es um den Standort: Sperenberg, Jüterbog oder Schönefeld. Nach langwierigen Diskussionen entschied man sich 1996 für den Ausbau von Schönefeld mit einer Investitionssumme von 6,5 Mrd. DM. Tegel und Tempelhof sollen geschlossen werden. Die prognostizierte Zahl der Fluggäste schwankt von 15 bis über 60 Mio. pro Jahr. Es gibt Bürgerproteste sowohl gegen die Schließung von Tegel und Tempelhof als auch generell gegen einen Großflughafen.

GESCHICHTE IM ÜBERBLICK

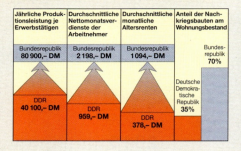

1990 — **1991** — **1992** — **1993**

Deutsche Vereinigung (3.10.1990). Auflösung des Warschauer Pakts.

2. Golfkrieg wegen der Besetzung Kuwaits durch den Irak. Beginn des Jugoslawienkriegs. Die UdSSR löst sich auf: Die GUS wird gegründet.

EU-Vertrag von Maastricht. UNO-Interventionen unter Führung der USA (Somalia). Erste Welt-Umweltkonferenz in Rio de Janeiro.

Europäischer Binnenmarkt. Israel und Palästina schließen Gaza-Jericho-Abkommen.

Zusammenfassung:

Deutschland:
- Die DDR tritt 1990 dem Geltungsbereich des Grundgesetzes bei. Sie übernimmt damit Rechtsformen und Wirtschaftssystem der Bundesrepublik.
- Trotz Finanzhilfe aus den westlichen Bundesländern und Aufbauerfolgen (z. B. Städtesanierung) bleiben in den östlichen Ländern nach Privatisierung der Wirtschaft (Treuhand) und dem Wegbrechen der traditionellen Absatzmärkte im Osten große Wirtschaftsprobleme (Massenarbeitslosigkeit).
- Erstmals seit 1949 wird mit Helmut Kohl 1998 ein deutscher Bundeskanzler per Wählerentscheid abgewählt. Neuer Bundeskanzler wird Gerhard Schröder (SPD) an der Spitze einer rot-grünen Koalition.

Europäische Union:
- Die Europäische Gemeinschaft schließt sich enger zusammen. Ihre Mitglieder gründen 1993 die Europäische Union (EU).
- 1995 treten Österreich, Finnland und Schweden der EU bei. 1998 beginnen Beitrittsverhandlungen mit Estland, Polen, Slowenien, Tschechien, Ungarn und Zypern.
- 1999 tritt die Währungsunion in Kraft. Die Europäische Zentralbank (EBZ) übernimmt die gemeinsame Geldpolitik.
- Die „Agenda 2000" soll die wirtschaftliche Grundlage für die Osterweiterung der EU schaffen.

Die Welt seit 1990

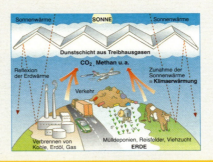
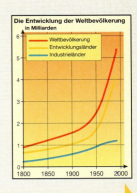

1994

Russland interveniert in Tschetschenien.
NATO bietet Ländern Mittel- und Osteuropas sowie Neutralen „Partnerschaft für den Frieden" an.

1995

Frieden von Dayton beendet Krieg in Bosnien-Herzegowina.
Österreich, Schweden und Finnland treten der EU bei.

1998

Konflikt im Kosovo eskaliert.
Weltklimagipfel in Kyoto.

1999

Europäische Währungsunion in Kraft.
Polen, Ungarn und Tschechien werden Mitglieder der NATO.
NATO erzwingt durch Luftkrieg gegen Rest-Jugoslawien Stationierung von UNO-Friedenstruppen im Kosovo.

Weltpolitik:
- Seit dem Ende des Kalten Krieges nehmen die regionalen Konflikte an vielen Stellen der Welt an Schärfe zu. Kriege und Bürgerkriege erschüttern u. a. das ehemalige Jugoslawien, einige Nachfolgestaaten der UdSSR, Afghanistan, Ruanda und Burundi, Somalia und Zentralafrika (Demokratische Republik Kongo).
- Die UNO nimmt verstärkt die Rolle einer Vermittlerin wahr. Sie entsendet Truppen zur Friedenssicherung, entscheidet aber auch über Mandate zur militärischen Intervention in Bürgerkriege oder Kriege zwischen Nachbarstaaten.
- Den USA fällt die Rolle eines „Weltpolizisten" zu: Bei den Militäreinsätzen gegen den Irak und auf dem Balkan übernehmen sie die Führung der multinationalen Streitkräfte.
- Die NATO bietet den neutralen Staaten und den Staaten Ost- und Mitteleuropas 1994 eine „Partnerschaft für den Frieden" an. Konfliktreich bleiben wegen russischer Vorbehalte Verhandlungen über die NATO-Osterweiterung.
- Im ehemaligen Jugoslawien bricht erstmals seit 1945 wieder ein Krieg in Europa aus. Jugoslawien zerfällt in verschiedene Staaten. In Gebieten, wo Serben mit anderen Volksgruppen zusammenleben, verläuft der Konflikt besonders blutig (Bosnien, Krajina, Kosovo).
- Die soziale und wirtschaftliche Kluft zwischen den führenden Wirtschaftsnationen und den Ländern der „Dritten Welt" wächst. Viele Entwicklungsländer geraten in die Schuldenfalle.
- Die Umweltzerstörung wird weltweit als Problem erkannt. Versuche der Krisenbewältigung durch internationale Vereinbarungen kommen jedoch kaum voran.

WORTERKLÄRUNGEN

Ära
Ein längerer, durch etwas Besonderes oder eine herausragende Person gekennzeichneter Zeitabschnitt.

Alliierte
Verbündete. Bezeichnung vor allem für die im Ersten und Zweiten Weltkrieg gegen Deutschland kämpfenden Mächte.

Amnestie
Das vorzeitige Erlassen einer Strafe.

Analphabeten
Menschen, die nicht schreiben und lesen können.

Annexion (Verb: annektieren)
Die Einverleibung eroberter Gebiete als Provinzen, ohne politische Rechte.

Antisemitismus
Feindschaft gegenüber Juden. Während der ältere Antijudaismus vor allem von christlich-religiösen Vorurteilen ausging, unterstellte der moderne Antisemitismus seit dem späten 19. Jh., die Juden seien eine minderwertige „Rasse". Im 20. Jh. gipfelte der Antisemitismus in der Vernichtungspolitik der Nationalsozialisten (Holocaust).

Aristokratie
Herrschaft des Adels.

Bruttosozialprodukt
Die Summe aller Waren und Dienstleistungen, die in einem Staat innerhalb eines Jahres erwirtschaftet wird.

Charta
(Verfassungs-)Urkunde.

Commonwealth
Bezeichnung der englischen Republik von 1649 bis 1660. Heute Bezeichnung für die Gemeinschaft unabhängiger ehemaliger britischer Kolonien mit dem Mutterland.

Dekolonisation
Der Prozess der Auflösung der Kolonialreiche, vor allem seit 1945. Dekolonisation erfolgte häufig gewaltsam im Unabhängigkeitskampf der kolonisierten Völker, den die Kolonialmächte meist mit militärischen Mitteln zu unterdrücken suchten.

Demagoge
Aufwiegler; Volksverführer.

Demokratie
Herrschaft des Volkes (griechischer Begriff). In der Demokratie sind die Bürger eines Staates an wichtigen politischen Entscheidungen (z.B. Gesetze, Steuern, Krieg usw.) beteiligt. Die Beteiligung erfolgt entweder direkt in einer Volksversammlung oder über gewählte Vertreter (Abgeordnete, die ein Parlament bilden). Ein Großteil der Bevölkerung (Frauen, z.T. Besitzlose) zählte z.T. bis ins 20. Jh. nicht zu den Bürgern und war daher von jeder Mitbestimmung ausgeschlossen. Gewaltenteilung sowie allgemeine, gleiche und geheime Wahlen sind heute wichtige Merkmale parlamentarischer Demokratien.

Deportation
Der zwangsweise Abtransport von Personen, Gruppen oder ganzen Völkern in Gefängnisse, Konzentrationslager oder Verbannungsorte.

Diktatur
Autoritäre, uneingeschränkte Herrschaft einer Person (z.B. „Führerstaat" Hitlers), sozialen Gruppe (z.B. „Diktatur des Proletariats" im Kommunismus) oder Institution (z.B. Partei- oder Militärdiktatur).

Diskriminierung
Benachteiligung, rechtliche Zurücksetzung von Personen oder Gruppen, z.B. Berufsverbote für Juden, soziale und rechtliche Benachteiligung von Frauen etc.

Doktrin
Lehre bzw. (politischer) Grundsatz, an der/dem unbedingt festgehalten werden soll (Beispiel: Truman-Doktrin).

Emanzipation
Befreiung aus rechtlicher, politischer und gesellschaftlicher Benachteiligung zu völliger Gleichberechtigung. Vor allem auf Juden und Frauen angewandter Begriff.

Emigration
Auswanderung, oft als Reaktion auf politische oder religiöse Verfolgungen (Gegensatz Immigration = Einwanderung).

Faschismus
Ursprünglich Bezeichnung für die Diktatur Mussolinis in Italien. Später übertragen auf die rechtsautoritären Bewegungen und Herrschaftssysteme in Europa seit den 20er Jahren, insbesondere auf den Nationalsozialismus in Deutschland. Bei entsprechenden Bewegungen nach 1945 (dem Ende des Nationalsozialismus) spricht man von Neofaschismus.

Globalisierung
Der Prozess der zunehmenden Vernetzung der Wirtschaftssysteme der einzelnen Nationalstaaten zu einem weltwirtschaftlichen System. Die Entstehung eines rasch wachsenden Weltmarktes (auch durch Datenvernetzung, z.B. im Internet) für Güter, Dienst- und Finanzleistungen, zunehmende internationale Konkurrenz und die Entstehung großer multinationaler Konzerne („global players") sind u.a. wichtige Merkmale der Globalisierung.

Grundrechte
Grundlagen jedes demokratischen Rechtsstaates, die dem Einzelnen Sicherheit vor Übergriffen des Staates bieten. Wichtige Grundrechte sind: Gleichheit vor dem Gesetz, Presse- und Versammlungsfreiheit, Religions- und Gewissensfreiheit, freie Berufswahl, Schutz des Eigentums etc.

Hegemonie
Die Vorherrschaft eines Staates, auch die Vormachtstellung in bestimmten Bereichen, z.B. wirtschaftliche Hegemonie.

Inflation
Geldentwertung durch Preissteigerungen, verbunden mit dem Verlust der Kaufkraft des Geldes. Eine jährliche Inflation bis ca. 5 Prozent ist eine normale Begleiterscheinung von Wirtschaftswachstum. Bei Inflationsraten von 50 Prozent und mehr, die zur völligen Geldentwertung (z.B. Deutschland 1923) führen, spricht man von einer galoppierenden Inflation.

Institution
Staatliche Einrichtung bzw. Organisation.

Invasion
Militärisches, gewaltsames Eindringen in ein fremdes Land.

Isolationismus
Ein Grundsatz amerikanischer Außenpolitik seit der Monroe-Doktrin 1823, sich aus europäischen Angelegenheiten weitgehend herauszuhalten. Seit dem Ersten Weltkrieg phasenweise und seit dem Zweiten Weltkrieg weitgehend aufgegeben.

Koalition
Ein Bündnis von Parteien zur Durchsetzung ihrer Ziele (z. B. „Große Koalition" von CDU/CSU und SPD in der Bundesrepublik, 1966–1969). Seltener auch ein Staatenbund (z. B. Anti-Hitler-Koalition im Zweiten Weltkrieg).

Koexistenz
Gemeinsame Lebensmöglichkeit, Nebeneinanderbestehen unterschiedlicher Gesellschaftssysteme.

Kolchosen
1928–1937 durch (auch gewaltsame) Kollektivierung entstandene, offiziell genossenschaftliche Betriebe in der Landwirtschaft der UdSSR.

Kollektivierung
Die (z. T. auch gewaltsame) Umwandlung bäuerlichen Privatbesitzes in (staatliche) landwirtschaftliche Großbetriebe in kommunistischen Staaten.

Kolonialismus
Der Prozess der meist gewaltsamen Errichtung überseeischer Kolonialreiche durch die europäischen Kolonialmächte (vor allem Spanien, Portugal, Frankreich, England) seit dem 15. Jh.

Kommunismus
Durch Karl Marx und Friedrich Engels begründete Lehre und Bewegung zur Errichtung einer klassenlosen Gesellschaft auf Grundlage einer „Diktatur des Proletariats". Der Kommunismus bildete den radikalen Flügel der im 19. Jh. entstandenen sozialistischen Bewegung, indem er auf gesellschaftliche Veränderung durch Revolution setzte (im Gegensatz zum sozialreformerischen Kurs der meisten Sozialdemokraten). Als Abspaltung der SPD gründeten in Deutschland Karl Liebknecht und Rosa Luxemburg 1918 die Kommunistische Partei (KPD). Zu staatlicher Macht gelangte der Kommunismus erstmals 1917 in Russland (Sowjetunion). In den epochalen Umwälzungen 1989/90 gingen fast alle kommunistischen Regierungen unter; die verbliebenen (z. B. China) orientieren sich zunehmend in Richtung Marktwirtschaft.

Konkurs
Der wirtschaftliche Zusammenbruch (Zahlungsunfähigkeit) eines Unternehmens.

Konservative
Im 19. Jh. Bezeichnung für jene politischen Kräfte bzw. Parteien, die den Ideen der Französischen Revolution entgegentraten und die „alten" Werte betonten. Adel und Großgrundbesitzer waren die wichtigsten Vertreter des Konservativismus. Im 20. Jh. sammelten konservative Parteien vor allem die gegen den Sozialismus gerichteten Kräfte des Bürgertums. Auf die modernen bürgerlichen Volksparteien trifft der Begriff kaum noch zu.

Konstruktives Misstrauensvotum
Ein Verfahren im Bundestag der Bundesrepublik Deutschland, um einem Kanzler das Misstrauen auszudrücken, indem direkt ein Nachfolger gewählt wird. Das konstruktive Misstrauensvotum ist eine Reaktion auf die schlechten Erfahrungen der Weimarer Republik. Es soll ein Machtvakuum verhindern und die Stabilität der Regierung fördern.

Konzern
Zusammenschluss von Unternehmen zu Großunternehmen, die wirtschaftlich kooperieren, ohne ihre rechtliche Selbstständigkeit aufzugeben. Ziel der Konzernbildung ist häufig, eine den Markt beherrschende Stellung zu erlangen.

Korruption
Bestechung, Bestechlichkeit.

KSZE
Abkürzung für „Konferenz für Sicherheit und Zusammenarbeit in Europa", die seit 1972 unter Einbeziehung der Staaten Osteuropas über Sicherheits-, Wirtschafts-, Kultur- und Menschenrechtsfragen in Europa beriet. Das Abschlussdokument, die Schlussakte von Helsinki (1975), wurde zu einem Impuls für Bürgerrechtsgruppen in Osteuropa.

Landflucht
Die Abwanderung der ländlichen Bevölkerung (Bauern, Landarbeiter) in die Städte und seit dem 19. Jh. in die großen Industriezentren. In den Ländern der „Dritten Welt" entstehen durch Landflucht Megastädte mit vielen Millionen Einwohnern.

Liberalismus
Vom Bürgertum getragene, wichtige politische Grundströmung des 19. Jh.s. Liberale forderten vor allem die ungehinderte persönliche und wirtschaftliche Entfaltung des Einzelnen, traten für Verfassung, Abschaffung von Adelsprivilegien und Einziehung von Kirchengütern (Säkularisierung) ein. Im 20. Jh. vor allem bürgerliche Kräfte, die für Bürgerrechte und freie Marktwirtschaft eintreten.

Mandat
1. Das Amt eines gewählten Abgeordneten (z. B. Bundestagsmandat). 2. Auftrag: z. B. UNO-Mandat zur Friedenssicherung.

Marktwirtschaft
Das freie Spiel von Angebot und Nachfrage, ohne staatliche Eingriffe (Gegensatz: Planwirtschaft). In der Phase der Industrialisierung im 19. Jh. führte freie Marktwirtschaft zu enormem Wirtschaftswachstum, aber auch zur Verelendung der Arbeiter (soziale Frage). Die „soziale Marktwirtschaft" versucht, freien Wettbewerb (auch freie Preis- und Lohnfindung) mit dem Schutz der sozial Schwachen durch staatliche Eingriffe (Sozialleistungen, Subventionen usw.) zu verknüpfen. Sie war ein wichtiges Element des „Wirtschaftswunders" in der Bundesrepublik in den 50er und 60er Jahren des 20. Jh.s.

Menschenrechte
Rechte, die jedem Menschen zustehen, unabhängig von seiner Stellung in Staat und Gesellschaft, seiner Religion oder Rasse (siehe Grundrechte).

Migration
Wanderungsbewegung bestimmter Bevölkerungsgruppen oder ganzer Völker, meist ausgelöst durch Kriege (Flucht, Vertreibung), Wirtschaftsprobleme (z. B. Missernten, Arbeitslosigkeit) oder Naturkatastrophen.

Monarchie
Die Herrschaft eines Königs. In der absoluten Monarchie herrscht der Monarch uneingeschränkt, in der konstitutionellen Monarchie ist er an eine Verfassung gebunden, in der parlamentarischen Monarchie hat ein vom Volk gewähltes Parlament die Macht, und der Monarch ist nur noch repräsentatives Staatsoberhaupt.

Monopol
Ein Unternehmen hat ein Monopol, wenn es einen Markt völlig oder größtenteils beherrscht, d. h. den Wettbewerb mit Konkurrenzunternehmen ausschalten und die Preise diktieren kann.

Nationalismus
Politische Haltung, die den Wert und die Interessen des eigenen Volkes besonders hervorhebt, häufig auf Kosten anderer Völker. Als politische Kraft entstand der Nationalismus im 19. Jh. und erlebte als übersteigerter Nationalismus (Chauvinismus) im Zeitalter des Imperialismus einen Höhepunkt (Erster Weltkrieg). Auch danach nutzten (und nutzen) autoritäre Regierungen (z.B. der Nationalsozialismus in Deutschland, Mussolinis Faschismus in Italien usw.) übersteigerten Nationalismus für ihre Zwecke.

Nord-Süd-Konflikt
Bezeichnung für die Spannungen, ungleiche Entwicklung und Interessengegensätze zwischen den reichen Industrieländern (auf der Nordhalbkugel) und den armen Entwicklungsländern (vor allem auf der Südhalbkugel).

Ökologiebewegung
Eine in den 70er Jahren u.a. aus dem Kampf gegen Atomkraftwerke entstandene Protestbewegung mit dem Ziel der Erhaltung der natürlichen Umwelt.

Okkupation
Meist abwertende Bezeichnung für die militärische Besetzung von fremdem Gebiet.

Pazifismus
Eine Einstellung, die den Einsatz von (militärischer) Gewalt zur Lösung von Konflikten grundsätzlich ablehnt.

Planwirtschaft
Wirtschaftsordnung (vor allem kommunistischer bzw. sozialistischer Staaten), in der zentrale Planungsstellen des Staates die Bedürfnisse der Bevölkerung festlegen und Produktion, Verteilung sowie Preise und Löhne entsprechend steuern (Gegensatz: Marktwirtschaft). Die Ausschaltung des Prinzips von Angebot und Nachfrage führte oft zu Versorgungsproblemen.

Politik
1. Alle Vorgänge und das Handeln im öffentlichen (im Gegensatz zum privaten) Bereich. 2. Die Wissenschaft von Staat und Gesellschaft.

Proletarier
Im alten Rom die besitzlosen Bürger. Im 19. und 20. Jh. Bezeichnung für die mit der Industrialisierung neu entstandene Schicht der Arbeiter. Proletariat ist im Marxismus die Bezeichnung für die Arbeiterklasse.

Rätesystem
Sozialistisches Modell einer Basisdemokratie, in der die bisher benachteiligten Schichten (Arbeiter, Soldaten, Bauern) direkt durch die Wahl jederzeit abrufbarer Räte an der Macht beteiligt werden sollten.

Rassismus
Wissenschaftlich nicht haltbare Lehre vom unterschiedlichen Wert der Rassen. Vielfach benutzt, um die Unterdrückung, Verfolgung oder gar Vernichtung bestimmter Volksgruppen (z.B. Judenverfolgung im Nationalsozialismus) zu rechtfertigen.

Reaktion
Bezeichnung für jene Kräfte, die im 19. Jh. die Ziele und Errungenschaften der Französischen Revolution bekämpften. Seitdem werden rückwärts gewandte bzw. fortschrittsfeindliche Kräfte als „reaktionär" bezeichnet.

Regime
Meist abwertende Bezeichnung für (oft diktatorische) Regierungssysteme.

Reparationen
Wiedergutmachung von Kriegsschäden durch Geld oder Sachleistungen.

Repression
Unterdrückung, politische und physische Gewaltanwendung.

Republik
Staatsform, in der eine vom Volk auf Zeit gewählte Regierung die Macht ausübt, mit Präsident als Staatsoberhaupt.

Restauration
Wiederherstellung eines nicht mehr bestehenden gesellschaftlichen Zustandes.

Revision
Überprüfung, Rückgängigmachung (z.B. eines Vertrages).

Revolution
Grundlegende, oft gewaltsame Umwandlung der gesellschaftlichen Ordnung, meist durch benachteiligte Schichten der Bevölkerung.

Souveränität
Die höchste Gewalt in einem Staat, nach innen (Gesetzgebung, Gewaltmonopol) und außen (Entscheidung über Krieg und Frieden).

Sowchosen
Landwirtschaftliche Großbetriebe in der UdSSR, 1919 aus staatlichem und privatem Gutsbesitz gebildet. Im Gegensatz zur Kolchose waren Boden, Gebäude und Gerätschaften Staatseigentum und die Beschäftigten Lohnarbeiter.

Sozialismus
Mit der Industrialisierung schnell anwachsende politische Strömung, eng verknüpft mit Arbeiterbewegung und Gewerkschaften. Sozialisten wollten die Eigentums- und Herrschaftsverhältnisse im Sinne von Gleichheit und Gerechtigkeit verändern, beschritten aber schon am Ende des 19. Jh.s unterschiedliche Wege: Die Kommunisten hielten eine Revolution für notwendig, während die Sozialdemokraten überwiegend auf schrittweise Reformen im Rahmen einer parlamentarischen Demokratie setzten.

Stalinismus
Phase der uneingeschränkten, mit einem Personenkult verbundenen Herrschaft Stalins in der Sowjetunion (1929–1953). Durch ein allgegenwärtiges Überwachungs- und Terrorsystem (GULAG), Schauprozesse und Deportationen wurde jede Opposition ausgeschaltet und das Land unter großen Bevölkerungsverlusten einer gewaltigen Industrialisierung und der Kollektivierung der Landwirtschaft unterzogen.

Tarifautonomie
Das (in der Bundesrepublik geltende) Prinzip, dass Löhne, Arbeitszeiten und -bedingungen weitgehend in Verhandlungen zwischen Arbeitgeberorganisationen und Gewerkschaften ausgehandelt werden.

Tauwetter-Periode
Nach der „Eiszeit" des Stalinismus eine Zeit (ca. bis 1957) begrenzter Liberalisierung in der Innenpolitk der UdSSR nach Stalins Tod.

VEB
Volkseigener Betrieb. Verstaatlichtes Wirtschaftsunternehmen in der DDR, 1946–1990.

Volksdemokratie
Von kommunistischen Staaten verwendeter Begriff zur Kennzeichnung ihrer Herrschaftsform.

REGISTER

68er-Bewegung, S. 88, 111, 118
Abtreibung, S. 112
Adenauer, Konrad, S. 24, 40 f., 82 ff., 87, 97
Ägypten, S. 76
Äthiopien, S. 132
Afghanistan, S. 38, 53
Afrika, S. 38, 66 f., 68, 149
Afrikanischer Nationalkongress (ANC), S. 68
Agenda 2000, S. 144
Agrarsubventionen, S. 144
Ahlener Programm, S. 18
Albanien, S. 37
Aldrin, Edwin, S. 33
Allende, Salvador, S. 38
Allianz für Deutschland, S. 126
Alliierte, S. 15
Alliierter Kontrollrat, S. 120
Alt-Glienicke, S. 120
Analphabeten, S. 68, 70
Angola, S. 140
Apartheid, S. 68 f.
Arafat, Yassir, S. 77
Arbeiter, S. 88, 93
Arbeiteraufstand, S. 93
Arbeitgeber, S. 87
Arbeitslose, S. 87, 105, 135, 137, 150
Arbeitslosigkeit, S. 45, 47 f., 56, 62, 73, 103, 106, 134, 154
Argentinien, S. 132
Armut, S. 48
Asien, S. 62
Atomkraftwerk (AKW), S. 150
Attlee, Clement R., S. 6
Auto, S. 99
Ayatollah Khomeini, S. 151
Bahr, Egon, S. 102
Baltikum, S. 54

Barthel, Kurt, S. 93
Bauern, S. 17, 71, 94
Beamte, S. 68
Befreiungsarmee des Kosovo (UÇK), S. 143
Begin, Menachem, S. 76
Beirut, S. 76
Ben Gurion, David, S. 75
Berija, S. 49
Berlin, S. 12, 15, 21, 23 f., 50, 87 f., 93, 95, 110 f., 116, 120 ff., 124, 126, 134, 152 ff.
Berlinblockade, S. 22 f.
Bevölkerungsexplosion, S. 146 f., 149
Biermann, Wolf, S. 107
Bildungswesen, S. 91
Bizone, S. 20
Blockparteien, S. 134
Bodenreform, S. 17
Bosnien, S. 48
Bosnien-Herzegowina, S. 142
Brandenburg, S. 134, 152 ff.
Brandt, Willy, S. 37, 87, 96, 102, 107
Brasilien, S. 147 f.
Brecht, Bertolt, S. 94
Breschnew, Leonid, S. 50 f., 53
Breschnew-Doktrin, S. 52
Brokdorf, S. 103
Buchenwald, S. 128
Bündnis, S. 134
Bund Deutscher Mädel (BDM), S. 19
Bundesrat, S. 120
Bundesrepublik Deutschland (BRD), S. 24 ff., 31, 82 ff., 90, 94, 99, 102 ff., 110, 117 f., 120, 123, 126 f., 132, 134, 150, 153
Buren, S. 68
Bush, George, S. 140
Camp David, S. 76
Castro, Fidel, S. 31
Ceaușescu, Nicolae, S. 54

Chaplin, Charlie, S. 45
Chiang Kai-shek, S. 70
Chile, S. 38
China, S. 4, 30, 36, 47, 70 f., 143, 147 f.
Chorin, S. 108
Christlich-Demokratische Union (CDU), S. 18, 24, 104, 126 f., 134
Christlich-Demokratische Union (CDU)/Christlich-Soziale Union (CSU), S. 16, 83, 87, 105
Chruschtschow, Nikita, S. 45, 49 f., 72, 95 f.
Churchill, Winston, S. 5 f., 8
Clay, Lucius D., S. 23
Clinton, Bill, S. 37, 48
ČSSR, S. 100
Dahn, Daniela, S. 137
Danz, Tamara, S. 116
Den Haag, S. 40
Deng Xiaoping, S. 72 f.
Deutsche Demokratische Republik (DDR), S. 24 ff., 31, 44, 54, 84, 87, 89, 99 ff., 107 ff., 114 ff., 117, 120, 124 ff., 132, 134 f., 150, 153
Deutsche Volksunion (DVU), S. 138
Deutscher Volkskongress, S. 24
Deutschland, S. 10 ff., 40, 68, 74, 80 ff., 132, 134 ff., 143
Dohnanyi, Klaus von, S. 137
Dritte Welt, S. 60 ff., 146 f.
Einigungsvertrag, S. 136
Eisenbahn, S. 154
Eisenhower, Dwight David, S. 45
Eisenhüttenstadt, S. 90
Elektronische Revolution, S. 105

Entnazifizierung, S. 18, 82
Entstalinisierung, S. 49 f.
Entwicklungshilfe, S. 147
Entwicklungsländer, S. 151
Erhard, Ludwig, S. 85, 87
Estland, S. 144
Ethnische Säuberungen, S. 142
Euro, S. 41, 143
Europa, S. 62
Europäische Gemeinschaft (EG), S. 41, 141 f.
Europäische Kommission, S. 42
Europäische Union (EU), S. 41, 43 f., 143 ff., 147, 149
Europäische Wirtschaftsgemeinschaft (EWG), S. 40 f.
Europäische Zentralbank, S. 144
Europäischer Gerichtshof, S. 40
Europäischer Rat, S. 145
Europäisches Parlament, S. 42, 106
Europarat, S. 40
Familien, S. 13 f., 99, 144, 147
Finnland, S. 144
Frankfurt am Main, S. 20
Frankreich, S. 4, 16, 40, 68
Frauen, S. 12 f., 46, 114 f., 147
Frauenbewegung, S. 111 f.
Freie Demokratische Partei (FDP), S. 16, 87, 102, 104 f., 134
Freie Deutsche Jugend (FDJ), S. 115, 121
FRELIMO, S. 66
Fremdenfeindlichkeit, S. 106
Gagarin, Jurij, S. 33

Gandhi, Mahatma, S. 64 f.
Gastarbeiter, S. 87, 123
Gaulle, Charles de, S. 41
Gaza-Jericho-Abkommen, S. 77
Gedenkstätten, S. 128
Gemeinschaft unabhängiger Staaten (GUS), S. 55, 138
Gewerkschaften, S. 17, 87
Glasnost, S. 53
Globalisierung, S. 135, 150 f.
Globke, Hans, S. 82
Goldberg, Whoopie, S. 47
Golfkrieg, S. 140
Gorbatschow, Michail, S. 39, 53 ff., 111, 126
Gorleben, S. 103
Großbritannien, S. 4, 16, 20, 64 f., 71, 75, 85
Große Koalition, S. 87
Grüne, S. 104 f., 134
Gysi, Gregor, S. 136
Habe, Hans, S. 111
Hallstein-Doktrin, S. 84, 102
Helsinki-Schlussakte, S. 110
Hitler-Jugend (HJ), S. 19
Ho Chi Minh, S. 35
Hochleistungssport, S. 109
Holocaust, S. 75
Honecker, Erich, S. 107, 109, 124, 126
Hussein, Saddam, S. 140
Imperialismus, S. 146
Indien, S. 64 f., 148, 151
Industrie, S. 18, 56, 85, 95, 152
Intifada, S. 76 f.
Irak, S. 48, 140
Iran, S. 88, 140, 151

Israel, S. 75 ff., 99, 103
Japan, S. 30, 44, 56 f., 62, 70, 147
Jelzin, Boris, S. 54 f., 138
Jena, S. 110
Jiang Zemin, S. 74
Johnson, Lyndon B., S. 35
Jordanien, S. 77
Juden, S. 75, 102
Jugendkultur, S. 115
Jugendweihe, S. 117
Jugoslawien, S. 141, 143
Jugoslawienkrieg, S. 41, 141 ff.
Kalter Krieg, S. 8 ff., 20, 28 ff., 41, 43, 62, 69, 82, 94, 96, 139
Kasernierte Volkspolizei, S. 89
Kaukasus, S. 54, 138
Kennan, George F., S. 6
Kennedy, John F., S. 32, 45 f., 48, 95 f., 122
Kiesinger, Kurt Georg, S. 87
Kinder, S. 13 f., 147, 150
King, Martin Luther, S. 46
Kirche, S. 110
Klerk, Frederik Willem de, S. 69
Kohl, Helmut, S. 105, 127, 134
Kollektivierung, S. 71
Kolonialherrschaft, S. 66
Kolonialisierung, S. 146
Kominform, S. 9
Kommunen, S. 71
Kommunismus, S. 56, 70, 82, 138
Kommunistische Partei Deutschlands (KPD), S. 16 f.
Konferenz für Sicherheit und Zusammenarbeit in Europa (KSZE), S. 37

Kontrollrat, S. 15
Korea, S. 30 f.
Koreakrieg, S. 30 f., 45, 56, 70, 82
Korruption, S. 73
Kosovo, S. 48, 141, 143
Kreuzberg, S. 123
Kroatien, S. 141 f.
Kuba, S. 31 f., 44
Kuba-Krise, S. 50
Kulturrevolution, S. 72
Kuwait, S. 140
Kyoto, S. 149
Landwirtschaft, S. 43, 71
Landwirtschaftliche Produktionsgenossenschaften (LPG), S. 94
Lauchhammer, S. 90
Leipzig, S. 124 f.
Libanon, S. 45
Lindenberg, Udo, S. 117
Loest, Erich, S. 11
Loth, W., S. 8
Maastricht, S. 41, 143 f.
MacArthur, Douglas, S. 30
Märkisches Viertel, S. 123
Maizière, Lothar de, S. 127
Malta, S. 144
Mandela, Nelson, S. 69
Mao Tse-tung, S. 70 ff.
Marktwirtschaft, S. 54
Marshall, George, S. 45
Marshallplan, S. 9 f., 18, 20, 40
Marzahn, S. 123
Mecklenburg, S. 15
Mecklenburg-Vorpommern, S. 134
Menschenrechte, S. 108
Mexiko, S. 147
Mielke, Erich, S. 124

Milošević, Slobodan, S. 141
Ministerium für Staatssicherheit (MfS), S. 89, 109, 116
Modrow, Hans, S. 126
Mongolei, S. 44
Montanunion, S. 40 f.
Montenegro, S. 141
Mosambik, S. 66, 68, 140
Moskau, S. 54, 84
Mostar, S. 142 f.
Motorisierung, S. 86
Naher Osten, S. 75 ff.
Nahostkonflikt, S. 103
Namibia, S. 140
Nationalsozialismus, S. 18, 88
Nationalsozialistische Deutsche Arbeiterpartei (NSDAP), S. 19, 91
NATO, S. 41, 44, 83, 94, 142 f.
NATO-Doppelbeschluss, S. 103
Niederlande, S. 68, 147
Nixon, Richard, S. 47
Nordamerika, S. 62
Nord-Süd-Kommission, S. 139
Nord-Süd-Konflikt, S. 62
Norwegen, S. 144
Nürnberg, S. 18
Nürnberger Rassengesetze, S. 82
Obdachlose, S. 105
Oder-Neiße-Linie, S. 102
Österreich, S. 99, 144
Ohnesorg, Benno, S. 88
Ostpreußen, S. 6 f.
Ostverträge, S. 102
Ost-West-Konflikt, S. 138, 140 f.
Pakistan, S. 65
Palästinenser, S. 75
Palästinensische Befreiungsorganisation (PLO), S. 76

Partei des Demokratischen Sozialismus (PDS), S. 134
Partisanen, S. 141
Passierscheinaktionen, S. 121
Peking, S. 72
Perestroika, S. 53
Personenkult, S. 50
Polen, S. 6, 54, 94, 100, 102, 144 f.
Pommern, S. 6
Popkultur, S. 117
Portugal, S. 66
Potsdamer Abkommen, S. 89
Potsdamer Konferenz, S. 5
Preußen, S. 152
Rabin, Itzhak, S. 77
Rassendiskriminierung, S. 46
Rassenfragen, S. 48
Rat für Gegenseitige Wirtschaftshilfe (RGW), S. 44, 89, 143
Reagan, Ronald, S. 39, 47, 55
Reuter, Ernst, S. 23
Rio de Janeiro, S. 149
Roosevelt, Franklin D., S. 4
Rote Armee Fraktion (RAF), S. 88, 104
Rumänien, S. 54
Russland, S. 54, 132, 141, 143
Russlanddeutsche, S. 49
Saargebiet, S. 16
Sacharow, Andrej, S. 52, 63
Sachsen, S. 15, 143
Sachsen-Anhalt, S. 134, 138
Sadat, Anwar, S. 76
SALT I, S. 34
Sambia, S. 147
Sarajevo, S. 142
Schengener Abkommen, S. 41
Schlesien, S. 6
Schleyer, Hanns-Martin, S. 104

Schlussakte von Helsinki, S. 108
Schmidt, Helmut, S. 103 f.
Schönefeld, S. 155
Schorlemmer, Friedrich, S. 110
Schröder, Gerhard, S. 134
Schulen, S. 102
Schulreform, S. 91
Schulwesen, S. 65
Schumacher, Kurt, S. 20, 83 f.
Schuman, Robert, S. 40
Schutzstaffel (SS), S. 19
Schweden, S. 144
Schweiz, S. 5, 144
Schwellenländer, S. 146 ff.
Serbien, S. 141 ff.
Sharpeville, S. 69
Slowenien, S. 141, 144
Solidarność, S. 54
Solschenizyn, Alexander, S. 53
Soweto, S. 69
Sowjetische Aktiengesellschaften (SAG), S. 89
Sowjetische Besatzungszone (SBZ), S. 15, 17, 19 ff.
Sowjetunion (UdSSR), S. 4, 6, 8 f., 15, 19, 21, 30 ff., 34, 36, 38, 44 f., 47, 49 ff., 54, 70, 72, 76, 84, 89, 94, 100, 108, 110 f., 126, 132, 138, 150
Sozialdemokratische Partei Deutschlands (SPD), S. 16, 87, 102 f., 134
Soziale Marktwirtschaft, S. 18, 85
Sozialhilfe, S. 48, 105
Sozialistische Einheitspartei Deutschlands (SED), S. 17, 24, 107 f., 111, 117, 126

Sozialleistungen, S. 151
Sozialstaat, S. 86
Sputnik-Schock, S. 45
Stalin, S. 5 f., 8, 49, 83
Stalin-Note, S. 84, 94
START II, S. 139
Stellvertreterkriege, S. 34
Südafrika, S. 68 f.
Syrien, S. 76
Taiwan, S. 70
Tegel, S. 155
Tempelhof, S. 155
Terrorismus, S. 104
Thälmann, Ernst, S. 128
Thüringen, S. 134
Tito, Josip Broz, S. 141
Treuhandanstalt, S. 135
Truman, Harry, S. 5, 8 f., 30 f.
Truman-Doktrin, S. 9, 20, 45
Tschechien, S. 144
Tschechoslowakei, S. 52
Tschernobyl, S. 54, 106, 150
Tschetschenien, S. 138
Türkei, S. 32, 144
Turner, Tina, S. 47
Ulbricht, Walter, S. 15, 93, 107
Ullmann, Wolfgang, S. 135
Umwelt, S. 106, 149
Umweltpolitik, S. 44
Umweltprobleme, S. 4, 51, 73, 103, 148
Umweltschutz, S. 104
Ungarn, S. 31, 100, 111, 144
United Nations Organization (UNO), S. 4, 38, 75 f., 102, 140, 142, 151
UN-Sicherheitsrat, S. 4, 230, 140
Ustača, S. 141

Vereinigte Staaten von Amerika (USA), S. 4, 6, 8, 16, 19 ff., 30 ff., 34 f., 37 f., 44 ff., 56, 76, 82, 85, 94 f., 109, 132, 138, 140, 147 ff.
Verfassung, S. 120
Verfolgte, S. 106
Vertriebene, S. 7, 82, 102
Vietkong, S. 35 ff.
Vietnam, S. 44 ff.
Vietnamkrieg, S. 35 ff., 47, 88, 140
Volkseigene Betriebe (VEB), S. 90, 135
Währungsreform, S. 21
Währungsunion, S. 143
Walesa, Lech, S. 54, 145
Warschau, S. 102
Warschauer Pakt, S. 94 f., 104
Watergate-Affäre, S. 47
Weizsäcker, Carl-Friedrich von, S. 39
Weltsicherheitsrat, S. 143
Wettrüsten, S. 34 f., 103
Wirtschaft, S. 107, 109, 123, 135, 138, 143, 150
Wirtschaftskrise, S. 87
Wirtschaftswunder, S. 85, 117, 123
Wohnungsbau, S. 107
Zetkin, Clara, S. 111
Zwei-plus-vier-Gespräche, S. 127
Zweiter Weltkrieg, S. 45 ff., 49, 56, 68, 127, 141
Zypern, S. 144

LITERATUR

Verzeichnis zitierter Literatur

Adenauer, Konrad: Erinnerungen, Bd. 2, Frankfurt a. M. 1968 (S. Fischer)

Asche, Susanne/Huschens, Anne: Frauen – Gleichberechtigung, Gleichstellung, Emanzipation? Frankfurt a. M. 1987 (Diesterweg)

Barth, Wilhelm/Grütter, Werner: Zeiten und Menschen, Bd. 3, Paderborn 1988 (Schöningh)

Bekanntmachungen der Gemeinde Leuna, Oktober 1945, in: Werksarchiv der Leuna-Werke GmbH, A. 155

Benz, Wolfgang: Potsdam 1945, München 1994 (Deutscher Taschenbuch Verlag)

Blätter für Deutsche und Internationale Politik, 30. Jg. (1985)

Bohley, Bärbel/Fuchs, Jürgen u. a.: 40 Jahre DDR und die Bürger melden sich zu Wort, München 1990 (Hanser)

Borowsky, Peter: Deutschland 1945–1969, Hannover 1987 (Fackelträger)

Borowsky, Peter: Deutschland 1965–1982, Hannover 1987 (Fackelträger)

Braun, Gerald/Hillebrand, Karl: Dritte Welt, 2. Aufl., Paderborn 1994 (Schöningh)

Bredow, Wilfried v.: Geschichte und Organisation der UNO, Bonn 1980 (Pahl-Rugenstein)

Breschnew, Leonid: Rede zum 60. Jahrestag der Oktoberrevolution aus dem Jahr 1967, in: Jahrbuch UdSSR, Moskau 1977 (APN Verlag)

Breyvogel, Wilfried/Krüger, Heinz-Hermann (Hg.): Land der Hoffnung – Land der Krise, Berlin/Bonn 1987 (J. H. W. Dietz Nachf.)

Bulletin der Bundesrepublik, Jg. 1970, Nr. 161, Bonn 1970 (Presse- und Informationsamt der Bundesregierung)

Churchill, Winston S.: Der Eiserne Vorhang. Memoiren, Bd. 6, 2. Buch, Stuttgart 1954

Clay, Lucius D.: Entscheidung in Deutschland, Frankfurt a. M. 1950 (Verlag Frankfurter Hefte)

Czempiel, Ernst Otto/Schweitzer, Carl-Christoph: Die Weltpolitik der USA nach 1945, Leverkusen 1989 (Leske + Budrich)

Dahn, Daniela: Westwärts und nicht vergessen. Vom Unbehagen in der Einheit, Berlin 1996 (Rowohlt)

Dellheim, Fred, in: ANTIFA, Heft 4/1994

Deutsches Jugendinstitut (Hg.): Was für Kinder aufwachsen in Deutschland, München 1993 (Kösel)

Die Chronik Berlins, o. O. o. J. (Chronik Verlag)

Die Vertreibung der Bevölkerung aus den Gebieten östlich der Oder-Neiße, hg. vom ehemaligen Bundesministerium für Vertriebene, Flüchtlinge und Kriegsgeschädigte, Bd. I/3 u. Bd. 2, Augsburg 1986 (Weltbild)

„Die Zeit" vom 19. August 1994

„Die Zeit" vom 12. September 1991

„Die Zeit", Nr. 41/1998

Dohnanyi, Klaus v.: Kein Grund für schlechte Laune, in: Zeit-Punkte, Heft 5/1995

Dokumentation zur Deutschlandfrage, Bd. VII, Bonn 1973 (Siegler)

Dokumente zur Deutschlandpolitik der Sowjetunion, Bd. 1, Berlin 1957 (Rütten & Loening)

„Einheit", Heft 9/10, 1989

Europa-Archiv, 39. Jg. (1984)

Europäische Union/Europäische Gemeinschaft. Die Vertragstexte von Maastricht mit den deutschen Begleittexten, bearb. und eingel. von Thomas Läufer, Presse- und Informationsamt der Bundesregierung, Bonn 1998 (Europa Union Verlag)

Falk, Rainer: Südafrika – Widerstand und Befreiungskampf, Köln 1986 (Pahl-Rugenstein)

„Frankfurter Allgemeine Zeitung" vom 16. März 1990

„Frankfurter Rundschau" vom 23. November 1976

Fricke, Karl/Spittmann, Ilse: 17. Juni 1953. Arbeiteraufstand in der DDR, Frankfurt a. M. 1967 (Suhrkamp)

Fünfzig Jahre Springer – fünfzig Jahre Zeitzeuge, 2. Aufl., Berlin 1996 (Springer)

Gerig, Uwe (Hg.): Briefkontakt. Alltägliches aus dem anderen Deutschland, Böblingen 1987 (Tykve)

Geschichte lernen, Hefte 35/1993, Seelze (Friedrich)

Glaser, Hermann: Kleine Kulturgeschichte der Bundesrepublik Deutschland 1945–1989, München 1991 (Hanser)

Gorbatschow, Michail: Ausgewählte Reden und Aufsätze, Bd. 4, Berlin/Bonn 1998 (J. H. W. Dietz Nachf.)

Habe, Hans, in: Bundeszentrale für politische Bildung (Hg.): Wir in Europa, PZ Nr. 81/1995

Hundertmark-Dinkela, Joachim/Lilienthal, Bernhard: Der Nahe Osten. Konfrontation oder Koexistenz? Frankfurt a. M. 1995 (Diesterweg)

„Industriekurier" vom 2. September 1961

Informationen zur politischen Bildung (Zeitschrift), Heft 113/115

Israels Geschichte, Wirtschaft und Gesellschaft, in: Bundeszentrale für politische Bildung, Heft 247/1995

Johnson, Lyndon B.: Meine Jahre im Weißen Haus, München 1972 (Präger)

Judt, Matthias (Hg.): DDR-Geschichte in Dokumenten, Berlin 1997 (Ch. Links)

Kant, Hermann: Die Aula, 1. Aufl., Berlin 1965 (Rütten & Loening)

Kennan, George F.: Memoiren eines Diplomaten, München 1971

Kenntemich, Wolfgang (Hg.): Das war die DDR. Eine Geschichte des anderen Deutschland, Berlin 1993 (Rowohlt)

Kistler, H.: Die Bundesrepublik Deutschland, o. O. o. J.

Kleßmann, Chr./Wagner, G. (Hg.): Das gespaltene Land. Leben in Deutschland 1945–1990. Texte und Dokumente, München 1993 (Beck)

Korff, Gottfried: Berlin, Berlin. Die Ausstellung zur Geschichte der Stadt, Berlin 1987 (Nicolai)

Koschnik, Hans/Schneider, Jens: Brücke über die Neretva. Der Wiederaufbau in Mostar, München 1995 (dtv)

Krieger, H.: Handbuch des Geschichtsunterrichts, Bd. 6, Teil 1, Frankfurt a. M. 1987 (Diesterweg)

Kroll, Hans: Lebenserinnerungen eines Botschafters, Köln/Berlin 1967 (Kiepenheuer & Witsch)

Laqueur, Walter: Europa aus der Asche, München 1970 (Juncker)

„Le Figaro" vom 10. November 1989

Leibiger, Frank, in: „Nordkurier" vom 20. Februar 1997

„Leipziger Volkszeitung" vom 6. Oktober 1989

Leonhard, Wolfgang: Die Revolution entlässt ihre Kinder, Köln 1990 (Kiepenheuer & Witsch)

Loest, Erich: Durch die Erde ein Riss, Leipzig 1990 (Linden)

Loth, Wilfried: Die Teilung der Welt 1941–1955, München 1987 (Deutscher Taschenbuch Verlag)

Luther, Hans Ulrich: Der Vietnamkonflikt, Berlin 1969 (Colloquium)

Mählert, Ulrich/Stephan, Gerd Rüdiger: Blaue Hemden – Rote Fahnen. Die Geschichte der Freien deutschen Jugend, Leverkusen 1996 (Leske + Budrich)

Mögenburg, H.: Die Sowjetunion – Machtentfaltung und Niedergang, Frankfurt a. M. 1990 (Diesterweg)

„Neues Deutschland" vom 30. Mai 1997

Neues Forum Leipzig (Hg.): Jetzt oder nie – Demokratie, Leipzig 1989 (Forum-Verlag)

„Prawda" vom 3. August 1945

Protokoll des Bundestages 13/206, TOP 1, S. 18654–18658, 18685–18686

Rein, Gerhard (Hg.): Die Opposition in der DDR. Entwürfe für einen anderen Sozialismus, Berlin 1989 (Wichern)

Ruhl, Klaus-Jörg (Hg.): Frauen in der Nachkriegszeit 1945–1963, München 1988 (Deutscher Taschenbuch Verlag)

„Ruhr-Nachrichten" vom 10. Oktober 1949

Scherff, Klaus: Luftbrücke Berlin, Stuttgart 1976/1998 (Motorbuch)

Schmidt, Helmut: Die Erneuerer Chinas, in: Die Zeit, Nr. 10 vom 28. Februar 1997

Schmitz, L./Waldmann, Franz (Hg.): Flucht – Vertreibung – Neuanfang, Senden 1995 (Waldmann)

Schmuck, Otto: Umweltpolitik, Bonn 1988 (Europa Union)

Steininger, R.: Die Alliierten und der Weg in die staatliche Teilung. Studienbriefe 1, Tübingen 1985

Thomas, Rüdiger (Hg.): Marxismus und Sowjetkommunismus, Bd. 2, Stuttgart 1978 (Klett)

Truman, Harry S.: Memoiren, Bd. 2, München/Stuttgart 1972 (Scherz/Goverts)

Unruh, Trude (Hg.): Trümmerfrauen, Essen 1986 (Klartext)

Walesa, Lech: Die Prinzipien der polnischen Sicherheitspolitik, in: Osteuropa-Archiv, Jg. 1993

Weizsäcker, Carl Friedrich v.: Wege in der Gefahr, München 1979 (Hanser)

Wildermuth, Rosemarie (Hg.): Heute – und die 30 Jahre davor, München 1979 (Ellermann)

„Xinhua" vom 23. August 1966

„Zeitschrift für offene Vermögensfragen" (ZOV), 3. Jg., Heft 4/1993

Zimmermann, Brigitte/Schütt, Hans-Dieter: Noch Fragen, Genossen? Berlin 1994 (Neues Leben)

Zückert, Gundula/Zückert, Ulrich: Eine getrennte Geschichte, Bamberg 1993 (Buchners)

Zückert, Gundula/Zückert, Ulrich: Menschenrechte, o. O. 1988

Abbildungsnachweis

S. 2 o., 16 o., 17, 18 u., 20 u., 21 Mi., 83 (2), 88 u., 90, 98 u., 99 (2), 100 o., 104 Mi., 113 li., 116 u., 117 o., 119 Mi. re., u.li.: DHM, Berlin; S. 2/3, 5, 11 u., 18 o., 21 o., 31 o. (Lessing), 31 u., 33 (2), 69 u., 70 u., 71 o., 73 u., 75 u. 88 o., 93, 95 (2), 119 o., 112 u., 114 Mi., 122, 125: Archiv für Kunst und Geschichte, Berlin; S. 3 o.: Münchner Stadtmuseum; S. 11 o., 53 li., 130 (M. Wolf): Keystone Pressedienst, Hamburg; S. 12 o.: Ullstein Bilderdienst, Berlin; S. 12 u., 14, 16 Mi., 65, 87, 100 u., 105 o., 118 Mi. (G. Zint), 111 u., 126: Bildarchiv Preuss. Kulturbesitz, Berlin; S.17 o.: Bundesarchiv, Bonn; S. 23, 121 o.: Landesbildstelle Berlin; S. 30 © VG Bild-Kunst, Bonn 1999; S. 38 (Haitzinger), 52 Mi. (Behrendt), 61 o. (Horsch), 61 Mi. (Haitzinger), 63 o. (Haitzinger), 63 u. (Liebermann), 64 (Haitzinger), 85 (R. P. Bauer), 127 (Luff), 142 (Haitzinger), 150 re. (Haitzinger): Cartoon-Caricature-Contor, München; S. 38 Mi. © Marie Marcks, Heidelberg; S. 40, 46 o., 86/87 u., 102: Süddeutscher Verlag Bilderdienst, München; S. 43: Wilhelm-Busch-Gesellschaft, Hannover; S. 48 re. (Chuck Savage), 66 Mi.: Stock Market, Düsseldorf; S. 51, 139 (2) (H. J. Burkard), 138 (Itar-TASS): Bilderberg, Hamburg; S. 52 u., 131 u.: SipaPress, Paris; S. 60 o.: VISUM/M. Wolf, Hamburg; S. 60 Mi.li. (M. Edwards), 60 u.li. (H. Schwarzbach), 77 (H. Schwarzbach), 136, 148, 149 Mi. (Still-Pictures/T. Bangun): argus Fotoarchiv, Hamburg; S. 60 u.re. (Meffert), 86 o. (H. Hansen): Picture Press, Hamburg; S. 61 o.: Bavaria/VCL, Gauting; S. 62 (H. Christoph), 149 (T. Babovic): Das Fotoarchiv, Essen; S. 66: Agentur Schweitzer/rex features, München; S. 67: Corbis/Sygma, Paris; S. 68, 69 Mi., 106 Mi. (Wattenberg), 145 (ANSA Ferraro), 149 Mi. (Agence France): dpa, Frankfurt; S. 84: Haus der Geschichte, Bonn; S. 101: Bundesarchiv Koblenz; S. 105 (J. Stekovics), 106 (J. Richter): Agentur Look München; S. 110 re.: Photoarchiv Jürgens, Berlin ; S. 128: Gedenkstätte Buchenwald; S. 132 (P. Ginter), 133 o. (L. Psitroyos), 133 u. (Sh. G. Henry): Focus/Material World, Hamburg; S. 144: P. Bensch, Köln; S. 146: action-press/C. Galbe, Hamburg

Karten und Grafiken:
diGraph, Lahr

987 654 321